高校图书馆
文化建设研究与实践

University Library Research and Practice
on Cultural Construction

王丹　刘昆　周晶　侯冲　著

北方联合出版传媒（集团）股份有限公司
辽宁科学技术出版社

图书在版编目（CIP）数据

高校图书馆文化建设研究与实践／王丹等著 .

沈阳：辽宁科学技术出版社，2025. 7. -- ISBN 978-7
-5591-4280-1

Ⅰ . G258.6

中国国家版本馆 CIP 数据核字第 2025B9B545 号

出版发行：辽宁科学技术出版社
　　　　　　（地址：沈阳市和平区十一纬路 25 号　邮编：110003）
印　刷　者：辽宁鼎籍数码科技有限公司
经　销　者：各地新华书店
幅面尺寸：185mm×260mm
印　　　张：16
字　　　数：300 千字
出版时间：2025 年 7 月第 1 版
印刷时间：2025 年 7 月第 1 次印刷
责任编辑：张歌燕
封面设计：郭芷夷
版式设计：郭芷夷
责任校对：高雪坤

书　　　号：ISBN 978-7-5591-4280-1
定　　　价：65.00 元

联系电话：024-23284363
邮购热线：024-23284502

前言

　　高校图书馆作为学校的文献信息资源中心，不仅是学校知识与文化的汇聚之地，也是学校开展校园文化建设的重要窗口。通过收藏、推荐和传播反映社会主义核心价值观的优秀文化成果，高校图书馆可以引导读者树立正确的世界观、人生观和价值观，为文化强国建设提供坚实的人才基础。因此，高校图书馆的文化建设工作尤为重要，以文化建设为抓手，不断提升服务质量和水平，进一步繁荣校园文化，为文化强国建设提供坚实的人才基础和强大的精神动力。

　　高校图书馆文化是高校图书馆及其工作人员以大学文化为背景、以图书文化为基础，在图书管理和提供利用的过程中所形成的特殊的思想观念、行为方式、价值准则、道德规范、心理态势、知识体系及外在形象等意识形态和物质形态的总和。图书馆文化建设包含物质层面、制度层面、精神层面和行为层面等，涵盖了图书馆从建筑外观到内部设置、从资源建设到宣传推广、从活动组织到创意转化、从规章制度到馆员服务等与读者互动的方方面面。

　　近年来，在国家政策的推动下，高校图书馆对文化建设的重视程度不断提升。信息化、数字化的不断发展对知识经济产生了巨大的影响，技术的持续变革、读者阅读行为习惯的转变、社会需求的变化、国家战略导向的变化都对图书馆行业的发展产生了深远的影响，也给高校图书馆在新业态背景下的文化建设带来新的机遇和挑战。此前，高校图书馆文化建设已经从内外部环境建设、资源建设、推广活动、服务拓展等方面入手，打造具有高校校园文化特色的图书馆文化，着力提升学生的人文素养，彰显图书馆的文化品位。

　　本书聚焦高校图书馆文化建设主题，依据国内外高校图书馆文化建设现状，分析新形势下国内高校图书馆文化建设面临的机遇和挑战。为了适应转型期的发展需要，高校图书馆应该顺应国家文化数字化、"互联网＋"等战略，利用好虚拟现实和增强现实等前沿技术，敏锐体察读者需求的变化，紧紧围绕弘扬优秀传统文化的核心，加强思想道德建设，推动现代文化的创新和发展，在服务高校师生的同时，也可拓宽服务的辐射范围，在满足师生和高校教学科研需求的同时，将文化育人工作向社会延伸，满足社会公众和国家文化建设对图书馆文化建设的更多期待。

　　本书由吉林大学图书馆王丹、刘昆等 4 人共同撰写。其中王丹负责撰写第一章、第二章、第三章、第七章，约 14 万字；刘昆负责撰写第四章和第十章，约 5 万字；周晶负责撰写第五章和第六章，约 6 万字；侯冲负责撰写第八章和第九章，约 5 万字。

目录

高校图书馆文化建设基础理论

第一节　文化、图书馆与图书馆文化

文化是国家和民族的灵魂，也是国家现代化进程中的重要支撑。全面建设社会主义现代化国家必须要有文化作为基础和保证。建设社会主义文化强国，是全面建设社会主义现代化国家、实现中华民族伟大复兴的重要基础和前提。党的十八大以来，以习近平同志为核心的党中央把文化建设提升到一个新的历史高度，勇于开拓、稳步推进，全民族文化创造活力大为增强，文化自信显著提升。党的二十大提出，到2035年建成文化强国，达到国家文化软实力显著增强的目标任务，做出了推进文化自信自强，铸就社会主义文化新辉煌的重大部署。党的二十届三中全会通过的《中共中央关于进一步全面深化改革、推进中国式现代化的决定》在总体要求的七个"聚焦"中，将文化建设作为重要任务之一，强调聚焦建设社会主义文化强国，坚持马克思主义在意识形态领域指导地位的根本制度，健全文化事业、文化产业发展体制机制，推动文化繁荣，丰富人民精神文化生活，提升国家文化软实力和中华文化影响力。

坚持和发展中国特色社会主义文化，强化社会主义现代化的文化之维，是建成富强、民主、文明、和谐、美丽的社会主义现代化强国的内在要求。一个国家只有不断提升整体文化建设水平，才能促进公民素质的提高，才能促进经济、文化、生态等方面更好更快地发展。国家治理必须根植于自身民族的文化，服务于自身的文化发展。

一、文化的范畴

文化陪伴着人类从远古走来，人类也通过自身的实践创造出丰富多彩的文化形态。当今世界的文化，正是人类在与自然、社会及自身的交互作用中，伴随着文化的创造、传承、冲突、交融而呈现在我们面前的。它具有不同的表现形式，存在于人类生活的方方面面，其内容非常丰富，涉及面非常广泛。而就文化的含义而言，随着时代的变迁和社会的发展，同时基于人们研究观察文化角度的差异，对其的阐释与理解也呈现出多元化的趋势。

（一）词源探析

"文化"是中国语言系统中古来有之的词汇。"文"通"纹"，原指纹理，即各色交错的纹理。《易·系辞下》载："物相亲，故曰文。"《礼记》曰："五色成文而不乱。"《说文解字》称："文，错画也，象交叉。""化"，本义为改易、生成、造化。如《庄子·逍遥游》曰："化而为鸟，其名为鹏。"《易·系辞下》称："男女构精，万物化生。"《黄帝内经·素问》曰："化不可代，时不可违。""文"与"化"并联使用，较早见于战国末年的《易·贲卦·象传》，其中有："刚柔交错，天文也。文明以止，人文也。观乎天文，以察时变，观乎人文，以化成天下。"古人已经注意到，通过"人文"的文化教化，让世人遵从文明秩序、社会规范，最终达到"化成天下"的目的。西汉以后，"文"与"化"开始合成一个词并被广泛使用。如"圣人之治天下也，先文德而后武力。凡武之兴，为不服也。文化不改，然后加诛""文化内辑，武功外悠"，在这里，"文化"是指与国家军事手段相对应的国家文化治理手段，文化对于国家治理的功能已经得到认可。汉代荀悦提出过"宣文教以章其化，立武备以秉其威"之说。南朝齐时的王融在《三月三日热食诗序》中写道"设神理以景俗，敷文化以柔远"，此处的"文化"，或与天造地设的自然对举，或与无教化的"质朴""野蛮"对举，主要就是指文治教化、教化人心。唐朝的学者孔颖达则指出，"文化"乃是"圣人观察人文，则诗书礼乐之谓"，即文化是指文化典籍、礼仪风俗等上层建筑的东西。顾炎武在《日知录》中说"自身而至于家国天下，制之为度数，发之为音容，莫非文也"，即人的行为表现和国家制度都是文化的体现。因此，在古代的语言系统中，"文化"属于上层建筑的精神领域范畴，其"以文教化"的功能比较突出。它表示对人的性情的陶冶、品德的教养，本质是为了提高被教化者的心性、修养。古代的"文化"一词和现代的"文化"意义不尽相同。随着时间的流逝，现在"文化"已成为一个内涵丰富、外延宽广的多维概念，成为众多学科探究、阐述、争鸣的对象。

人类思想的发展总有着相似的地方。西方"文化"一词的演变类似于我国汉字"文化"的演变。西方"文化"一词"culture"从拉丁文"cultura"演变而来，是动词"colere"的派生词，本意指"耕作、培训、教育、发展、尊重"等，其他含义都由此引申、演变而来。1690年，安托万·菲雷蒂埃在《通用词典》中将文化定义为"人类为使土地肥沃而种植树木和栽培植物所采取的耕耘和改良措施"。此时，西方人观念中的"文化"只是表示人类某种活动形式的词语。"culture"对应的词是"nature"。在西方，"nature"除了指存在于人自身之外的外在自然外，还指与人对应的、存在于自身之内的各种特质，如欲望、本能、情感、理性等。直到19世纪中叶，"文化"一词才变成一个完整的术语。此时的"culture"一词逐渐从"耕耘"这种原始观念延伸到对人的内在自然的肉体和精神的锻炼、培养和教育，包括对知识的获取、道德品质和艺术能力的形成、体魄的锻造，以及培养和教导人们遵守社会行为规则和社会习惯的能力。

（二）多元解读

关于文化的定义，可谓众说纷纭，有人把这种现象称为文化定义。正如威廉斯所说，"文化"一词是英语中最复杂的词汇之一。自 19 世纪 70 年代以来，许多哲学家、社会学家、人类学家、历史学家和语言学家从各自的学科角度出发，试图界定文化的内涵，但迄今没有获得一个公认的精确定义。这既说明文化极为复杂、内容丰富，也说明对文化的定义引起了人们的极大关注。

最早对文化下定义并产生重大影响的是泰勒，他在《原始文化》"关于文化的科学"一章中说："文化或文明，就其广泛的民族学意义来讲，是一个复合整体，包括知识、信仰、艺术、道德、法律、习俗，以及作为一个社会成员的人所习得的其他一切能力和习惯。"在这个定义中，文化成为人类社会发展过程中人类创造物的总称，囊括了物质技术、社会规范和精神观念三个层次。大多数人类学家认为，文化包含了后天获得的、作为一个特定社会或民族所特有的一切行为、观念和态度。我们每个人诞生于某种复杂的文化之中，它将对我们今后一生的生活和行为产生巨大的影响。美国文化语言学的奠基人萨丕尔的定义则是："文化被民族学家和文化史学家用来表达在人类生活中任何通过社会遗传下来的东西，这些包括物质和精神两方面。"美国人类学家威斯勒给文化下的定义则是："某个社会或部落所遵循的生活方式被称作文化，它包括所有标准化的社会传统行为。"萨姆纳和凯勒的定义指出："人类为适应他们的生活环境所做出的调整行为的总和就是文化或文明。"福特指出："文化包括所有解决问题的传统方法。"以《社会结构》一书驰名学术界的美国人类学家默多克对文化的定义则是："文化是行为的传统习惯模式，这些行为模式构成了个人进入任何社会所应具备的已确定行为的重要部分。"

美国著名人类学家 A. L. 克罗伯和 C. 克鲁克洪合著的《文化，关于概念和定义的检讨》一书，对自泰勒以来西方的文化定义现象进行过统计研究，共概括出 164 种文化定义，分为 6 种类型，即列举和描述性的、历史性的、规范性的、心理性的、结构性的和遗传性的。在书中，克罗伯和克鲁克洪在综合以往的文化定义后给出了他们自认为标准的人类学文化定义："文化由明确的或含蓄的行为模式和有关行为的模式构成，它通过符号来获取和传递。它涵盖该人群独特的成就，包括在器物上的体现。文化的核心由传统（即历史上获得的并经选择传下来的）思想，特别是其中所附的价值观构成。文化系统一方面是行为的产物，另一方面是下一步行动的制约条件。"美国社会学家戴维·波普诺认为，社会学家与人类学家对文化的共同定义是："文化是人类群体或社会的共享成果，这些共有产物不仅包括价值观、语言、知识，而且包括物质对象。"著名哲学家殷海光在《中国文化的展望》第二章"什么是文化"中，列举、分析了 47 个关于文化的定义，把文化概括为以下 6 个方面："第一，在文化全部实有之中，我们不可有意或无意把我们认为'好的'或'要得的'看作是文化，而把我们认为'不好的'或'要不得的'看作不是文化，而只是'历史中的偶然'。在文化全部实有之中，任何一个层面或要件或事物，无一不是文化所有的层面或要件或事物。第二，文化包括层进中的各层。所谓'物质'和'精神'这样简单而又粗疏的二分法不足以相应地特指文化的内容。第三，文化之所指不限于所谓'文明人'，所谓'野蛮人'同样有文化。文化是地球层面的一种普遍现象。第四，文化并非一成不变的化石，而是在变动之中。第五，价值观念是文化构成的必要条件。任何没有价值含在其中的文化是不堪设想的。第六，文化与文化价值是相对的，虽然也有共同的部分。"

马克思主义理论家对文化作了一种新的解释，把文化分为广义和狭义两种。在罗森塔尔·尤金所编的《哲学小辞典》中，文化是指"人类在社会历史实践过程中创造的物质财富和精神财富的总和"，这就是所谓的"广义的文化"。也就是说，人的物质生产和精神生产包括生产活动过程和生产的方式方法，以及由这些生产创造出来的物质产品、精神产品和社会关系的诸多形式，都属于广义的文化的范畴。而与之对应的"狭义的文化"则是专指精神文化而言，即社会意识形态以及与之相适应的典章制度、社会组织、风俗习惯、学术思想、宗教信仰和文学艺术等。除以上各种解释外，还有符号说、限定说等说法。

马克思、恩格斯对文化概念的使用，更多强调的是广义的文化概念。他们总是从社会生活、文明形态的角度来使用文化概念，把文化等同于文明。当然，严格意义上讲，文化与文明是两个不同的概念。广义的文化指的是人类在改造自然的过程中所创造的物质财富和精神财富的总和，而文明主要指的是人类社会的进步状态与开化程度。但是，按照文化概念最为广泛的界定来看，文化与文明是同义语。可以说，这是马克思、恩格斯在其著作中较少使用"文化"而较多地使用"文明"的一个重要原因。

在《1844 年经济学哲学手稿》中，针对早期粗陋的空想共产主义提出的绝对平均主义及对公妻制的主张，马克思做出了深刻批判，认为这种主张是"对整个文化和文明世界的抽象否定，向贫穷的、没有需求的人——他不仅没有超越私有财产的水平，甚至从来没有达到私有财产的水平——的非自然的简单状态的倒退"。在这里，马克思就是将文化与文明并列使用的。

在分析剩余生产价值时，马克思在《资本论》中从文明分期的角度谈到了"文化初期"问题，提出："在文化初期，已经取得的劳动生产力很低，但是需要也很低。其次，在文化初期，社会上依靠别人劳动来生活的那部分人的数量，同直接生产者的数量相比，是微不足道的。在文化初期，第一类自然资源具有决定性的意义；在较高的发展阶段，第二类自然资源具有决定性的意义。"马克思在此处 3 次提到的"文化初期"，指的是文明程度较低的人类社会发展史上的蒙昧时期、野蛮时期。

在晚年的《笔记》中，马克思提到："非洲过去和现在都处于蒙昧时期和野蛮时期两种文化交织混杂的状态；澳大利亚和波利尼西亚则曾经处于完完全全的蒙昧状态；美洲印第安人族系，和其他一切现存的族系不同，他们提供了三个顺序相承的文化时期的人类状态。"此处所用的文化概念与《资本论》中的文化概念是一致的，都是从文明意义上来界定文化的内涵的。

恩格斯在《反杜林论》中提出了一个著名论断："文化上的每一个进步，都是迈向自由的一步。"支持这个论断的论据则是文明的阶段表现——从机械运动到热的转化，即火的发现；然后是从热到机械运动的转化，即蒸汽机的发明。正是随着火的发现和蒸汽机的发明，人类对自然界的支配能力不断增强，人类向自然挺进的步伐逐渐加快。可见，恩格斯在这里是在社会发展状态的意义上使用文化概念的，与文明是同等程度的概念。

从以上列举的引文来看，马克思、恩格斯主要是从广义的角度来使用文化概念的。当然，他们的著作中也不乏从狭义的角度来使用文化概念的情况。这个时候，马克思、恩格斯往往将文化界定为"时代精神""文明的灵魂"等精神层面的东西，是从知识水平与教育程度的内涵上来使用文化概念的，甚至还会在比知识水平与教育程度更为宽泛的精神文化意义上使用。据统计，在马克思和恩格斯的论著中"文化"与"水平"一同连用，竟达30余次，约占"文化"这个概念在原著中出现次数的11%；同时，马克思、恩格斯在他们的著作中，多次将"文化"与"程度""素养""修养"等词合用，并9次使用了"文化斗争"这一概念。

马克思在关于现代社会中的普及教育的发言记录中指出："美国制度的缺点在于地方性质过重，教育取决于每一州的文化水平。"恩格斯在《英国工人阶级状况》中指出："为了生存，有的人需要多一些，有的人需要少一些，有的人比别人更习惯于舒适的生活。在某些方面还算比较有点文化的英格兰人所需要的，就比穿破衣、吃土豆、住猪圈的爱尔兰人多一些。但是这并不妨碍爱尔兰人去和英格兰人竞争，也不妨碍把英格兰工人的工资及文化程度逐渐降低到爱尔兰工人的水平去做某些工作。几乎包括工业中的一切工作在内，都需要有相当的文化程度。"马克思、恩格斯在这里使用"文化水平""有点文化"与"文化程度"，主要是在知识水平和教育程度的意义上来使用文化概念。

恩格斯在《流亡文献》中指出："有一点是毫无疑义的：在我们时代，能给神的唯一效劳就是把无神论宣布为强制性的信仰象征，并以禁止一切宗教来胜过俾斯麦的关于文化斗争的反教会法令。"这里所讲的"文化斗争"，就是从狭义的角度来使用文化概念，其中的"文化"指的是属于意识形态的精神文化。马克思在《莱茵报》的评论中也指出："自由报刊是人民精神的洞察一切的慧眼，是人民自我信任的体现，是把个人同国家和世界联结起来的有声的纽带，是使物质斗争升华为精神斗争，并且把斗争的粗糙物质形式观念化的一种获得体现的文化。"在这里，马克思将精神斗争与文化联系起来，也是在狭义的非物质性的精神文化意义上来使用文化概念。

总之，在对文化概念的理解和使用上，马克思、恩格斯总是以唯物史观作为其方法论基础，克服了唯心主义文化史观的片面性、狭隘性，始终坚持从社会的物质生活来源以及人的实践活动的本质规定性的高度出发，来全面把握文化概念的内涵。

二、文化的特点

（一）时代性与稳定性

文化的时代性是人类文化的共性。一个时代有一个时代的文化内容和文化特征：一是文化的内容和形式不同。如从历史上来划分，可分为史前文化、上古文化、中古文化、近代文化和现代文化；从经济生产的角度来划分，可分为狩猎采集文化、农业文化、工业文化。二是人的认知具有时代性。由于人的认知具有时代性，因此所创造的文化也具有时代性。三是人的行为具有时代性。人的行为不能与所处的时代相违背，故要知其人必须知道其所处的时代背景。

文化的稳定性为保留本民族的优秀文化和弘扬本民族的文化提供前提，并有利于社会的稳定。文化具有稳定性的主要原因：一是传统习惯和人们心理原因，因为人们一般喜欢稳定；二是用以满足生活的需要，价格低廉；三是对特殊阶层的维护。

（二）累积性和连续性

文化的累积包括物质文化的累积、非物质文化的累积和知识的累积。物质文化的累积主要是指技术发明、创造；非物质文化的累积包括社会文化和精神文化的累积，其中社会文化包括制度、社会组织、婚姻家庭、人生礼仪和风俗习惯等，而精神文化包括文学艺术、宗教信仰和伦理道德等。

文化的连续性则是指文化作为人类生活的基本样态和特有的生存方式，承载着人类改造世界所形成的成果，并通过不断地传承与延续，从而促成人类自身的进化与发展。文化的传承既是基于历史发展的连续性的具体呈现，也是人类区别于其他生物得以延续的重要基因。正是缘于文化传承的累积性和连续性，人类社会方能永续发展、不断进步。

（三）可选择性和整合性

文化具有可分性，因而也就具有可选择性，如文化从表层到深层可以分为物质文化、社会文化和观念文化。文化的可分性为文化的可选择性提供了理论基础，可以取其精华去其糟粕。相反，则会导致全盘接受，如全盘西化。

同时，源于文化的可分性，文化整合性特征也得以凸显。文化的整合性也就是指文化的一体化过程。文化是发展变化的，但也有凝固的、相对完整和稳定的部分，经过长期的整合而形成核心。同质核心的文化整合，使文化的发展达到更高的水平，也更具有生命力。文化的整合有多种形式，如选择的整合、统一的整合与协调的整合等。

三、文化的层次

关于文化的形态和分类，著名功能主义文化人类学家马林诺夫斯基在《文化论》中把文化从大的方面划分为物质文化和精神文化，进而又从精神文化中突出语言以及社会制度等方面，从而把文化的主要方面或主要形态划分为四个方面：①物质条件；②精神方面的文化；③语言；④社会组织。此外，还有许多学者从不同的角度对文化形态进行了划分。如不同的社会阶段有不同的文化形态，据此，可将文化形态划分为原始社会文化形态、奴隶社会文化形态、封建社会文化形态，以及资本主义社会文化形态和社会主义社会文化形态。从人的角度出发，把文化分为三个层次，即观念文化、制度文化和器物文化。有学者认为，"依据特定时代的精神文化对不同地域、不同阶层、不同主体的影响，人们可以划分出官方文化、精英文化、大众文化、主流文化、亚文化、雅文化、俗文化、小众文化、边缘文化、民族文化、世界文化，以及其他各种形态的文化"。有的学者从文化结构划分的角度把文化划分为物质文化、制度文化和精神文化；把文化心理区分为由情感、意志、风俗习惯、流行风尚和审美情趣等构成的表层结构，由经济、政治、道德、艺术、宗教、哲学等方面的观念因素构成的中层结构，以及由基本的人生态度、情感方式、思维模式、致思途径和价值尺度等构成的深层结构；并进而从文化在社会生活中的影响和地位的角度区分了主流文化和亚文化等。还有人从东西方文化差异的角度把文化划分为东方文化形态与西方文化形态。具体又可分为内陆型文化和海洋型文化、伦理型文化与功利型文化、和谐型文化与抗争型文化等。

综合以上，从文化的不同结构层次对文化进行划分，可分为以下几点。

（一）物质文化层次

物质文化是文化的表面层次，是人类在适应和改造世界的过程中不断形成的。马克思主义的观点认为，劳动创造了人类，劳动创造了文化。文化最本源的意义就是劳动，劳动是人类生活生产方式的体现。因此，不同的文化产生于不同的生产生活过程中。人类在历史文明的演进过程中形成了不同的文化载体，如民居建筑、服饰、生产生活工具、交通工具等。不同的生产生活方式形成了不同地域、民族特色的文化，文化在一定程度上体现着一个国家或民族的性格。人们在生产、分配、交换及消费过程之中，不断地进行着资源、信息的交换，共享人类发展的成果。物质文化层面的文化成果构成了人类赖以生存与繁衍的文化基础。如我国由于地域特征的不同，出现了陕西的黄土文化、江南的水乡文化、西南的巴蜀文化、东北的冰雪文化等。这些都是当地劳动人民在长期的生产、生活、生存中形成的一种固有的原生观念。

（二）制度文化层次

制度文化是文化的中间层次，它主要表现在人们在社会规范和人际交往中不断形成的民族风情、民俗信仰、人生礼仪、宗教习俗、家族家谱、乡约乡规等。这些约定俗成的文化制度，在悠久的历史发展中代代相传，越积累越厚重，在积累和传承的过程中，文化也依托各种载体，形成了丰富多彩的文化资源。制度文化给生存于其中的个体以行为规则，当个体的行为与其发生冲突时，就要受到影响和约束，甚至是惩罚。制度文化为处于社会关系网络之中的个体提供了必要的行为依据和规则。例如，风俗习惯最能反映一个地方区别于另一个地方的特征。所谓"千里不同风，百里不同俗"，说的就是这个道理。如由于地域和天气的不同，我国北方人喜欢吃面食，而南方人喜欢吃米饭。在语言方面，北方语言粗犷，而南方语言细软。这种根植于社会生活中的制度文化伴随着历史的发展不断创新，在现代语境中发挥着极为重要的作用。

（三）精神文化层面

精神文化是文化的内核层次，也被称为观念形态文化，它主要表现在文学艺术、价值观念、审美情趣、思维方式等方面。精神文化是指人类在精神生活中所形成的文化心理、思维模式及精神基质，它处于整个文化结构的最内层，是整个文化的核心。不同的精神文化会形成不同的文化发展模式，同时也直接影响着社会个体的精神建构。精神文化往往通过物质文化和制度文化表现出来，它是一种精神状态和社会意识形态，关系到人类主观世界的建构。精神层次是文化的最高境界，文化如果缺少这一层面，文化的生命力就不存在了。而这一层次之所以存在，是因为文化不仅可以融入自然，创造神奇，而且文化本身具有极强的创新能力。因为人有现实的、感性的对象作为自己本质（即自己生命）表现的对象。就是说人通过现实的创造活动，不仅创造了物质层面和制度层面的文化，也创造了精神文化，而精神文化则更能体现出人作为对象性存在的本质力量，它是人类智慧的结晶和文明的象征。

四、文化的意识形态性

文化是经济、政治、社会等的反映，同时又是社会上层建筑的重要组成部分。自从人类进入文明时代以来，阶级的存在和阶级斗争的作用造成了社会与国家的分离、统治阶级与广大民众的分野，从而使作为社会生活重要组成部分的精神文化不可避免地沾染上了强烈的意识形态色彩。"统治阶级总是力图把社会精神文化当作服务于本阶级统治的工具，社会精神文化必然被注入极强的政治和阶级目的，使得社会精神文化以'阶级社会维护意识'和'观念上层建筑'的面目呈现出来,这就是文化的意识形态性"。马克思、恩格斯曾对私有制社会，特别是资本主义社会制度下的意识形态做过无情的批判，但是他们对具有意识形态性的文化并没有停留在简单的否定上，而是对社会精神文化做了更为全面、深刻的理解。他们认为，任何一种社会精神文化在人类社会发展到一定阶段都存在其历史必然性，在一定历史时期都起着推动人类社会发展的重要作用，这就是文化的历史正当性。文化的意识形态性和历史正当性共同构成了马克思、恩格斯对阶级社会条件下社会精神文化现象的全面理解。

意识形态也是一个极为复杂的概念。一般认为这个概念最初是由法国学者特拉西创造的，其含义主要表示一种"意识科学"或"观念科学"。作为启蒙运动的传人，特拉西创设意识形态原理的理论不仅局限于学术领域，而且还具有改造社会的政治实践价值指向。但由于这样的政治实践的价值指向与拿破仑日后的理想与目标相抵触，因此特拉西及其信徒所在的法兰西学院后来受到了拿破仑的谴责，他们的思想被拿破仑贬斥为虚幻的形而上学的意识形态，他们这些意识形态家被指称为无视帝国现实、对抽象概念进行无休止争论的知识分子。从此，意识形态开始被认为是狂热的革命信仰与不切实际的空想的代名词，从而直接赋予了"意识形态"一词否定和贬义的色彩。

此后，德国的思想家们（尤其是黑格尔和费尔巴哈）对意识形态的思想以德国人特有的思维方式进行了梳理和剖析。黑格尔在其《精神现象学》中把意识发展的活形态作为意识发展的依次排列的各个有机环节加以辩证地考察，并提出了著名的"教化"和"异化"的理论，提出了"教化是自然存在的异化"以及"教化的虚假性"等命题。费尔巴哈对宗教异化的批判也触及意识形态和异化的内在关系问题。他所提出的一切宗教都是人的本质的外化并独立化的结果、宗教作为人的本质异化的结果反过来支配人的批判以及爱的宗教观对宗教异化的克服等理论，对于人们唯物主义地理解宗教等意识形态具有启发作用。这对马克思、恩格斯意识形态观的形成具有直接的启迪作用。

马克思、恩格斯在法国经验理性与德国批判理性的张力下对意识形态进行了深入研究，从而使意识形态概念在现代学术界具有了理论上的重大意义。然而，马克思、恩格斯在其著作中并未对这一概念下过清晰而明确的定义，这就为理解上的歧义留下了可能的空间。伊格尔顿曾经指出，马克思的意识形态概念包含了两方面迥然相异的意义："一方面，意识形态是有目的、有功能，也有实践的政治力量；另一方面，它们似乎仅仅是一堆幻想、一堆观念，它们已经与现实没有联系，过着一种与现实隔绝的明显的自律的生活。"

虽然如此，但学者通过文本梳理还是得出结论，与意识形态概念的使用相适应，马克思、恩格斯至少在两种最基本的意义上指认了文化的意识形态性。

首先，马克思、恩格斯采用了法国当时盛行的否定性用法，把意识形态指称为虚假的意识，他们经常使用"意识形态的胡说""意识形态的歪曲""意识形态的方法""意识形态家""青年黑格尔意识形态家""资产阶级的意识形态""意识形态的代表和发言人""意识形态的阶层"等，这些提法都很明显地带有强烈的贬义色彩，主要是针对资产阶级为维护其阶级利益、阶级统治而刻意制造的欺骗，是有意识的幻想和有目的的虚伪，是对现实社会生活颠倒的、虚假的反映。

其次，马克思、恩格斯还在肯定意义上使用（至少是在中性意义上使用）意识形态概念，把它作为社会结构中的重要组成部分，并将其指称为"人类史的一个方面""统治阶级的思想""观念的上层建筑"，主要包括政治思想、法律、道德、宗教、艺术、哲学等。不过，大多数人更倾向于认为，在马克思、恩格斯的著作中，他们对文化意识形态性的贬义理解较为明显，肯定性或中性理解显得隐晦，这就给我们理解、把握文化的意识形态特征增加了很大的难度。

在理解马克思、恩格斯所强调的文化的意识形态特征时，我们首先可以认识到把具有意识形态性的观念文化看作现实社会整体的一个重要组成部分（即观念的上层建筑）。这是马克思、恩格斯一贯坚持的重要思想。在《形态》中，马克思、恩格斯将人类社会结构规定为四个层次：直接生活的物质生产（生产力）—市民社会（经济基础）—国家（政治上层建筑）—意识的所有不同理论的产物和形式（观念文化），并将其称为观念的上层建筑。马克思在《〈政治经济学批判〉序言》中把社会结构经典地表述为社会生产—社会的经济结构—法律的和政治的上层建筑—社会意识形态。恩格斯晚年在《反杜林论》等著作中明确地把各种观念文化指称为观念的上层建筑："在第三类科学中，即在按历史顺序和现今结果来研究人的生活条件、社会关系、法的形式和国家形式及其由哲学、宗教、艺术等组成的观念的上层建筑的历史科学中，永恒真理的情况还更糟。"把观念文化确定为"观念的上层建筑"，不仅明确了观念文化在社会结构中的位置，更为重要的是使文化的意识形态性特征在社会结构中得到了合理的说明。

同时，在马克思、恩格斯看来，一定历史阶段上的精神生产的产物——观念文化，总是统治阶级思想的集中体现，占统治地位的思想必然是居于统治地位的物质关系在观念文化上的表现；统治阶级支配着物质生产资料，同时也必然控制着精神文化的生产，在阶级社会中居于主导地位的不是所有阶级的意识，而只能是统治阶级的意识。统治阶级的思想在每一时代都是占统治地位的思想。就是说，一个阶级是社会上占统治地位的物质力量，同时也是社会上占统治地位的精神力量。支配着物质生产资料的阶级，同时也支配着精神生产资料，因此，那些没有精神生产资料的人的思想，一般是隶属于这个阶级的。占统治地位的思想不过是占统治地位的物质关系在观念上的表现，是以思想的形式表现出来的占统治地位的物质关系。因而，这就是那些使某一个阶级成为统治阶级的关系在观念上的表现，也就是这个阶级的统治的思想。此外，构成统治阶级的个人也都具有意识，因而他们也会思维。既然他们作为一个阶级进行统治，并且决定着某一历史时期的整个面貌，那么不言而喻，他们在这个历史时期的一切领域中也会这样做，就是说，他们还作为思维着的人，作为思想的生产者进行统治，他们调节着自己时代的思想的生产和分配，而这就意味着他们的思想是占统治地位的思想。"因此，观念文化是

"阶级社会的维护意识"，这是马克思、恩格斯所强调的文化的意识形态特征的集中体现。

从我国的历史实践和现实国情看，中国文化现代化的实质是建立一种中国特色社会主义的新型文化，它的方向是社会主义，它只能以马克思主义为指导。当今世界正处在加速演变和深度调整时期，不同思想文化交流交融交锋更加频繁，意识形态领域斗争更加严峻；当代中国正在发生广泛而深刻的变革，让思想意识更加多元多样，媒体格局更加复杂多变。党的十八大以来，以习近平同志为核心的党中央高度重视意识形态工作，就意识形态领域的许多方向性、根本性、全局性问题做出了部署，马克思主义在意识形态领域的指导地位更加鲜明。但也要看到，意识形态领域并不平静，斗争依然复杂，国家安全面临新挑战。党的二十大报告旗帜鲜明地指出，我们要建设具有强大凝聚力和引领力的社会主义意识形态，牢牢掌握党对意识形态工作的领导权。这为我们在新时代条件下推动文化现代化提供了根本遵循。

第二节　高校图书馆文化与校园文化

一、高校图书馆的主要特征和地位

在我国的权威教科书中，图书馆被定义为"搜集、整理、保存和利用书刊资料，为一定社会的政治、经济服务的文化教育机构"。作为一个文化教育机构，它与社会文化本身就蕴含着一种天然的联系。

随着信息、网络、通信等现代技术的迅速发展，图书馆正在经历一场前所未有的改变。面对信息资源和信息服务日益泛在化的挑战，图书馆作为信息中心的时代已经一去不复返，但是，图书馆作为知识中心、学习中心和文化中心的使命和地位，不仅没有改变，而且正在日益加强。

（一）校园文化的内涵和作用

1. 校园文化的定义

文化既然可以理解为人类社会群体的生活状态，那么它就可以成为某一特定社会群体区别于其他群体的整体概貌的标志。就个体与社会的关系而言，文化是个体社会化的媒介和标志，因此，研究校园文化，可以给人们一个重新认识学校的角度，启示人们从一定的文化意义上构建校园的物质环境和精神环境，并从文化的角度来把握和联结各种校园现象，使之从一种"混沌"无序状态转变为优化的有序状态。从广义上说，校园文化指学校的整体文化，包括校容校貌、教学与管理制度、全校师生的共识及所遵循的价值观念与行为准则，以及由此产生的一种浓烈、持久的精神环境氛围。从狭义上说，校园文化是相对课堂文化而言的课外文化或者叫非课堂文化，包括舆论风气、人际关系、校园环境等。在社会的学校教育现象中，存在着各式各样的校园文化，不仅在高等院校有，小学、幼儿园也有。不同层次、不同地域和不同经济发展水平的学校会有不同的校园文化。因此，校园文化在丰富多样的群众文化中是一种特殊的群众文化现象。

从总体上说，校园文化与一般的企业文化、军旅文化、商业文化、村落文化、节日文化有着质的区别。校园文化从本质上讲是一种"亚文化"。

（1）校园文化的界定。

校园文化是整个人类文化的有机组成部分，它是发生在校园中的以师生为主体的课堂的延伸和扩展的一种文化现象，是指发生在学校校园中，以教师为主导、以学生为主体所共同创造的文化现象，具有文化品质的内在规定性、继承性和传播性。

任何一种文化的孕育和诞生必须具备三个基本条件，即文化创造的主体、对象，以及一定的文化创造得以进行的手段和环境。学校系统中具备了文化创造的主体，具备了从事文化活动的独特对象，具备了文化得以产生的独特的创造手段和环境。因此，校园文化的形成并非始于今天，自从人类社会中产生了学校，便出现了校园文化，并且在整个人类文化建设和社会生活中发挥作用。

现代意义上的中国大学诞生于 100 多年前的世纪之交，我国高校校园文化可谓存在已久。20 世纪 80 年代以来，高校校园文化建设越来越受到人们的关注，高校校园文化建设的理论探讨也方兴未艾。但是，对高校校园文化这一概念的理解仍然存在人言人殊的现象，这一方面反映出校园人在高校校园文化建设的实践中主体认识的丰富性、多样性和不确定性，另一方面也说明了人们对高校校园文化建设的理论总结亟待加强，以便更好地用较为成熟的理论来指导高校校园文化建设的实践。近年来，学术理论界对高校校园文化的内涵、特征及其功能进行了界定，主要有以下几种基本观点。

① "课外活动说"：高校校园文化是指以学生为主体开展的课外活动，作用是娱乐和调剂学生的文化生活。

② "第二课堂说"：高校校园文化是学生接受道德及艺术教育的第二课堂，是第一课堂的延伸、补充和完善。

③ "文化氛围说"：高校校园文化既非课内活动，也非课外活动，而是通过特定的文化氛围，使置身其间的大学生受到熏陶和启发，从而获得全面发展的文化形态。研究高校校园文化，就是要从人和环境的辩证关系出发，探讨人是如何创造环境、环境又是如何影响人的。

④ "学校准文化说"：高校校园文化是区别于学校主文化范畴，以学生为主体的准文化（亚文化）。

⑤ "规范说"：高校校园文化是指以高校在教育实践中逐渐形成并为学校师生认同

的价值观为核心的群体意识和群体行为规范。

⑥"校园精神说"：高校校园文化是在大学这一特定的环境范围内生活的全体成员所共同拥有的校园价值观在物质上、意识上的具体化。

（2）高校校园文化的内涵。

按照对"文化"概念的理解，结合高等院校自身发展的规律及特点，我们认为在探讨高校校园文化的概念时，首先必须考虑三条原则：①揭示高校校园文化的内涵；②明确高校校园文化的外延；③对高校校园文化要素的性质及其关系给出更准确的界定。据此，我们对高校校园文化做出以下表述：高校校园文化是高校师生根据经济社会发展需要，在长期的教育教学实践过程中，通过学校各个层面所创造、积累并共享的，以反映师生共同信念和追求的校园精神为核心，具有高校校园特色的一切物质形态、精神财富及其创造形成过程。这个定义的基本内涵，主要蕴含以下五个核心内容。

第一，高校校园文化中的主体要素是在校园中学习、工作和生活的师生员工。高校师生员工是高校校园文化的创造者和传播者，同时也深深地受到高校校园文化的影响。高校校园文化是校园内全体师生员工在长期的教学、科研、管理、生活及娱乐等实践活动中共同创造和拥有的成果。其中，学生是校园文化实践与创造的生力军，教职工则是保持与发展校园文化的中坚力量。这是因为广大教职工是学校物质文化的创造者，是体现学校制度文化的典范。作为校园文化核心的校园精神，无论价值观念、思维方式还是行为作风，都是以教师为中坚力量保持和传承下来的。校风既包括学风，也包括教风和学校机关的工作作风。离开了教职工主体的创造，学识较浅、世界观尚未定型、身心发展尚未完全成熟的大学生主体创造的文化不过是社会文化体系中的青年亚文化中特殊的小群体文化，还远远不足以涵盖高校校园文化。

第二，高校校园文化是物质文化、精神文化、行为文化和制度文化的有机统一体。人类的社会活动、物质资料生产方式、过程、结果都是文化的重要组成部分。同样，从广义的文化概念看，高校校园文化既是意识形态的，又是物质的；既是现实的存在，又是历史的积淀，也是未来的预示。高校校园文化作为一个有机的整体，按构成要素可以解析为以下四个层面：①校园物质文化，即体现于校内物质方面的文化层次，包括教学、科研、生活的物质条件，校园环境和设施，以及运用这些物质资料的技术规范和社会规范。它们是校园文化的物质载体，但被赋予了深刻的文化含义，是高校校园文化的基础。②校园精神文化，即校园文化的观念层次，包括校园人的思维方式、价值观念、道德情操、礼仪规范以及长期形成的校风，它们是高校校园文化的核心。③校园行为文化，即校园文化的行为方式层次，它们是各种精神文化传播的组织与设计，如行为模式、集体活动等，是高校校园文化的主要体现。④校园制度文化，即学校全体师生员工必须遵守的规章制度以及组织形式，是高校校园文化的行为规则。这四者是一个有机统一体，不能割裂或片面孤立看来。以精神文化取代物质文化、行为文化和制度文化，必然会导致精神文明建设因失去依托遭到排挤而不能落到实处。在学校基本建设、规章制度建设中，如仅仅看到其实用功能，而忽视其文化功能，则必然会因为失去了校园精神的烛照作用，而导致环境与建筑品位降低，从而限制师生员工活动与想象的空间，规章制度也会因失去让人接受的心理基础而显得简单粗暴。缺乏文化建设上的系统论思想，终将陷入形而上学的泥潭，其结果不能有效地提高高校校园文化的建设水平。

第三，高校校园文化的核心是一种体现大学意志的客观精神，即校园精神。校园精神的本质内容是继承和发展人类理性精神和人文精神。理性精神强调知识和科学本身的价值，人文精神则强调追求、运用知识时的良知、责任感和价值观。现代的高校校园文化就是通过对人类理性精神和人文精神的继承、创造，形成现代的科学精神、伦理精神和民主精神相统一的校园精神，超前于社会文化。科学追求真，伦理追求善，而民主则既是真与善的观念在政治生活中的体现，也是对社会公正的追求。科学、伦理、民主的精神就是一种真、善、美相统一的精神，这是近代以来中国民族精神发展的大趋势，也是中西文化互补的必然结果，是现代社会中的人必须具有的精神品格。

另外，文化是一个民族得以存在的主要特质之一。同样，一所大学要办出自己的特色，保持旺盛的生命力，也必须有深厚的科学文化底蕴。办大学不同于过去办私塾，也不同于办中等学校和专科学校。现代意义上的大学，在培养人才的同时，还应利用群贤荟萃、人才济济这一优势，进行文化创新，成为人文科学、自然科学发展的主要推动者。所以，高校校园文化既不同于带有明显功利性的企业文化，也不同于以接受现有知识为目的的中小学校园文化。

第四，高校校园文化是在特定的社会人文环境和社会大背景下的产物。高等院校作为社会的重要组成部分，担负着培养人才、科学研究和技术服务三大职能，其根本目的是为国家经济建设和社会发展服务。国家经济社会的发展不仅为高校校园文化的形成提供了现实的可能性，而且提出了时代性的要求。因此，高校校园文化的形成和发展从根本上讲取决于国家的经济社会发展。而且，高校校园虽然相对封闭与单纯，但是学校毕竟是社会的学校，高校校园文化作为社会文化的一个重要组成部分，与其他各种社会亚文化形态一样，是对社会文化的一种折射，因而必然要受到社会文化的影响和制约。

当然，高校校园文化对社会主流文化也具有反作用。校园是整个人类社会的文化殿堂，古籍书库里有深厚的传统文化的积淀，课堂上又有最新的国内外文化信息。新与旧、激进与保守、传统与现代、国内与国外的各种文化在校园里摩擦碰撞。校园相对独立于社会，其育人功能又客观地要求一种更加净化的、更符合社会理想的文化氛围。高校校园总是以最大的热情实践着社会的理想文化，"团结起来，振兴中华""从我做起，从现在做起"等时代最强音都从这里发出。高校校园文化是领时代之先的，并通过校园人直接作用于社会的文化行为，并用这种行为的示范作用来影响社会主流文化。

第五，高校校园文化体现了学校的全面素质和整体教育水平，显示出高校特有的精神风貌。高校校园文化作为社会文化的一种亚文化系统，是通过一代代师生共同创建并不断发展的。在各个时代，高校都有其不同的时代主题，也就有不同的文化氛围，不同时期的高校校园文化因而也大存差异。透过这种差异，我们可以发现，高校校园文化在其形成和发展过程中，由于高校校园这一特定环境而具有学校的共同特点，同时又由于各所高校办学规模、办学历史、学校类型、专业设置、归属关系、地域特征等各不相同，任何一所高校校园文化的模式一旦建立，它就具有鲜明的个体特征，并成为该校品格的象征。而且，这种特征具有特殊的渗透力和感染力，无时不有，无处不在，潜移默化地影响、指导、规范着校园中的每一个人，培养和激发师生的群体意识，使每个师生在此校园文化氛围中获得一种归属感、自豪感和依赖感。就全局意义而言，高校校园文化只有各具特色，才能充分显示校园文化的旺盛生命力。

2. 校园文化的作用

"文"是育人的核心内容，具有鲜明的时代性。高校肩负着文化传承、传播与创新的重要使命，通过深入开展中华优秀传统文化、革命文化、社会主义先进文化教育，培育和践行社会主义核心价值观。每个时代的文化育人内容具有同时代的鲜明特征，"在当代中国，'化人'之'文'必须以马克思主义为指导，来保证'文'的方向；必须以社会主义核心价值观为灵魂，来滋养'文'的生命；必须以中华优秀传统文化为命脉，来传承'文'的基因；必须以其他民族的一切优秀文化为借鉴，来丰富'文'的涵养"。高等教育要秉承中国传统文化"文以载道"的思想，用中华民族五千年文明孕育的中华优秀传统文化来化人，用中国共产党在领导人民革命、建设中创造的社会主义先进文化来化人，用承载中国特色社会主义的核心价值和文化来化人。

"化"是育人的路径和方法，是由微而著、潜移默化的过程。《管子·七法》中指出："渐也，顺也，靡也，久也，服也，习也，谓之化。""化"的过程是教育的过程，也是培养人格、健全心灵、启迪智慧的过程。"化"的过程本质上是无形的，且具有渗透性、持久性等特点，通过受教育者深入其中体验、认知、感悟，达到"如入芝兰之室，久而不闻其香"的自我教化效果，达到启智润心、涵育德行的育人目的。

高校承担着培养时代新人的重要职责，立德树人是高等教育的根本任务。习近平总书记在全国高校思想政治工作会议上指出，加强高校思想政治工作，必须更加注重以文化人、以文育人。以文化人的理念，拓展了高校思想政治工作的方法和路径。高校作为人才培养的主要阵地，要以社会主义核心价值观为引领，以文化滋养师生心灵、涵养师生品行、引领社会风尚。

文化育人于无形。"大音希声，大象无形"。凝练大学精神的校风校训、书写学校历史的老教授、见证大学发展的一园一景都渗透着文化育人的无形力量，激发学生独立思考、勇于创新的自由精神。从环境文化的润物无声到精神文化的浸润熏陶，文化像阳光，像空气，化于无形，让人自由呼吸、润泽成长。文化育人寓价值形态引导于无形，规范约束学生的行为，塑造学生的人格，滋养学生的心灵。

文化育人在浸润中。文化育人的过程是从文化认知到文化认同再到文化自觉的过程，是对身处其中的人长期濡染、浸润的过程。在这个反复渐进的过程中，文化由外化到内化、由认知到认同交互式渗透，最终形成人的集体意识。

文化育人于多元。文化是民族的文脉、血脉，是人民的精神家园，文化的多样性决定了文化育人方式的多元化。新时代推进以文化人、以文育人，应着力文化内容供给侧改革，创新文化传播方式，构建多样化的活动内容和平台载体，提升文化育人的吸引力和覆盖面。

（二）图书馆在校园文化中的地位和作用

1. 图书馆是文化活动的中心之一

人们经常用"四点一线"来描述高校学生单调的生活，这四个点是教室、图书馆、食堂、寝室。不难看出，图书馆在高校学生的学习生活中具有重要地位。

高校中的图书馆是为学校的教学和科研服务的学术性机构，是构成现代化大学的三大支柱之一，是高校必不可少的设施。教师的备课和教学、学生的课外学习和知识巩固、科研课题的开展及学术交流的进行，很多情况下都是以图书馆作为空间场所和内存纽带开展的。因而，图书馆理所当然地成为高校中最重要的文化活动中心之一。

图书馆作为文化活动中心之一的地位首先来自它的汇集性，即图书馆这个有形的建筑是高校中古今中外、诸子百家思想和学说的集散中心。这些人类历史发展过程中积累下来的文明，是高校实现教育目标、开展多种形式教育所必不可少的。历史可以使人明白世道之更替，文学可以使人知晓人情之冷暖，艺术可以使人品味世间之善恶，科技可以使人懂得宇宙之奥秘。正是这浩如烟海、洋洋大观的人类宝贵的精神财富，吸引着莘莘学子，召唤着一切追求人间至真至美的人们。置身于图书馆，每个人都变成了一叶扁舟，在知识的海洋里畅游；置身于书馆，每个人都变成了一块海绵，贪婪地吸吮着人类母亲的知识乳汁。在这里，你可以与古代先哲们进行精神的探讨和对话；在这里，你可以与志同道合者实现心灵的交汇和碰撞。各种学术报告撞击出你思想的火花，各种书展书评指点你寻宝的迷津，各种各样的座谈与交流给了你表达高见、施展才华的机会。热爱图书、热爱图书馆是每一个追求真理的人共同的特点。正如理查德·伯里在《书之爱》这一著作中所写到的："对图书馆的热爱等于对学术的热爱……因此它是所有美好事物的母亲。……它可以消灭邪恶情欲的火焰，它以精神力量的强大作用来化解兽性的冲动。……所有爱上了书的人都蔑视世俗对名利和财富的追逐，视它们淡泊如水。一个人不可以兼爱黄金和书，因此没有人同时拜服于书而侍奉贪欲之神猛犸。"中国自古以来也有"书中自有黄金屋"的说法，这两种思想竟如此不谋而合，体现了世间所有爱书求知者共同的特点。

如果说搜集文献是图书馆工作的一个重要方面，那么另一个重要方面就是凝聚读者。我国图书馆界有一句传统的口号："为人找书，为书找人。""为书找人"可以理解为"寻找读者"。图书馆以文献为黏合剂，将具有共同需求和兴趣爱好的读者紧紧地联结在自己的周围，因此，图书馆在高校中的文化中心地位来源于它的联结性。

马克思在评价欧仁·鲍狄埃的《国际歌》时曾经这样描述："全世界的无产阶级，无论在什么地方，只要他唱着'英特纳雄耐尔'，就能走到一起来。"图书馆的联结性何尝不是如此。这个世界上只要是追求真理的人，他们最终都会通过图书馆这一纽带被联结在一起。如果你也是一个追求真理、渴求知识的人，也许在茫茫人海中你要找一个志同道合者，也许在满目红尘中你想寻觅一个共同爱好者，那么到图书馆去吧，那里正聚集着和你有一样追求的人群。

2. 图书馆是高校教育的机构之一

对于每个求学的学生而言，莫不希望学业有成；对于每个传道的教师而言，莫不期望桃李满天下；对于一个重视教育的国家而言，莫不期盼人才辈出。但成就不是轻松得来的，不仅需要"行万里路"，还必须先"读万卷书"。高校教育目标的实现，离开了丰富的文献保障是无法想象的。

从教育和经济发展及人才培养的一般关系来看，教育是经济发展的一种积极因素，更是人才培养的必要途径。但是，经济学家和教育学家普遍认为，经济发展取决于教育所培养出来的劳动力的技能水平，必须扩大用于教育的资源（作为投资），必须从生产目标出发，根据所要求培训的不同等级和类型，来确定有相应技能的劳动者的需求量。教育系统的经济效益与人才培养周期成反比，同时又与人才所拥有的知识和技能成正比。由于人才培养周期有限，必须根据单功能社会系统的要求来确定一个"有关知识和技能"的范围，不可能把所有"有关"的知识和技能都列入教学大纲。因此，我们的课程设置与教学安排很难完全地表达和囊括学生所必须具备的所有的有关知识和技能，特别是在我们有限的课堂教学时间内，要让学生达到"破万卷书"还差之甚远。由于课堂所学的不足，高校教育目标的实现必须依赖第二课堂的全面开展，尤其是需要图书馆加以补充。图书馆拥有众多书籍报刊、硬软件信息设施，特别是信息网络形成资源共享，具有信息的无限性、新鲜性特点。于是，作为学生的第二课堂，图书馆成为高校最基本的教育机构之一，这可以从以下几个方面体现。

①图书馆的丰富藏书对于学生、教师起着良师益友的作用。

②图书馆员的服务态度、业务水平、服务方式，以及这些综合因素所树立的图书馆的形象，本身产生以身示范、服务育人的教育效果。

③图书馆的环境和文化氛围，促使人潜心治学、静心思远，产生综合陶冶作用，达到环境育人的教育效果。

3. 图书馆是文化学术信息的前沿阵地

人类社会的持续发展和进步，一方面离不开人类的物质生产，另一方面也离不开人类的知识生产。如下图所示，图书馆在人类社会的知识生产过程中是一个必不可少的重要环节和有机组成部分。

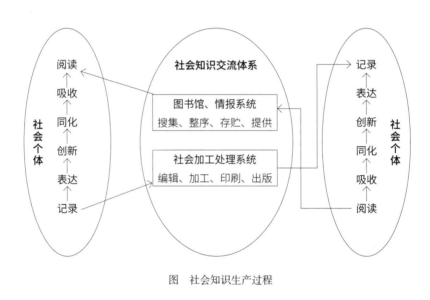

图　社会知识生产过程

任何一种社会的知识生产，都具有社会生产的特点。人类文明越往纵深发展，知识生产的社会化特点就越明显。闭门造车和闭关参禅式的个体化研究，已经不再适应当今大科学、大文化发展的形势，其研究成果也得不到社会的认可。现代科学研究和技术的发展，是一种大规模的系统工程。

合作的前提在于沟通，知识生产中社会合作的基础是知识信息交流，其具体体现之一就是文献的交流。每一个从事知识生产的人，都必须先从他人（从时间上包括前辈先哲，从空间上涵盖当世学者）那里吸取开展知识生产所必需的素材及资源，这主要是通过文献的阅读行为来实现的；然后再经过"衣带渐宽终不悔，为伊消得人憔悴"式的思考与探索过程，最终建立起自己的学术观点，成就自身的学术成果。而这一成果最初是以主观意识形态存在的，它必须通过记录、出版发行和文献交流等社会化过程得到社会的承认，同时也为别人的知识再生产提供素材和资源。若干个体行为的宏观总括，就形成了我们所称的"社会知识生产的过程"。

图书馆作为人类社会知识生产过程中知识交流系统的一个中枢，人类的一切客观知识都将通过这个中枢进行集散。因而，图书馆所收藏的文献包含了人类认识发展的最新成果——最新的学术思想、最新的科学技术成就、最新的文化信息。任何一个需要掌握人类文明发展最新动态的学习者和研究者，无不对图书馆的藏书资源和服务资源产生巨大的依赖，无不将图书馆视为与他人交流、与世界沟通的重要工具。因而我们可以明确地认定，图书馆是文化学术信息的前沿阵地。

4.图书馆对学生德智体美全面发展的影响

教育过程绝不仅是一个客观知识的传授与接受过程，社会规范的学习与遵从，受教育者思想境界的提高与进步，乃至学习者身体、智力和情感的全面发展，都是教育的具体目标。

如果说课堂教学过程更多的是一种知识的传授过程，那么图书馆的阅读活动和其他多种形式的教育活动，更多是一种思想影响和熏陶过程，它对学生的德智体美全面发展的影响细致入微而又集腋成裘，虽为涓涓细流却又水滴石穿。这是高等院校中其他教学手段无法达到的境界。

随着人类知识积累总量的不断增长和积累速度的不断加快，希望通过高等教育而获得一劳永逸的生存技能的想法，将被白驹过隙的科技发展和日新月异的知识更新所改变。按联合国教科文组织的最新定义，在现实社会中"不能有效地更新自身知识的人"将被视为"文盲"。因此，高等教育更重要的使命在于让受教育者学会自我学习的本领，养成不断进行自我知识更新的习惯。在接受高等教育的过程中，图书馆中自我学习的经历一定会对学生此方面的能力和习惯的培养贡献颇丰。事实证明，任何一个能充分利用图书馆来充实自己学习生涯和完成自己学业的受教育者，其学习能力和综合发展将优于那些只会死读课本和照搬听课笔记的学生。马克思的不朽之作《资本论》就与他在大英博物馆的苦读经历息息相关。谁又能否认北大红楼（北京高校图书馆）的从业经历对造就毛泽东这位中国伟人不是至关重要的呢？我们有理由相信，图书馆这个孕育了诸多伟人的圣地，在新的社会发展时期，也将造就一大批德智体美全面发展的思想家、科学家、文学家和艺术家。

二、高校图书馆的性质

中华人民共和国教育部颁布的《高等学校图书馆工作条例》明确指出："高等学校图书馆是为教学和科学研究服务的学术性机构。"这一论述对高校图书馆的性质做出了明确的规定。

为教学和科学研究服务，是高校图书馆的基本特征，也是高校图书馆存在的价值所在，是它的全部工作的出发点和归宿，并应当贯穿它的全部工作的各个环节。

（一）高校图书馆的学术性

高校图书馆的服务是一种专业性、学术性很强的服务。从服务内容、服务手段到服务方法，无不反映它的学术性质。高等教育事业和科学技术的发展，必然要求高校图书馆迅速提高各项工作的学术水平。对于高等学校图书馆的学术性，可以从以下几个方面来理解。

首先，图书馆的学术性表现在图书馆是整个科学研究大系统中的子系统。科学研究是一种知识信息活动，这里面包含许多知识信息活动的环节，而系统搜集、科学序列化和精确提取人类长期实践所积累的知识和经验，是这一活动的前期过程。图书馆正是执行这种前期过程的社会机构，它通过对人类文明的物质载体——文献进行全面系统的搜集、科学合理的整理和准确快捷的提供来参与人类的科学研究活动，为其提供强有力的支撑。对于高校图书馆而言，这一行为特征更加明显。

其次，图书馆工作本身就是一种学术性活动。就图书馆工作本身而言，有两个最主要的对象——文献和读者。文献作为记录人类文明的物质载体，本身就具有巨大的复杂性。对文献的加工工作从本质上而言，就是一种知识的序化工作，需要执行该项工作的图书馆员应具备相当的学术水平，而其工作过程和程序必须经过长期的探索和研究，最后才能形成科学的方法。另外，每一个读者都是一个社会的复杂个体，尤其是高校中的读者，更是具有一定的知识文化层次，甚至是非常专业的学术人员。要向他们提供有针对性的服务、做好"为人找书"的工作，就必须对读者的阅读心理、需求行为规律，甚至专业领域，有一定的了解和把握。这一切都需要图书馆员的学术水平作为支撑。最后，图书馆中的某些工作，如引导阅读、参与咨询、跟踪服务更是体现了显著的学术性内涵。

最后，图书馆的工作人员中很大一部分是科研人员。在许多国家里，图书馆都有一批相当可观的专家，这些专家都是有真才实学的科研人员，他们中的许多人甚至可以直接参与科研课题的研究工作，成为某一学科的知识及信息权威。在我国，随着图书馆事业的健康发展，许多新生力量源源不断地被充实到图书馆队伍中，他们中不乏高学历、高职称的人才。

（二）高校图书馆的服务性

图书馆的学术性和服务性是一个问题的两个方面，我们不应当片面强调学术性，忽视图书馆工作的服务性。图书馆的学术性与服务性之间的正确关系应当是图书馆是一个学术性服务机构，它的工作内涵是具有学术性特征的，但这种学术性的体现必须通过图书馆的文献和信息服务体现出来。

从人类社会的发展历程来看，图书馆从来就是处于一种辅助性的地位，依附于社会机构而存在。在高等学校中，图书馆既不是一个独立的教学与科研机构，也不是一个行政或后勤机构。它不直接承担教学任务，而是通过为学生的课外学习提供资源而参与教学过程；它不独立承担专业科学研究任务，而是通过为科学研究提供文献保障来进行科学研究的前期劳动；它提供教学和科研的支撑和保障，但这种支撑和保障的实现途径和本质又与行政或后勤机构的作用有所不同。

服务意识必须成为图书馆工作的基本指导思想。离开了为教学研究服务，高校中的图书馆就失去了存在的价值，成为无本之木和无源之水，其学术性也就无以发挥和体现，从而进入一种英雄无用武之地的状态。

对服务性的深入认识和身体力行，是图书馆学术水平不断提高的根本动力。服务对学术提出要求，需要学术上的持续深化来保证更为广泛的服务满意度。随时在服务工作中发现问题，进行理论研究和提出科学的解决办法，从来就是图书馆学学科发展和图书馆工作深化的主要途径。

（三）高校图书馆的公共性

高校图书馆的公共性是指高校图书馆在其所处的空间场域中，以自身拥有与共享的信息资源为基础，以满足对高校图书馆的利用需求为导向，以自由、平等、公正、公益、共享、包容等为核心理念，不断完善自身内部管理与文化氛围，在面向用户提供多样化服务及多元互动参与过程中体现的一种社会属性，它是在高校图书馆管理与服务实践中体现出的一种价值追求。高校图书馆的公共性的现实表现主要体现在自由开放的公共空间、公平公正的服务理念、公益共享的价值追求、多元包容的文化自觉四方面。

第一，自由开放的公共空间。高校图书馆作为大学校园的文化公共空间、学习公共空间、知识共享空间以及信息交流空间，其服务对象、服务原则秉承公共性理念，以满足师生公共利益为目标，允许师生自由获取图书馆资源，自由开展学习、研究、社交甚至娱乐，具有自由开放的鲜明特征，不仅承载着一般图书馆的文献服务功能，而且承担着高校为师生的教学科研、互动交流提供文献保障与支持的公共服务平台功能，为高校师生平等、自由享用图书馆服务提供便利。

第二，公平公正的服务理念。公平、公正是现代图书馆服务的基本要求，也是现代高校图书馆服务的核心要义，强调在制度许可范围内面向各类用户提供平等与自由的图书馆服务，维护高校图书馆服务的公平性与公正性，最大限度地满足师生的高校图书馆利用需求，为学生用户的学业、为教师用户的教学、为全体师生的科研、为全体用户的文化素养培育与提升等提供图书馆支持，保障全体用户的图书馆利用权力。

第三，公益共享的价值追求。公益是现代高校图书馆服务属性的根本特征，共享是现代高校图书馆资源建设与利用服务的基本理念，这充分体现了高校图书馆作为国家公共文化服务组织的一员和高等教育的重要组成部分，是现代社会公共服务的重要提供者，其服务具有鲜明的公益特征。高校图书馆的使命集中体现在为学校教学、科研、社会服务等提供公共信息资源保障，公益是高校图书馆的组织特色和服务要求，共享是高校图书馆资源建设与服务的根本原则与服务目标。

第四，多元包容的文化自觉。文化自觉是高校图书馆文化属性和文化功能使然，作为文化组织机构成员的高校图书馆，其自身不仅蕴含丰富的文化资源，而且承担着不可推卸的文献保存、文化传承、文明交流等文化功能。同时，在当前国家大力倡导文化"大发展、大繁荣"与努力实践"中华民族伟大复兴"的征程中，高校图书馆的文化功能将会更加强化，需要树立多元包容的文化自觉精神，完善馆藏资源体系，丰富馆藏资源内容，强化高校图书馆的文化功能。

公共性作为现代图书馆的基本属性，在高校图书馆、公共图书馆以及各类专业图书馆中表现各异，研究和分析高校图书馆的公共性，需要对非高校图书馆的公共性进行比较分析，以便更加深入地理解高校图书馆的公共性，为高校图书馆的公共性的实现提供决策参考与实践指导。

1. 高校图书馆与公共图书馆

公共图书馆是现代社会的产物，是国家图书馆体系的核心成员，分布广泛，县级及以上城市乃至部分村镇均设有各级各类公共图书馆。公共图书馆在国家公共文化服务体系中占据主导地位，相对高校图书馆而言，其公共属性更为突出。笔者以为，公共性作为现代图书馆的基本属性之一，在高校图书馆与公共图书馆层面，既有相似性又各具特色。公共图书馆的核心价值是其作为公共品的公共图书馆服务，如 1876 年，美国芝加哥图书馆馆长普勒认为："公共图书馆是依据国家法律建立的，受地方税收与自愿捐赠支持的，是被当作公共'信托物'管理的，每一位维护这个城市的市民都有平等地享有它的参考与流通服务的权力。"国际图联／联合国教科文组织 1994 年通过的《公共图书馆服务宣言》和 2001 年出版的《公共图书馆服务发展指南》均重申，公共图书馆主要是由地方性、地区性或全国性政府提供的社区设施，由公共财政支持始终是公共图书馆的基本特征。汪东波在《公共图书馆概论》中提出："公共图书馆是由政府投资兴办或由社会力量支持兴办的向社会公众开放的图书馆类型，是知识资源收集、存储、加工、研究、传播和服务的公共文化空间和社会教育设施，具有公益性、均等性和普惠性。""公共性是公共图书馆制度的本质属性，公共性缺失是公共图书馆制度实施中存在的最根本的问题，公共性是公共图书馆制度构建和创新的价值基础。""公共图书馆制度只有以公正、公平、公益、公开作为自己的价值追求，才能真正'公共'起来。"平等、免费、公益、普惠已经成为现代公共图书馆服务的核心理念，是公共图书馆公共性的本质体现。

公共性作为现代图书馆的基本属性，虽然在一定程度上它是高校图书馆与公共图书馆的共有属性，核心价值一致，具有明显的公益性、公平性、包容性、发展性等基本特征，但相比高校图书馆公共性而言，公共图书馆公共性在组织、主体、服务方面表现得更为突出。一方面,公共图书馆作为公共财政直接支持的国家公共文化服务的核心载体,具有组织的先天优势,这种先天的公共身份决定了其所提供的服务受众必然是社会组织、社会大众,为其提供平等公正的现代图书馆服务。在服务对象上较高校图书馆更为广泛,在服务内容上较高校图书馆更为普通,突出强调基本均等普惠服务。公平、公正、平等、免费、开放、公益是公共图书馆公共性的核心体现。另一方面,公共图书馆作为特定空间内的图书馆,是人们生活、工作和学习中不可缺少的文化教育设施。与其他标志性建筑不同,图书馆既要有公共膜拜性,更需要给人一种舒适惬意的感觉,是任何人都可以走进的城市第三空间,其公共空间内的主体相对高校图书馆来说更为多元化,存在集体利益、私人利益、政府利益等不同的利益主体,需要秉承公共精神,支持不同利益主体公共参与,以公开讨论的方式保证公共性规则,确保公共图书馆公共性持久、灵活和公益,保证公民个人的公共权利不被侵犯。为此,维护公共性是现代公共图书馆建设与发展的内在要求,当代公共图书馆只要真正做到实践公共性、担当文化使命、实现服务转型,就能让人们看到"天堂"的模样。相比公共图书馆而言,高校图书馆公共性一方面主体相对稳定,服务受众主要是大学师生,核心功能是为学校师生的教学、科研、学习等提供图书馆资源保障,面向社会开放有限,其服务社会性相对较弱。虽然对高校图书馆向社会开放的呼声不断,但今天的高校图书馆仍然是以服务本校师生为主,只是在一定程度上与部分社会组织、机构等进行小规模的合作共享。另外,高校图书馆服务的学术性、批判性相对公共图书馆更突出、更深刻,公共图书馆主要是保障社会大众的基本图书馆需求,为社会大众提供基本均等普惠服务,而高校图书馆则强调为学校师生共同体的教学、科研提供文献资源保障,为大学学术自由、学术批评、学术评估等提供具有一定深度的学科化服务,承载着保障师生学习权利、推动教学改革、传承大学文化、支持学术创新、维护学术自由等职责,这与公共图书馆之间存在着明显的不同。随着现代大学社会服务功能的不断强化,高校图书馆作为知识出版和交流的中心、技术创新与文化的中心、知识资源的中心,构成为知识连接器,将大学与区域、与世界连接起来,将昨天、今天和明天连接起来。

2. 高校图书馆与国家图书馆

目前,全世界有 100 多个国家建有国家图书馆,如中国国家图书馆、美国国会图书馆、英国不列颠图书馆、俄罗斯联邦国家图书馆、法国国家图书馆、澳大利亚国家图书馆、日本国立国会图书馆等。《ISO 2789—1974(E)国际图书馆统计标准》将国家图书馆定义为:"凡是按照法律和其他安排,负责搜集和保管本国所有重要出版物的版本,并且起保存图书馆作用的图书馆,无论其名称如何,都是国家图书馆。"国家图书馆的内涵体现在四个方面:首先,国家图书馆是公共图书馆,是依赖公共财政建立起来的;其次,国家图书馆是法定的本国文献的典藏图书馆;第三,国家图书馆位于全国图书馆系统的最上层，是一个国家的中心图书馆；第四，一般说来，国家图书馆是该国收藏规模最大的图书馆。1976年8月，联合国教科文组织在瑞士格桑召开的国家图书馆馆长会议上，针对国家图书馆在国家信息系统和国际信息系统中的作用问题通过了一项政策声明，认为"国家图书馆应是图书馆事业的首要推动者，各类型图书馆的领导。国家图书馆应在全国图书馆工作的各项规划中起中心作用"。国家图书馆在很大程度上代表着一个国家图书馆事业的发展水平，对本国图书馆事业发展起着重要作用，担负着国家总书库职能，是一个国家图书馆事业的核心。

国家图书馆作为由政府公共财政支持的图书馆，本质上也属于一种制度性的公共物品，是公共性的中央图书馆，如美国国会图书馆明确规定其任务为保证图书资源可以被国会和美国人民使用，并广泛地保存知识与文明成果，为后代使用；英国不列颠图书馆在保证公共服务的首要原则下设置限制使用制度，引导公众理智利用图书馆服务，并在网站上宣传对一切来访者开放；法国国家图书馆自1721年以来便宣称不仅对知识分子开放，同时也向广大市民开放，并逐渐形成了开放的公共服务制度；日本国会图书馆规定，任何年满18周岁的国内外公民均可进入该馆申请图书馆服务；澳大利亚国家图书馆提出"为澳大利亚本土图书馆、海外图书馆以及个人、商业组织提供服务"。图书馆的基本职能便是为广大公众提供公益性的信息服务，公共性是其基本属性。国家图书馆的公共性不是像普通公共图书馆那样通过平等使用权来体现，而要在不违背公平性、平等性原则的前提下选择必要的限制使用制度，"国家图书馆作为一个公共信息机构，在坚持为公众服务的立场的同时，还应着重于其研究性机构性质的体现"。国家图书馆的公共性也与高校图书馆的公共性有明显的差异，其服务需要面向全国乃至全球。其公共性主要从其法定功能、服务对象和服务方式等方面体现出来，国家职能是国家图书馆公共性的核心，集中体现在"为人民所有"与"为人民所用"两方面。"为人民所有"主要体现在国家图书馆是国立图书馆，它为国家所有，为全体人民所有，这是现代国家图书馆的基本特征之一，也是国家图书馆公共性的源泉。"为人民所用"主要包含三层含义：一是指国家图书馆的活动应该以社会公益为基本宗旨，为国家和人民的利益服务是国家图书馆一切活动的起点和终点；二是指国家图书馆应该扩大服务范围，使得每一个社会成员都能够平等地利用国家图书馆资源；三是使用的公平与效率的问题，应该根据服务对象的社会责任而提供不同方式的图书馆服务，以确保国家图书馆使用效益的最大化，从根本上实现国家图书馆的公共性。国家图书馆公共性集中落实在功能层面与服务层面两方面，功能层面主要聚焦探讨国家图书馆的公共性要求其履行怎样的功能，操作层面主要关注国家图书馆的服务模式应怎样确保其公共性，前者体现的是国家图书馆全面履行国家职能的过程，后者反映了国家图书馆根据服务对象不同提供不同方式服务的过程。由此可见，高校图书馆公共性与国家图书馆公共性之间具有明显差异：一方面，国家图书馆公共性首先体现在其人民性方面，即"为人民所有"，它是为全体人民所有，并依此需要为全体人民服务，无论理论上还是现实中，均需要以人民的利益为立足点与出发点，维护和保障全体人民的图书馆利用权力；而高校图书馆的公共性则是以高校师生共同体利益为核心，受众范围较国家图书馆小得多，但其提供的服务相对国家图书馆来说更为专业，学术性、研究性更强。另一方面，国家图书馆的公共性功能聚焦于保障人民权益，即"为人民所用"，需要围绕国家与人民利益，不断扩大人民受众范围与受益层面，确保国家图书馆社会功能最大化；而高校图书馆的公共性功能聚焦培育、批判与整合，优化高校图书馆公共性生存环境，维护读者图书馆权利，弘扬大学学术精神，强化高校图书馆资源整合、空间整合、服务整合以及功能整合，实现高校图书馆整体系统功能的最大化。

三、高校图书馆文化

（一）高校图书馆文化的内涵

高校图书馆文化是高校图书馆及其工作人员以大学文化为背景，以图书文化为基础，在图书管理和提供、利用的过程中所形成的特殊的思想观念、行为方式、价值准则、道德规范、心理态势、知识体系及外在形象等意识形态和物质形态的总和。高校图书馆文化是从特定的文化土壤中生长、发育起来的。其"土壤"的构成比较复杂，在宏观上包括了社会的政治、经济、文化等各个方面，而基本的生长点则是大学、图书及馆员。大学是培养人才和研究科学的文化圣殿，承载、建设并发展高层次文化是其神圣使命。大学的历史传统与时代精神融合而形成的大学文化，渗透并作用于包括图书馆在内的各种组织机体及个人，为大学校园中各种亚文化的形成奠定了基础，同时也赋予这些亚文化以浓厚的大学文化特色。

高校图书馆主要是为高校教学和科研服务的，因此，在图书的选择上就特别注重其学术品位和文化内涵。可以说，在这里所汇集的是古今中外的精品图书，而由此生长出来的高校图书馆文化也必然具有"精品"色彩。

作为图书馆文化存续形式之一的高校图书馆文化，具有图书馆文化的一般特性，如群体性、管理性、服务性、时代性、继承性及借鉴性等，同时又有自己的个性特征。

首先，高校图书馆文化的内涵尤为深厚。图书馆文化大多有比较丰富的内涵，而高校图书馆以大学作为其基本的生存环境，必然要接受大学文化的影响。作为地区或国家文化中心的大学，特别是著名的大学，往往已形成独特的学术氛围、教育风格、人文精神、管理理念、思维方式及行为习惯，它们在保持自身文化传统的同时，往往十分注重建立新的时代风尚。这一切又都以不同的方式和途径融入图书馆，使得高校图书馆文化的内涵更为丰富和深厚。

其次，高校图书馆文化的层次更高，甚至可视为一种精英文化。这仍是因为大学乃文化精英荟萃之地，与一般社会文化相比较，大学文化属于高层次的精英文化，因此，它要求高校图书馆文化建设成为精英文化。实际上，许多高校图书馆在确定馆员的选择标准、培养目标及人力资源开发与利用措施等方面都已体现其精英性特征。

再次，高校图书馆文化的形成过程具有直接性特征。大学校园中的图书馆，直接受到大学文化的熏陶。一方面，作为大学文化主要载体的广大师生，在利用图书馆的过程中也直接为图书馆带来了丰富的大学文化观念，必然对图书馆文化的形成产生重要的影响；另一方面，图书馆工作者也同样是大学文化的载体，他们直接将大学文化精神体现在图书馆文化的建设实践中。

最后，高校图书馆文化的传播范围具有集中性特征。公共图书馆文化面向公众传播，范围甚广。而高校图书馆文化的传播范围主要集中于大学校园。这种集中的传播，直接覆盖面虽然不大，但其力度大、渗透力强，容易在大学校园及广大师生中产生强烈而持久的效应。

（二）高校图书馆文化的特征

一切事物都有其共性，高校图书馆文化在图书馆文化大范围中也显示出了鲜明的个性特征。亚文化是与主流文化相对而言的，是指由特定社会群体创造、信奉和推行的一种特有的文化价值体系、思维模式和生活方式。群体和群体内成员共同认同的特有的文化意识是构成亚文化不可缺少的基本因素。高校以具有相当学历的教师和青年学生为群体，以相同的年龄、兴趣爱好、身份、阶层、职业等为标志，构成了高校校园文化特征，从而直接影响学校办学方向和活动方式，制约着学校的全部教育活动，构成了学校基本的文化内涵和文化背景。这一文化特征通过校园群体活动相互间的交往互动行为渗透到图书馆文化中，使高校图书馆文化呈现出鲜明的校园亚文化特色。

1. 高校图书馆文化的规范性和教育性特征

文化是人创造的，反过来，人又受文化的熏陶、约束和规范。不论人们是否情愿或是否意识到，无论人生活于何种环境，必然都要受到早已存在于此环境中的文化的教育、熏陶和约束规范，这是不以人的意志为转移的客观过程。高等学校是有目的、有计划地培养专门人才的组织，它要按照既定的目标和社会要求对大学生进行教育和培养，使之成为社会需要的建设者和接班人，明确的目标和要求就决定了高等学校校园文化具有鲜明的教育性和明确的规范性。作为大学校园文化组成部分的图书馆文化必然带有鲜明的教育性和明确的规范性特征。

2. 社区文化特色

高校图书馆文化是校园文化的一部分，是图书馆管理者在图书馆管理、教育、服务中与全体师生在校园这一特定的区域内共同创造形成的物质、制度和精神文化，因此它带有鲜明的社区文化色彩。

3．与办学目标、专业设置等条件相一致的馆藏特色

受高校人才培养、办学方向、专业设置的影响，高校图书馆的藏书建设与学校办学方向、专业设置一致，如医学院校图书馆以医学专业及相关专业资料为主，师范院校图书馆则突出师范教育馆藏特色。

4．以学校教学科研服务为主、兼顾社会信息服务的服务特色

高校图书馆主要为本校师生的教学科研提供和传递文献信息。但社会信息网络化、一体化的发展，又将高校图书馆信息服务推向社会，并使之在面向社会、服务社会的同时成为学校科研成果转化的信息中介，成为学校与企业产学研相结合、校办高科技产业走向社会的桥梁。

5．师生参与图书馆文化建设的特征

师生相对公共图书馆读者群而言，整体素质较高，具有较好的独立性、主观性和创造性，他们到图书馆进行的阅读活动，一方面促使了图书馆不断改善服务质量，如根据阅读倾向提供科研动态，进行跟踪定题情报服务。另一方面，他们又在阅读活动中间接参与图书馆的文化建设，如师生通过查阅书刊，提出馆藏文献建设的反馈意见；学生在图书馆围绕读书进行的一系列主题活动促进了图书馆导读、宣传、教育等活动的开展。

（三）高校图书馆文化的功能

在高校培养人才的过程中，图书馆具有多方面的文化职能，其中包括对学生进行思想品德教育的职能，直接配合教学进行专业教育的职能，扩大学生的知识面、进行综合教育的职能，对读者利用文献提供方法指导和信息素质教育的职能等。因此，高校图书馆工作是高等学校教学和科研的重要组成部分，高校图书馆工作的水平是学校教学科研水平的重要标志之一。高校图书馆文化除具有一般图书馆文化的功能外，还具有以下功能。

1．方向性特征与引导功能

当前，高校必须认真宣传贯彻《公民道德建设实施纲要》，正确引导学生争做德、智、体全面发展的社会主义事业的建设者和接班人，做有理想、有道德、有文化、有纪律的合格公民。学校的一切工作都是为了实现这个目标，这是由党的教育方针和社会主义的办学方向决定的。高校图书馆围绕学校教学和科研服务的文化活动也必须服从和服

务于这个政治方向，引导学生朝着这个目标努力。高等学校的图书馆文化必须保证对学生的引导是积极的、正确的，必须按照培养合格人才这一要求营造自身的文化氛围，确立正确的方向。

2. 多载体特征与信息功能

信息作为一种重要的社会资源，是社会生产力发展的强大动力，在现代经济活动中起着极其重要的作用。在当今社会，生活的节奏日益加快，教育科学文化的发展日新月异，图书馆文化所面对的出版物市场已不再是单一的以纸张型为主的市场，读者需求也在不断变化。特别是数字信息技术具有极其广泛和丰富的内容，它除涉及半导体技术、信息传递技术之外，还有多媒体技术、数据库技术和数字压缩技术。它们给图书馆收集、保存、利用人类相互交流的信息带来了新的机遇与挑战。微机、多媒体和网络化的运用与发展，使得多载体的各类文献资料对图书馆文化信息功能的发挥起着越来越大的作用。由于科学技术的迅猛发展及信息传播速度的加快，许多资料信息在今天还是具有新意和适合时宜的，到了明天就因为情况的变化、新技术的涌现而被淘汰，成为过时的东西。即使是内容比较稳定、有保存价值的资料，也完全可能因为多载体出版物的大量增加而丧失原来的市场与读者。因此，准确地把握时机往往是各类文献采集策划、信息策划成功的关键。从这一点来说，信息策划又是图书馆采购策划，即充分发挥图书馆文化的信息功能的突破口，从而使采集到的信息达到尽善尽美的程度。尤其是通过综合动态性信息、理论性信息和经验性信息，把包含不同媒体信息的各种教学内容组成一个有机整体，使其符合教学目标的要求；把包含不同教学要求的各种教学资料组成一个有机的整体，使其满足教学内容的需要；把相关学科的预备知识及开阔视野所需要的补充知识组成有机的整体，使其与不同专业的学生的知识基础与水平相适应。这样，就能使学校利用这些教育信息制定工作计划和教学方案，就能使决策者利用教育信息去深化教育改革，就能使师生们利用教育信息去推进教学研究与发展。这就深刻地启示我们，数字信息技术不仅可以将信息用数字编码方式记录、保存，而且可以将其还原成原来的声音、图像、文字等信息，还可以使这些信息迅速、准确地检索出来，进行高速、远程的传播。特别是当这些高密度储存的信息进入信息高速公路后，可以有效地供一切拥有接收装置的用户利用，实现图书馆的目的与宗旨，使多载体的图书馆文化的信息功能得到最大限度的发挥。在这个过程中，我们要充分认识到，互联网作为开放式信息传播和交流的工具，是思想道德建设的新阵地。图书馆要加大在网上正面宣传和管理工作的力度，鼓励发布科学、进步、健康、有益的信息，防止反动、迷信、淫秽、庸俗等不良内容的传播，要引导广大读者增强网络道德意识，共同建设网络文明。

3．高素质特征与教育功能

知识素质指的是人们通过学习和工作实践所积累的文化修养、知识含量以及由此而形成的知识结构和知识体系。图书馆工作者担负着社会赋予的教化的义务，其教化方式和手段主要是通过书、刊、报纸资料的收集、开发和提供利用等方式来达到施教于人的目的。因此，图书馆馆员必须具备较高的文化素养。知识结构要做到广、深、新，就要不断地、自觉地进行知识更新，注重扩展自身各学科、各专业的基本知识，拓宽为读者服务的领域，使自己的知识结构始终能满足现代图书情报事业迅猛发展的需要，从而使图书馆文化的教育功能得到充分发挥。由于图书馆这个高品位的文化因素直接辐射到校园中的所有成员，每一个生活、学习和工作在校园里的成员都受到教育和启迪。图书馆文化可以陶冶性情，给人以耳濡目染、潜移默化的熏陶。各种各样的知识信息，每时每刻都会向周围辐射，给人以强烈的情绪影响和精神启迪。当今世界是开放的，社会是开放的，高等教育和高校图书馆也是开放的。众所周知，图书馆文化在其形成和发展过程中，一方面向前人、向社会乃至外来文化索取，另一方面又对校园师生、对社会交流产生辐射。这种索取、交流与辐射，本身就蕴含着一种特有的教育功能。事实说明，在图书馆文化中，除了读书治学外，通过馆员采集和传递的高质量信息以及图书馆参与和组织的高层次、高品位的系列学术讲座，还能提高大学生的人文素质，拓展大学生的智能结构。尤其是宣传和报道的各种新观念、新思潮，对大学生的思想观念、心理素质、行为方式等会产生巨大影响，这些新观念、新思潮逐渐积淀、内化于大学生文化心理的深层结构中。而大学生作为社会文化的载体，既是文化的选择者、接受者和加工者，又是文化的储存者、延续者和传播者。随着成千上万的大学生源源不断地走向社会，奔向祖国的四面八方，这种积淀、内化的观念、意识就会立即向社会扩散和辐射，就会化为自觉的行动，从而对弘扬整个中华民族优秀文化和民族精神起着积极的作用，促进并引导人们对民族文化和民族精神进行更新和再塑造。由此可见，图书馆文化的高素质特征对其教育功能的发挥可以产生巨大的作用。

4．高层次特征与创造功能

不断创新是精神生产的基本要求。创新精神的培养要以创新意识为前提，以全面素质和创新能力为基础，以良好的环境为条件。高等学校云集了众多造诣精深的专家、学者，是传授先进的科学文化知识的场所，是培养社会主义现代化建设所需要的新型高级专门人才的主要阵地。而图书馆拥有丰富的图书信息资料，是知识的殿堂，是师生们读书治学的最好场所。从这个意义上说，大学校园里的莘莘学子就是图书馆文化的主体。高等学校不仅培养专科生、本科生，还要培养硕士、博士，甚至博士后等。这种主体较高的总体知识水平，决定了高校图书馆文化具有高层次特点，具体表现在理性认识的高度、求学求知的广博、学术水平的精深、个体活动方式上的高雅、情感追求上的高尚、活动内容的较高水平以及活动设计的较高标准等方面。图书馆文化的主体作为现实的或未来的高层次的专门人才，他们不满足于获取简单的传统知识，而是期盼从事创造性的思维活动，创造出崭新的精神产品与文化财富，以符合展现个人才干与适应时代发展的需要。图书馆在配合教学时，应当在众多知识信息中选择出有内在联系的、最基本的知识信息，构成能吸纳新知识的知识结构框架，使学生掌握必要的再学习的方法。比如，让学生多接触一些科研课题与生产实际的信息，培养他们探索自然奥秘的兴趣；加强国内外馆际之间的合作与交流，让学生到世界科技大舞台上去开阔视野和思维，吸取营养、施展才华，在交流中提高水平；为学生举办高水平的系列学术讲座，营造图书馆民主、自由的学术环境和氛围；鼓励学生参与交流，提出新思想、新问题和新方法，引导他们去学习、去实践。图书馆文化需要更新创造，图书馆文化的主体期盼从事创造，两者有机地结合和碰撞，就会将图书馆文化的创造功能淋漓尽致地表现出来。从主观上讲，师生生活在各种文化信息集中的环境中，较多地受到各种学术与文化思潮的冲击，他们感到"文化"并不神秘，不仅乐意作为文化的受益者、欣赏者，而且勇于做文化的创造者、传播者，成为文化建设的主人。他们更加重视精神生活，在完成学业的同时，喜欢思索人生、探讨社会、研究市场经济的现实及描绘未来发展的前景。从客观上讲，图书馆文化成为多种文化意识的温床。在这里，学术氛围浓厚，容易产生新思想、新观念。可见，图书馆文化中的每个成员既是文化的创造者和传播者，又是文化的欣赏者和接受者。图书馆文化的意义在于受教育者能主动参与，并在其中创造性地开展活动。一言以蔽之，国家与学校着力建设、师生共同参与和分享的图书馆文化创造着物质的、精神的产品，同时又在这种创造活动中创造和发展着主体自身。

5. 自动化特征与服务功能

图书馆传统的读者服务工作内容主要是馆员们和书、刊、报打交道，或是通过书、刊、报与读者打交道。然而，今天的图书馆大多已使用了计算机、复印机以及缩微、光电传输、只读光盘、音频、视频和联机网络等现代化设备。无论书、刊、报的采购，还是借还的流通工具，乃至参考咨询、联机检索等，都与自动化结下了不解之缘。这一前所未有的景象，理所当然地使图书馆文化具有自动化的特征，其服务功能也随之大为改善。目前，读者需求已转变为信息化、情报化，高校图书馆的读者服务工作也转变为信息服务型。图书馆工作者正在改变传统的服务模式，积极、主动地创造条件，变被动、封闭式的服务为主动、开放式的服务。随着计算机的逐步普及、软件的不断更新和网络化建设步伐的加快，图书馆的服务功能不断扩大，工作对象更为广泛，技术手段更加多样，信息传递速度更为快捷，图书馆文化的功能得到充分的拓展与发挥。图书馆在这种现代化的条件下，要真正做到"读者第一，服务至上"，就必须加快读者服务体系的改革，一切从读者需要出发，制定有利于读者服务的规章制度，根据读者的实际需要，合理组织馆藏文献、目录及利用现代化信息技术，开展多种多样的服务活动；积极发展信息产业，做好本馆的文献开发和网上的文献利用；在帮助广大读者获取知识信息中，利用自己先进的服务手段，既能为广大师生提供快、准、新的文献信息，又能满足社会读者对文献的需求。图书馆工作具有较强的科学性、技术性和实用性，图书馆工作者必须用现代科学技术和管理方法来武装自己，注重专业知识的提高和专业技能的培养，在为读者服务的工作中，不断地更新观念，提高自身素质，掌握自动化服务的本领，从而促进图书馆事业的发展。

6. 社会化特征与效益功能

图书馆工作者是人类文化遗产的传播者。如今,高校图书馆文化早已冲破封闭的"疆域"观念，不断拓宽服务领域，向社会服务方向发展，这使得高校图书馆文化的社会化特征更加明显，效益功能日益显现。以资料传递、文献加工、情报咨询、信息传播等为主体的文献信息服务所创造的经济效益，必须通过深化改革获取。值得注意的是，高校图书馆在为社会服务中，要始终重视社会效益的发挥。要懂得只有热情周到和卓有成效的服务，才能换取用户的满意和社会的支持。因此，图书馆要始终围绕图书馆文化这个中心，坚持以文献信息服务来赢得用户的青睐，创造良好的社会效益，促进图书馆事业蓬勃、健康地向前发展。

第二章

高校图书馆文化建设现状

第一节　高校图书馆文化建设开展情况

　　培养担当民族复兴大任的时代新人，是新时代赋予高等教育的重大使命。高校作为高等教育的主阵地、人才培养的高地和多样文化的重要聚集地，必须深入学习贯彻习近平文化思想，担负起新的文化使命，推动教育强国和文化强国建设。高校应该注重文化浸润，拓展高校文化建设新格局，培育良好的校风、教风、学风、班风。传承中华优秀传统文化，打造国学系列文化品牌、国学社团，开展中华经典诵读等精品主题活动。

　　高校图书馆作为知识和信息资源的宝库，在推动文化传承与创新方面扮演着至关重要的角色，也肩负着推动文化传承与创新的历史使命。目前，高校图书馆在深入挖掘中华优秀传统文化、弘扬革命文化、发展社会主义先进文化、加强文化交流与合作等方面，通过不断完善馆舍空间文化建设、拓展精神文化内涵、强化制度文化建设等多渠道、多角度，发挥着图书馆作为高校重要文化阵地的引领和育人作用。

一、物质文化建设

（一）空间文化建设

　　图书馆的馆舍外观是最能直接体现图书馆文化的形式，馆舍建筑本体和馆内建筑风格是图书馆文化的有效载体。高校图书馆从馆舍建筑形状到内部建设风格无一不体现出图书馆作为校园知识集散中心、文化交流中心的内涵特质，例如暨南大学图书馆——满珍楼，建筑外观宛如一本打开的书，寓意这是属于暨南大学莘莘学子的知识殿堂。高校图书馆有的呈"总馆—分馆"的模式，整体上具备传承文化、涵养知识的特点。但各馆建设也因所在校区或服务对象、专业背景各不相同而呈现出不同的特点，偏向历史人文类院校和专业的图书馆较为古朴、端庄、厚重，一般会给人以沉稳大气的外观感受，而服务于理工科院校和专业的图书馆较为简约现代，给人以更加便捷、高效的视觉体验。例如浙江大学图书馆，由紫金港校区的主馆、基础馆、农医馆、古籍馆、方闻馆和玉泉分馆、西溪分馆、华家池分馆组成，其中古籍馆的外观是一座中式古亭，古籍馆是藏、展、阅一体的空间设计，营造出古色古香的氛围，古籍馆在传统的书库与阅览区域外，于一楼大厅辟有专门的展览区域，面向全校师生提供中华传统典籍文化相关主题的展览宣传服务。而 2023 年建成开放的图书馆主馆以"兼容并蓄，和而不同"为总体设计理念，兼具中国传统建筑的美感与现代建筑的精神内核，建筑面积为 3.7 万平方米。主馆在设计理念上融合了大量科技、大数据手段，设有各类研修空间 100 余间、智能阅览座位 1000 余席，满足读者多种学习与研修需求。六楼观通堂建筑风格高阔宏伟、古典沉静，以展开的书页为顶，双层复式回廊书墙收藏有数万册中西方典籍名著，堪称"中西方思想文化交融的殿堂"。苏州大学炳麟图书馆以"水晶莲花"造型在国内高校图书馆建筑中独树一帜，是全国唯一一座获得国际造型设计金奖的球形图书馆。汕头大学图书馆外形古朴、简洁，方方正正的设计取自中国古代的线装书盒。它三面环水，远看似坐落于水中，因此又被称为"水上图书馆"。国外高校图书馆也十分重视对馆舍外观的设计和建造。例如，柏林自由大学语言学图书馆（Library for the Faculty of Philology）是一个发光的半圆形建筑，外观形象前卫，类似一座室内剧场。这座图书馆几乎全部由钢筋和玻璃制成，为半圆形的结构，因其独特的颅骨形式设计而被称为"柏林的大脑"，这一设计灵感来源于语言学研究的复杂性和深度。室内半透明的玻璃灯起到了聚光灯的作用，而符合人体工程学的座位离散分布于大厅内部的开阔设计，可以让眼睛疲惫的读者透过头顶的天窗看到外面的自然光线和天空。耶鲁大学贝尼克珍本与手稿图书馆（Beinecke Rare Book and Manuscript Library）是当今世界上非常大的古籍善本图书馆，藏有 50 余万册的珍本书及数百万册手稿。图书馆外墙全部由产自佛蒙特州的半透明大理石拼接而成，看不到一扇窗户，外观看起来像是一个有着灰白相间格子的大盒子，从而避免了阳光直接照射，有利于馆内古籍的保护。在阳光充足的时候，这种大理石墙也能透出斑驳的光影。

除了独具特色的外观，高校图书馆近年来也更加注重打造沉浸式的内部阅读空间。通过科学谋划馆舍布局、打造特色阅读馆等方式，营造沉浸式阅读空间，为师生提供安静、舒适的阅读环境，提高阅读体验和效果。北京大学图书馆是中国最早的现代新型图书馆之一，其前身为京师大学堂藏书楼。图书馆内部空间融合了传统与现代元素，馆内构建了全流程智慧服务体系：AI 咨询机器人提供实时导航服务，毫米波感应系统自动调节区域温湿度，UWB 超宽带技术实现图书精准定位；沉浸式学习舱配备多屏交互设备与 VR 学术资源，支持跨国虚拟实验室协作；3D 打印工坊与媒体创作中心配备专业级设备，助力跨学科创新实践。麻省理工学院（MIT）的海登图书馆（Hayden Library）中的现代化空间 Collaborative Innovation Hub（协作创新中心）中的全息投影会议舱，支持 3D 模型展示与远程团队实时协作；声场自适应隔间，通过 AI 算法动态调节空间声学参数；量子计算模拟终端，连接 MIT 超级计算机，供学生验证算法，提供跨学科团队协作环境，支持从原型设计到技术验证的全流程创新；全息投影舱常用于建筑系与媒体实验室的联合项目，而量子终端则为计算机科学专业提供前沿实验平台。

创客空间是一个集合了各种创新工具和设备的开放空间，其核心目的在于促进学生的创新思维和实践能力。在这个空间里，学生能够自由地进行各种创造性的活动，享受无拘无束的创新环境。随着创客运动的兴起，这一理念逐渐在教育领域得到普及，高校图书馆也开始将创客空间纳入服务范畴。最初，高校图书馆创客空间主要提供创客工具和设备，如3D打印机、激光切割机等，以满足学生创新创造的基本需求。随着创客文化的深入发展，这些空间逐渐拓展服务内容，不仅提供设备，还增设了创意工坊、创业孵化等服务，全方位支持学生的创新创业活动。随着时间的推移，高校图书馆创客空间进一步与其他机构、部门展开合作，整合资源，形成了创客生态系统，为学生提供了更加全面的创新创业支持。近年来，为了适应不断变化的科技创新需求，一些高校图书馆创客空间还引入了多元化的创客项目和活动，如人工智能、虚拟现实等，不断丰富和完善其服务内容。

清华大学图书馆的iCenter创客空间，包含3D打印区、智能加工区、数字媒体区、开放工坊等，能提供Python编程、SolidWorks建模等技术培训课程；设立"AI+艺术"等"交叉创新实验室"，能与产业对接；设置"专利孵化角"，提供知识产权咨询与原型商业化指导；联合华为、大疆等企业举办"工业级项目实战工作坊"。美国密歇根大学图书馆的MakeCademy创客空间，所能提供的服务还包括和社区联动，举办"市民创客日"，向当地中小学开放纳米材料科普体验，与底特律汽车工业合作开发车载智能硬件原型等。可见，国内外高校图书馆均采用"工具链+知识流"双引擎模式，将设备使用与数据资源深度融合，通过重新定义图书馆的"知识生产"角色，推动高校从"知识传授"向"知识创造"转型。

综上所述，高校图书馆在馆舍空间设计和建造上的理念，旨在为师生读者提供一个优质、舒适且高效的学习和研究环境。作为校园景观的重要组成部分，其外观设计应既体现学校的独特风貌，又引领时代潮流。建筑造型要具有时代感，与周围环境有机结合，形成校园建筑的整体美。在内部设计及功能分区上，高校图书馆的首要原则是以用户为中心，充分考虑师生的需求和使用习惯。例如，在阅览区设置多样化的舒适座椅和宽敞的桌面，确保读者有足够的空间放置书籍、文具、电子设备等，方便阅读和学习。其次，现代高校图书馆的内部设计要具备多功能性与灵活性，除了收藏、借阅图书外，高校图书馆的服务范围还包括学术交流、数字资源服务、展览、培训等。图书馆内部空间设计应该满足多用途需求，内部应划分为多个功能区，如阅览区、藏书区、借阅区、自习区、交流区等，每个区域都有其独特的作用，应针对不同群体的需求进行个性化设计。同时，通过可移动的隔断和家具，根据不同的需求调整空间布局，满足举办讲座、展览等活动的需要。此外，高校图书馆应配备智能化的设备，如自助借阅机、自助还书机等，这些设备可以提高用户的借阅效率和便利性，同时提升图书馆的服务水平。

（二）馆藏资源建设

高校图书馆馆藏资源是彰显图书馆文化的重要标志。高校图书馆馆藏建设的特点主要体现在围绕学校的办学特色以及教学和科研需求，构建系统、完整且具有专业性和学术价值的文献资源体系。

在高校图书馆文化建设的进程中，资源配置与利用的状况具有举足轻重的地位。当下，高校图书馆于资源配置领域展现出多元化的特质。就纸质图书资源而言，其采购依旧占据着一定的份额，这是为了契合部分读者对于传统阅读模式的偏好。经典纸质文献，如古籍、名著等，是人类智慧的结晶，是文化传承的重要载体。高校图书馆应加强对这些文献的收集、整理和保护利用工作，确保它们得以妥善保存并供师生使用。但伴随数字化时代的降临，电子资源方面的投入逐步递增，涵盖了形形色色的数据库、电子期刊以及电子图书等。电子资源建设重构高校图书馆的空间文化，从物理场所到虚拟学术生态圈，推动形成了"实体空间＋虚拟空间"的双重文化场域。电子资源建设构建开放科学新范式，革新学术文化。Springer Nature 数据显示，开放获取论文的引用率平均提升30%，国际合作率增长45%。电子资源建设培育数字人文，拓展了文化传承的新路径，如浙江大学建设的"宋画数字资源库"，通过高精度图像和元数据标注，支持艺术史研究的范式创新。这种数字人文实践不仅保存文化记忆，更激活了传统文化资源的当代价值。电子资源建设产生的数据流成为高校图书馆文化创新的源泉。新加坡国立大学图书馆的 AI 咨询机器人，日均处理咨询 300 余次，准确率达 92%。这种数据驱动的服务进化催生出高校图书馆新的智慧文化生态。

综合性大学图书馆馆藏建设的特点主要体现在"全、新、精、特"四个方面，即馆藏要覆盖所有学科，重视新兴学科和交叉学科；馆藏要反映最新的科研成果和学术动态；馆藏要精选高质量的文献资源；同时，还要结合学校的办学特色和重点学科建设，形成独特的馆藏特色。例如，北京大学图书馆是中国最早的现代新型图书馆之一，拥有丰富的馆藏资源，馆藏纸质文献总量 1000 余万册（件），数字资源总量 3PB，包括大量的古籍、善本和珍贵文献。其馆藏不仅覆盖了所有学科，还特别注重人文社科领域的文献收藏，形成了鲜明的馆藏特色。

与综合类大学图书馆相比，专业类大学图书馆的馆藏建设的特点主要体现在围绕学校的专业特色和学科需求，构建系统、完整且具有专业性和学术价值的文献资源体系。这类图书馆的馆藏资源通常更加聚焦和深入，以满足相关专业师生的教学和科研需求。例如，首都医科大学图书馆以生物医学类文献为主体，形成了包括中外文图书、期刊、报纸合订本、音像制品，以及计算机文档等在内的多种类型、多种载体的综合性馆藏体系。其馆藏资源不仅满足了生物医学领域师生的教学和科研需求，还积极引进国际先进的医学文献资源，为学校的学科建设和科研工作提供了有力支持。北京中医药大学图书馆以中医药类文献为主体，形成了包括大型综合性及中医学科丛书、类书等在内的丰富馆藏体系。其馆藏资源不仅满足了中医药领域师生的教学和科研需求，还注重传承和发扬中医药文化，为中医药事业的发展做出了积极贡献。

此外，高校图书馆也更为注重特色馆藏资源建设。大部分高校图书馆都依托地方资源或本校资源，建设了纸质或数字化的特藏资源资料库、名人捐赠文库或校友文库等。例如，北京大学图书馆的特色馆藏就包含了晚清民国文献、革命文献、名家专藏、西文特藏、燕大毕业论文、北大学位论文、博士后研究报告和北大讲座等，这些特色馆藏对学者开展学术研究、丰富读者知识见闻等都起到了助益作用。

（三）高校图书馆资源利用情况

为了提升资源的利用效率，高校图书馆普遍实行了一系列有效举措。比如，加大对馆藏资源的宣传推广力度，借助举办图书展览、推荐书单、购书买单等科艺文教育活动，引领读者去发掘并利用优质的资源。与此同时，对图书馆的检索系统予以优化，提供更便捷的检索服务，助力读者迅速寻觅到所需的资源。借助现代信息技术的强大支撑，线上咨询、远程访问等创新服务形式打破了时间与空间的束缚，使得读者能够在任何时刻、任何地点便捷地获取图书馆的丰富资源和优质服务。但是，同数据资源储备相比，资源的揭示利用率依然存在着若干需要关注的问题。受读屏时代的影响，部分纸质图书的借阅频率偏低，呈现出闲置的态势，这一态势也同高校图书馆采购图书的更新速率慢、对现有馆藏资源的宣传推广度不够存在关联。在电子资源方面，大多数高校图书馆的主要服务对象是师生校友，特别是在校师生，除文献传递服务涵盖的资源外，并未向社会公众或其他学校学生开放馆藏电子资源的借阅。校外人员网络访问受限，以及校内读者对检索方式、检索流程生疏等因素都在制约着高校图书馆提升资源的利用率。但高校图书馆电子资源建设是通过技术中介实现的文化范式转移，使图书馆从知识仓库进化为创新引擎。随着生成式 AI 与扩展现实技术的融合，高校图书馆文化将呈现出更强的交互性和创造性。

二、精神文化建设

在高校图书馆的建设进程中，精神文化建设意义非凡。精神文化建设是高校图书馆文化的深层，主要是指高校图书馆的价值观念等，是高校图书馆文化的核心，是形成高校图书馆文化物质层和制度层的思想基础。精神文化建设的强弱是衡量高校图书馆文化建设好坏的主要标准。它为图书馆的发展赋予了内在的指引与动力，促使图书馆明晰自身的定位与目标，追求知识的传播与创新，全心致力于为师生呈上优质的学术资源以及服务。图书馆精神文化建设还有助于营造图书馆独有的文化氛围，让读者置身其中时能深切体会到尊重、包容以及探索的精神。高校图书馆精神文化的核心价值在社会文化的传承与发展方面也有所体现，借由保存和传播出色的文化成果，为社会的进步奉献力量。例如，高校图书馆通过举办文化展览和讲座，将珍贵的文化遗产展示给大众，推动了文化的传承与发展。高校图书馆作为文化与教育的交汇点，其精神文化建设始终是发展的关键，近年来在教育理念更新与技术进步的推动下取得了显著进展，这一宏大且不断丰富的概念涵盖了多个方面，展现了图书馆作为知识与智慧交汇的独特魅力，特点包括持续的文化传承与创新、人文关怀的深化以及技术与人文的深度融合等。

（一）举办文化活动与展览

在高校图书馆的文化建设进程中，文化活动与品牌建设所发挥的关键作用不容小觑。文化活动乃是图书馆与读者实现互动的关键方式，其能够极大地丰富读者的文化体验，进而显著增强图书馆自身的吸引力与影响力。诚邀知名学者和专家前来分享他们的知识与经验，这无疑为读者提供了获取前沿知识和深度见解的宝贵机会。再如开展读书分享会，促使读者之间展开思想的交流与碰撞，让不同的观点和感悟交汇融合。例如，高校图书馆更多开展传统文化主题活动。通过举办读书分享会、学术讲座、文化展览等活动，营造浓厚的传统文化氛围，让师生更深入地了解传统文化的内涵和价值，增强文化认同感和民族自豪感。还有组织文化展览，将艺术作品、历史文物等一一呈现，有效地拓宽了读者的文化视野，使他们能够领略到更为广阔的文化天地。清华大学图书馆"古籍活化"沉浸式特展，利用 AR 增强现实技术还原《永乐大典》编纂场景，通过 3D建模展示古籍修复过程，用户可扫码获取电子版古籍全文及学者解读视频。开发"穿越时空的藏书阁"微信小程序，用户通过答题解锁古籍故事线，生成个性化古籍书单，展示传统文化的魅力，激发师生对传统文化的兴趣和热爱。

此外，一些高校图书馆还设立了闯关、游戏类文化活动，运用 AR/VR、元宇宙等技术重构文化体验场景，使"观看"变为"参与"，通过积分激励、虚拟社交等机制激发用户自发传播。与此同时，高校图书馆还大力开展志愿者服务项目，促使学生投身于图书馆的日常管理和服务工作之中，借此有效培养了在校生的责任感与奉献精神，是高校图书馆精神文化建设的切实且有效的实践举措。由此可见，通过行之有效的活动、展示等形式，不但极大地丰富了图书馆的文化内涵，而且为读者创造了更为优质的服务以及更为优良的学习环境，更进一步有力地推动了高校图书馆精神文化的传承与发展。

（二）图书馆品牌建设

高校图书馆的文化品牌建设应以高校自身的学科特点为支撑，立足于本校的文化背景，与校园文化建设紧密联系在一起。通过深度嵌入本校的教学科研成果，围绕教学科研活动来打造图书馆文化品牌，提升品牌内涵和价值。品牌建设是提升图书馆文化影响力的重要路径。通过精心打造具备特色的品牌活动，诸如特定主题的文化节、系列讲座等，能够在读者的内心树立起独一无二的形象。与此同时，借助社交媒体等多元化的渠道来进行品牌推广，能够显著扩大活动的知晓范围和提高参与程度。

高校图书馆品牌建设需要从文化品牌和服务品牌两个方面入手，通过立足高校背景、打造文化品牌活动、树立品牌意识、整合文化资源、读者至上、培养一流馆员队伍、创建服务特色品牌以及开放与合作等策略的实施，不断提升图书馆的品牌影响力和竞争力。高校图书馆的文化品牌注重挖掘校本文化 IP，梳理校史档案、学科特色、地域文化，打造"学术 + 文化"双核驱动的品牌基因，如武汉大学图书馆依托百年老建筑与樱花 IP，推出"樱花季古籍特展"，将自然景观与典籍文化结合，形成现象级传播。高校图书馆文化品牌牢牢把握内容生产的主线，打造知识策展型品牌，将知识产品化，打造读者共创生态。在文化品牌的传播方面，影响力较好的图书馆文化品牌大多采用跨界联动的策略，如与博物馆、其他文化 IP 联名合作，在传播渠道上针对 Z 世代偏好，通过网站和短视频等渠道传播，形成传播裂变。

然而，在文化活动与品牌建设的推进过程中，确实面临着一系列挑战。比如活动策划方面，创新性的匮乏或许会致使读者的参与热情难以高涨；品牌推广方面，力度不足难以形成广泛且深远的影响力；资源整合方面，不到位的情况会对活动的质量和最终效果产生不利影响。

（三）践行图书馆职业精神，传承与创新并重

高校图书馆作为学术支持与文化传承的核心载体，其职业精神不仅是馆员专业素养的体现，更是塑造图书馆文化生态的根基。这种精神特质直接影响服务效能、用户感知和馆内文化。高校图书馆的职业精神有如下特质：具备知识导航能力的学术服务者，具备历史守护自觉的文化传承者，具有数字敏感度的技术融合者，具有场景塑造力的空间运营者，具备学习共生意识的教育支持者和具有跨界破壁能力的社区连接者。

图书馆职业精神的内涵包含了爱国、爱馆、爱书、爱人四个层面，体现了图书馆员对国家文化的传承与弘扬、对图书馆事业的忠诚与奉献、对图书资源的珍视与保护以及对读者的尊重与关怀。通过践行图书馆职业精神，高校图书馆能够塑造可信赖的知识权威，打造持续迭代的创新生态，营造本校师生有温度的记忆共同体，促使图书馆成为具有开放协作特质的文化枢纽，以教育支持为导向，影响校园学术文化品格。

三、行为文化建设

高校图书馆的行为文化建设是图书馆文化体系中的实践层，它通过具体的行为规范、活动模式与互动机制，将精神文化和物质文化转化为可感知、可参与的行动表达。其核心在于塑造"知行合一"的文化生态，既规范服务主体行为，又引导用户行为参与，

最终形成具有辨识度的集体行为符号。行为文化所囊括的范畴极为广泛，涵盖了图书馆工作人员以及读者的林林总总的行为呈现。其内涵丰富多元，不但涵盖服务流程里的具体操作手段，还涉及交流互动进程中的态度与方式等诸多方面。

（一）服务行为

图书馆外部形象是直观的、能直接给社会留下的一种印象，主要包括以下要素。

图书馆服务方式方法：如服务手段的先进程度、馆藏文献的数量和质量、文献服务的满意率等。在当代社会进入系统化、信息化、科学化的大市场经济的运行机制下，图书馆再靠传统的、原始的手工操作给读者提供文献信息服务，显然已不能满足读者需求。因此图书馆的读者服务工作应有新的举措，争取跃上一个新台阶。

图书馆物质设备形象：如馆舍、藏书规模和现代化服务设备等。就图书馆的设备装置而言，图书馆的设备越好，其外在形象也就越佳。现代化的设备装置总是让人耳目一新，好感倍增。图书馆的馆舍建筑与装饰是图书馆物质设备实力最有说服力的象征。现代科学技术的发展和信息社会的到来，对图书馆的建筑形式提出了新的要求，传统的工字形馆舍将被淘汰，取而代之的应是具备各种新功能的智能化建筑。图书馆产品质量形象，包括图书馆文献资源的数量与质量对满足读者需求的程度，图书馆员工付出劳动加工整理而成的各种资料的质量，以及对入藏文献分编处理的准确度，读者对得到文献服务的满意度等。

高校图书馆馆员的服务行为：要做到专业素养与人文内涵的良好结合。从文明礼仪上说，包括衣着、言谈、举止、对读者的服务态度，以及提供文献信息的速度和准确度。读者从馆员的服饰穿着、风度举止上可以联想到馆员认真负责、严谨的工作作风，从而对馆员产生由衷的敬佩和信任，易于融洽馆员与读者之间的感情。与读者的沟通方式应注重互动性和情感化的设计，减少消极的语言表达，多使用建设性的语言表达，善于创造和利用具有仪式感的场景，让图书馆服务转化为与读者阅读使用息息相关的文化记忆点。

（二）读者参与行为

当前，高校图书馆读者行为正在从被动参与者向文化共建者转变。图书馆通过设立阅读积分体系，将图书借阅、讲座参与、志愿服务等行为进行转化，如设立奖励激励机制、兑换文化体验活动名额等，为有突出表现的读者赋予荣誉称号等，进一步激发读者的参与度。此外，高校图书馆还可以培养读者组建兴趣社团，选拔学生代表参与图书馆空间管理等，为学生多元化发展提供资源背书。

（三）数字行为规范

高校图书馆数字行为规范是对图书馆创建的虚拟空间的文化秩序的构建，包括线上咨询守则、邮件回复模式、在线咨询语言使用规范等。读者在图书馆的阅读行为数据使用规范：不得将用户偏好等个人信息数据用于图书馆的非学术用途等。

高校图书馆的数字行为规范还包括读者用户在使用元宇宙图书馆时，遵守图书馆交互虚拟空间的行为规范。在虚拟现实（VR）技术驱动的图书馆场景中，知识共享需兼顾沉浸式体验的开放性、数字内容的版权保护以及用户行为的伦理规范。为了更好地实现知识共享，读者在使用 VR 图书馆时不得遮挡其他同时使用读者的视野，在观赏数字藏品时应遵守文明礼仪，严禁对有保密要求的展品截图传播，禁止恶意篡改公共资源或利用 VR 的沉浸感传播误导性内容等。

四、制度文化建设

高校图书馆的制度建设是图书馆工作的基础，它规范了图书馆的各项业务活动，保障了读者的合法权益，提高了图书馆的服务质量和管理水平。它是对图书馆的本质、行为、功能、意义等规则的制定、实施、完善过程中实现的规则合理、和谐统一的人文现象。制度建设有助于营造一个规范、公平、和谐的图书馆文化氛围，促进图书馆事业的持续发展。图书馆制度文化包括规章制度的制定完善及其执行、管理方式与效果，领导层对政策和各种信息的理解和掌握，领导层的决策能力和对事务的驾驭能力，以及由此形成的管理风格、图书馆工作作风和工作目标等。管理能力的高低不仅影响图书馆的工作效率和长远发展，而且还影响图书馆的公共关系状态和内在形象。

在当下，高校图书馆的制度文化建设展现出多元丰富的样态。众多高校图书馆已然明晰制度文化的关键意义，且主动投身于相关制度的构建与完善工作当中。在基础规章制度方面，文献借阅、资源采购、安全管理等基础性制度日臻完善，确保高校图书馆的日常工作规范化运行。学科服务、知识产权服务、数据素养教育等新型服务模式制度也在逐步建立。而技术支撑方面的制度，如针对数字化转型、数据隐私保护、智慧化服务等方面的制度还在实践中逐渐建立和完善。

从最基本的图书馆部门架构和岗位职责来说，大多数高校图书馆均能顺应业务变化需求对部门进行调整，在以往按业务划分部门工作的基础上，按读者需求整合调整部门，有利于各项工作的沟通和合作，也可以凝聚专业馆员发挥合力，更好地挖掘和揭示利用馆藏资源，向读者提供更专业化、高水平、多元化、个性化的服务。

从制度管理优化上看，大多数"双一流"高校图书馆通过组织结构改革，推动扁平化管理，建立跨部门协作机制；通过绩效考核、职称晋升等内部激励机制，来激发馆员的创新动力；通过设立读者团体、意见反馈渠道等用户参与机制，来增强读者的参与感。

但是，不同高校图书馆在制度文化建设的水准方面存在差别。高校图书馆的制度文化建设虽取得了一定的成效，不过依旧需要持续地改进与完善，从而能够更出色地服务于高校的教学与科研工作。比如，应该深化文化品牌建设，结合服务对象的学科特色，打造差异化服务，推动"图书馆＋课程"的模式，让信息素养教育和图书馆其他服务融入学校立德树人的目标任务。要加强读者共建共治机制，通过对读者意见反馈的收集，让读者参与图书馆的设计和管理，利用大数据分析读者行为，优化服务流程等。此外，在馆员交流和制度建设交流上，可以利用高校图书馆联盟提供更多平台，缩小区域发展差距等。

第二节　知识经济时代高校图书馆文化建设面临的新挑战

高校图书馆文化是校园文化的核心，图书馆文化对于增强高校整体的竞争力以及凝聚力发挥着重要的作用，同时也是高校综合实力的集中体现。高校要想不断向前发展，必须加强图书馆文化的建设，这是其实现可持续发展的基本途径，对于展现高校的文化价值、增强学术氛围、继承历史都具有很大的帮助。

一、新业态挑战

图书馆事业是一个不断发展的有机体，其业态不仅受社会环境、技术发展、用户需求等外在环境的影响而变化，同时，从自身的发展需求出发，图书馆也要在原有服务形态的基础上推出新思路、新举措和新模式。也就是说，在社会经济、政治、文化和科技等综合环境的作用和影响下，图书馆业态在不断变革和创新。同时图书馆在这种业态变化过程中也不应完全被动地接受、被动地应对，否则极容易陷入被社会和新环境边缘化的"泥沼"。因此，图书馆在受到新业态影响的同时，也需要主动迎接新业态的挑战，在业态不断发展、变化和创新的进程中，成为催生新业态的助力器。

二、"双一流"建设挑战

"双一流"建设是党中央、国务院在新时期提高我国高等教育发展水平的重大战略举措，是高等学校创新发展的重大战略机遇。高校图书馆作为服务于高校教学、人才培养和科学研究的学术机构，面临着新的发展机遇和挑战。"双一流"建设正在改变图书馆的管理和服务理念，重构图书馆的服务模式，拓展图书馆的功能。随着科学研究的全球化进程加快，对文献信息的需求越来越深入，这一现象要求图书馆为科研人员提供精准的服务，把文献资源、人力资源和技术资源整合起来，主动地融入教学、科研过程中，助推学校和学科更快地迈向"双一流"。

在"双一流"建设背景下，读者需求正在不断发生变化，读者需求的多元化已然成为一项突出且关键的挑战。伴随社会的持续发展以及教育水平的不断提升，高校读者对图书馆的需求已远远超越传统的借阅服务范畴。就不同学科背景以及不同学习阶段的读者而言，他们对于文献资源在类型、深度以及广度方面均存在各自独特的诉求。在"双一流"建设中，高校图书馆需要更加注重资源建设，尤其是对新兴学科、交叉学科的文献资源建设。然而，目前部分高校图书馆的馆藏资源相对匮乏，难以满足师生的多元化需求。为了应对这一挑战，图书馆需要加大对馆藏资源的建设力度，通过采购、自建、共享等方式，丰富图书馆的文献资源，提高资源的丰富性、时效性和专业性。

与此同时，用户对于图书馆服务的形式展现出了多元化的态势。线下的实体服务固然重要，但线上服务的需求正与日俱增，如便捷的在线检索功能能够让用户迅速定位所需资源，远程访问电子资源的服务使用户不受时空限制获取知识，个性化的推荐服务能依据用户的阅读历史和偏好为其推送相关内容。同时，读者对于图书馆作为学习和交流空间的需求也发生了变化，他们渴望图书馆能够营造舒适的学习环境，设置专门的小组讨论区域，以及提供举办各类学术交流活动的场地。

三、数字图书馆建设挑战

中国数字图书馆工程已被列入国家科技创新重点工程。作为知识经济的重要载体，数字图书馆是国家信息基础设施的重要组成部分，也是评价一个国家信息基础建设水平的重要标志之一和 21 世纪各国文化科技竞争的焦点之一。对于我国来说，数字图书馆的研发起步较晚，因此，建设数字图书馆更加具有必要性和紧迫性。数字图书馆建设的核心是以中文信息为主体的各种信息资源，它们将迅速扭转互联网上中文信息匮乏的状况，形成中华文化在互联网上的整体优势。我们要通过数字图书馆的建设，将我国悠久的历史、灿烂的文化，特别是当代建设的成就通过互联网向全世界展示，让世界了解中国，让中国走向世界。

随着数字技术的不断发展，数字人文已成为图书馆精神文化建设的新趋势。数字人文是指利用数字技术、方法和工具来研究人文领域的问题，推动人文学科的创新与发展。高校图书馆通过引入数字人文概念，将传统的人文研究与数字技术相结合，不仅丰富了图书馆的资源和服务内容，还推动了图书馆精神文化建设的新发展。高校图书馆在数字化转型进程中困难重重。技术的快速更迭使得图书馆在引入和适应新技术方面遭遇诸多挑战，像大数据分析、人工智能应用这类前沿技术，其引入不仅需要耗费大量资金，还得投入众多人力用于培训和实践。数据安全与隐私保护在数字化过程中至关重要，在处理大量的读者信息以及馆藏数据时，必须采取严格的安全举措，否则极易出现数据泄露和滥用的状况。

数字化转型还需要与图书馆原有的服务体系和业务流程深度融合，在此过程中，很可能出现流程冲突以及服务中断的情况。最终，资金的持续投入对于保障数字化转型的顺利推进起着关键作用，然而图书馆在获取充足资金支持方面通常面临困境，这在很大程度上制约了数字化建设的规模和速度。目前，部分高校图书馆的管理体制仍然较为陈旧，没有跟上数字化时代的步伐。这主要体现在缺乏标准化和规范化管理、业务管理工作存在漏洞、信息化传播与共享滞后等方面。这些问题不仅影响了数字化建设的顺利进行，也阻碍了图书馆资源的最大化利用。

未来的数字图书馆远远超出了传统图书馆的范畴，它是一个广泛的概念，涉及社会、经济、法律等方面的问题，包含了数据、结构、空间、方法和社会性等多方面要素。从高校图书馆文化建设角度出发，高校数字图书馆领域仍然有许多挑战性的问题需要研究，包括如何管理世界范围的数字图书馆巨大的资源容量带来的问题、数据库与文档处理集成的问题、数据查询与信息检索和浏览在 Web 上的集成问题、标准问题、体系结构问题、如何处理文化与文明冲突带来的影响等。还有可伸缩性的问题，即从个人化数字图书馆到全球化数字图书馆的管理、互操作问题等。

四、"互联网 +"挑战

随着互联网创新成果与经济社会各行业及服务深度融合的"互联网 +"时代的到来，图书馆知识中心的地位不再明显，边界不再明确，与其他行业的深度融合将成为图书馆的主要发展方向。图书馆将不再仅仅是文献信息与知识的管理者、利用者和开发者，而更多的是信息资源的开发、存储和利用中心，并将这些文献信息资源借助互联网去实现对其他行业的信息支持，进而推动大众创新、大众创业。因此，在"互联网 +"的影响下，体现出图书馆的新职能、新形象，为全社会提供全方位的信息资源服务。

五、资源获取与版权问题

在高校图书馆文化建设进程中，资源获取与版权问题构成了不容小觑的严峻挑战。就资源获取而言，高校图书馆的采购经费有限，尤其是欠发达地区的高校图书馆以及一些非 211、985 高校的图书馆，经费问题一直是遏制图书馆发展的瓶颈。获取高质量学术资源这一诉求，意味着需投入巨额资金，可经费的有限性却时常成为束缚，极大地制约了高校图书馆纸质资源及电子资源的丰富程度以及更新速度。为了使有限的经费发挥最大的作用，多数高校图书馆采取了以本校的重点学科为导向的资源采购制度，这在一定程度上限制了资源的多样性和广泛性。在现行的采购模式下，大多数高校图书馆采取了以本校的重点学科为导向的资源采购制度，更加注重购入学科资源，众多的数据库被引入图书馆，专业教材、教辅书籍成为纸质图书采购的重点对象，但关乎学生成长和知识结构发展的图书越来越少，难以满足通识教育模式下在校生对资源的需求。而且，资源的来源渠道纷繁复杂，要对优质资源进行筛选并加以整合，这一过程必然耗费大量的人力与时间。

高校图书馆文化建设面临的版权问题同样不容乐观。在当今时代，高校图书馆的数字化与信息化进程意义非凡，这一进程为图书馆带来了众多变革。伴随数字化时代的轰然降临，版权保护的关键意义愈发显著。数字化技术让图书馆的文献资源能够以电子形式存储和传播，显著增强了资源的可获取性与便捷性。比如，通过构建数字化馆藏，读者无论何时何地都能轻松访问到所需的文献资料，彻底打破了时间和空间的束缚。

高校图书馆在提供数字资源服务的过程中，务必严格遵守版权法规。图书馆和图书馆员对版权保护的重视程度不足、数字资源使用的合规性不明确，以及数字版权制度相对滞后等情况，都有可能为高校图书馆的服务带来潜在的法律风险。然而，版权法规自身具有复杂性，且处于不断变化之中，这致使图书馆在应对版权问题时，需要了解最新的版权法律框架，以便及时掌握数字资源版权保护的最新动态。

图书馆中的数字资源使用合规性的监管是一个复杂的任务，图书管理员需要确保读者在使用数字资源时遵守版权法律，不能超出授权范围。以一些高校图书馆开放获取资源为例，其使用权限和范围存在着模糊不清的状况，极易引发版权方面的纠纷。此外，像电子图书、期刊论文、多媒体资料等不同类型资源，各自的版权规定存在明显差异，这无疑进一步加大了图书馆对版权进行管理的难度。

总之，资源获取与版权问题在高校图书馆文化建设中是亟待攻克的关键难题，为了应对这些挑战，图书馆管理者及相关部门需要解放思想，增强开放获取的意识，在政策、内容、技术及服务等诸多方面采取有效的措施，同时加强版权保护意识的普及和合规性监管，并积极推动数字版权制度的完善和发展。

六、图书馆空间与环境的优化

伴随高校图书馆功能的持续拓展以及读者需求的渐趋多元，原本的空间布局或许难以契合新的需求。对高校图书馆而言，在校生对图书馆空间的需求除了自习区域和阅览区域外，对诸如新兴的学习共享空间、小组讨论区的需求正在日益增长，而且对该空间内的信息化、电子化配套设备的要求也逐渐提高。各高校在近些年修缮或新建的图书馆中已经注意到这一需求，会在馆舍内开辟专门用于小组讨论的区域，但区域内的配套设施设备尚不完善。

高校图书馆应该进行科学且合理的空间规划，依照不同的功能需求，细致地划分出安静学习区、交流讨论区、休闲阅读区等，让空间的利用更为高效。比如，可以将图书馆的某一层专门设置为安静学习区，配备独立的书桌和台灯，为需要专注学习的读者提供理想的环境；再将另一层的部分区域规划为交流讨论区，设置舒适的沙发和圆桌，方便读者进行小组讨论和交流。

在加强高校图书馆文化氛围的营造方面，图书馆应该充分考虑服务对象——在校师生的文化水平和文化需求，通过展示高水平艺术作品、设置文化墙等方式，充分体现图书馆的文化特色和价值取向。比如，可以定期举办本校师生的艺术作品展览，或者在文化墙上展示学校的发展历程和重要学术、科研成果等。

高校图书馆空间与环境的优化应当与学校的整体规划相互协调，全力打造舒适、便捷且智能化的阅读和学习空间。比如，可以设置智能照明和温度控制系统，为读者提供更舒适的阅读环境。同时，要大力加强与其他高校图书馆以及社会机构的合作与交流，进一步拓展资源和服务的渠道。

七、人才队伍培养

随着互联网技术和信息技术的飞速发展，图书馆的服务环境、服务内容、服务对象、服务形式都发生了巨大变化。图书馆员是图书馆重要的服务提供者，在高校图书馆文化建设的进程中，图书馆员专业能力的提升占据着举足轻重的地位。伴随时代的持续演进以及图书馆服务范畴的持续拓展，图书馆员专业能力的标准也在不断提升。随着信息技术进步等因素的影响，业态环境在不断发展变化，例如生成式人工智能、ChatGPT 势必对图书馆发展形成影响。图书馆馆员需要以更加积极的心态拥抱信息技术，更好地提升服务质量，适应新变化，不断提升服务效能和学术能力，适应不断变化的读者需求，为读者提供更优质、更专业的服务，助力高校科研和育人工作。

第三节　新业态形势下高校图书馆文化建设的机遇

一、信息技术发展

在高校图书馆文化建设的进程中，信息技术的持续演进带来了众多难能可贵的机遇。当下，信息技术一路高歌猛进，数字化、网络化以及智能化已然成为这个时代极为显著的特质，这无疑为高校图书馆的文化建设赋予了强劲的技术支撑以及源源不断的创新驱动力。

云计算、大数据之类的技术得以应用，促使图书馆能够以更高的效率对海量的文献资源予以管理和整合。加强数字化基础设施建设乃是关键之举，具体涵盖对网络设备的升级以及服务器容量的扩充等方面，如此方能确保数字化服务的稳定与高效运行。注重数据管理与整合同样至关重要，建立统一的数据标准，将各类资源加以整合，实现数据的互联互通，从而为用户提供全面且准确的信息。凭借对数据开展深度的挖掘与剖析，图书馆得以精确地洞察读者的需求以及行为模式，进而为他们呈上更具个性化色彩的服务。高校图书馆应当大力引入智能化技术。例如，借助人工智能达成个性化推荐服务，依据读者的阅读习惯、兴趣偏好等要素，为其精准推送相关资源。与此同时，推行虚拟参考咨询服务，凭借在线平台即时解答读者的疑问，成功破除时间与空间的束缚。

虚拟现实、增强现实等新兴技术的涌现，同样为图书馆的文化传播以及教育活动带来了全新的手段和形式。举例来讲，借助虚拟现实技术，读者能够身临其境地感受历史文化场景，显著增强了文化体验所具有的沉浸感和吸引力。加强与外部机构的合作亦具有重要意义，与数字资源供应商、技术公司等建立合作关系，进而获取更多优质的数字资源和技术支持，例如高校图书馆与知名数字资源供应商合作，引入了大量前沿的学术数据库。建立有效的评估机制同样必不可少，定期对数字化转型的效果予以评估，并依据评估结果适时调整策略，以此保障数字化转型的顺利推进，不断优化数字化转型的路径和方法。

二、社会文化需求的变化

社会对文化传承和创新的关注度与日俱增，高校图书馆作为文化传承的关键阵地，肩负着挖掘并展示本校特色文化、地方文化乃至民族文化的重任，以此来契合社会对于文化传承的殷切期望。比如，高校图书馆应该深入挖掘本校的历史文化底蕴，通过举办专题展览和文化活动，将本校独特的文化内涵展现给广大师生和社会公众。社会文化活动在形式和内容方面不断推陈出新，文化创意产业的蓬勃发展便是典型例证。高校图书馆完全可以汲取这些创新元素，将其融入自身的文化建设之中，进而增强自身的吸引力和影响力。比如，部分高校图书馆引入文化创意产业中的互动体验模式，让读者在参与中感受文化的魅力。

高校图书馆文化活动的策划与实施乃是推进图书馆文化建设的核心要点。为了适应和满足社会文化需求的变化，于策划环节而言，必须全方位考量高校图书馆的自身定位、读者群体的特质以及文化建设的既定目标。为了让活动的成效更为显著，还应当着重与其他机构或者组织展开合作，能够和学校内部的社团、各类文化机构、企业等携手共同举办活动，以此丰富活动的内容与形式。比如，与学校的书法社团合作举办书法展览，与当地的文化馆联合举办文化讲座，与相关企业合作举办文化创意比赛等。活动主题明确，做到与高校文化、高校图书馆文化的内涵以及社会文化的需求紧密贴合。可围绕学术交流展开，诸如举办学术研讨会、专家讲座等；可以以艺术鉴赏为主题，如组织艺术作品展览、艺术讲座等活动；可针对传统文化传承主题，举办传统技艺体验、文化讲座等活动。

综合考虑，社会文化需求的变化清晰地为高校图书馆的文化建设指明了前行的方向，有力地促使其持续对服务进行调整和优化，以便能够更出色地适应时代发展的迫切要求。

三、新兴学科与跨学科研究

新兴学科是相对于基础学科、传统学科而言的，主要指通过文理渗透、理工交融形成的跨学科、多学科的交叉融合学科。在高校图书馆文化建设的过程中，新兴学科以及跨学科研究为其带来了崭新的契机。诸如数据科学、人工智能之类的新兴学科如雨后春笋般不断涌现，它们的研究成果以及相关文献极大地丰富了图书馆的馆藏，使得图书馆在前沿领域能够更出色地满足读者对于知识的渴求。跨学科研究的蓬勃兴起犹如一把利剑，打破了传统学科之间的藩篱，有力地推动了不同领域知识的交融与互动。在此背景下，高校图书馆能够搭建起跨学科的资源整合平台，从而为跨学科研究团队提供全方位、高精度的信息支撑。新兴学科的发展也促进了高校图书馆文化的建设。

新兴学科和交叉学科的发展，对高校图书馆文化建设（特别是资源建设方面）提出了更高的要求和更新的方向。一方面，新兴学科的出现使得图书馆在知识收集、整理、加工与传播方面的任务更加繁重，这要求图书馆不断提升自身的知识管理能力，形成更加开放、包容、创新的图书馆文化。另一方面，新兴学科的发展也带动了图书馆与读者之间的互动和交流，这种互动和交流有助于形成更加活跃、多元的图书馆文化氛围。

与此同时，新兴学科与跨学科研究也给图书馆的服务水平设定了更高的标准。图书馆务必要加深对新兴学科以及跨学科研究的方法、工具的认知与理解，如此方能为研究者提供更具指向性的服务。图书馆可以开展一系列相关的培训课程以及学术交流活动，助力读者熟练掌握跨学科研究的技巧与方法。高校图书馆应当踊跃投身于学校的新兴学科与跨学科研究项目之中，和科研团队紧密携手，并肩推动学术创新以及知识传播。通过这样的深度合作，高校图书馆能够更精准地把控学术发展的趋势，适时对资源配置以及服务策略做出调整，从而更好地契合新兴学科与跨学科研究的需求。

新兴学科和交叉学科的发展为高校图书馆文化建设开辟了新的研究领域。面对新兴学科和交叉学科的快速发展和读者需求的不断变化，高校图书馆可以通过加强馆藏资源建设、创新服务模式、推动文化建设等措施，不断提升自身的竞争力和水平，不断提升自身的服务能力，为读者提供更加优质、高效的服务。

四、国际合作与交流

伴随全球化的不断深入，国际范围内的学术交流日益频繁，国际合作与交流正逐步成为关键的机遇，由此为高校图书馆文化建设创造了崭新的契机。通过与国际先进图书馆的交流与合作，高校图书馆可以学习到国内外一流图书馆先进的管理理念和技术，借鉴他们在信息资源整合、数字化服务和馆员培训等方面的经验，积极学习并借鉴国际上优秀的高校图书馆文化建设的成功经验，切实提高自身的服务质量与管理水平，从而提升文化建设的实效。

国际交流与合作有助于推动高校图书馆的现代化建设与发展。通过借鉴国际先进图书馆的管理模式和技术手段，高校图书馆可以提高自身的自动化程度和信息科技化水平。同时，通过国际合作项目的支持和资源共享，可以改善高校图书馆的设施和服务质量，提升读者体验和满意度。通过参与国际学术会议、主办国际研讨会和出版学术期刊等方式，高校图书馆可以扩大自身的国际影响力和知名度。这些活动不仅有助于提升图书馆在学术界的地位，还能吸引更多国际学生和学者来访和合作，为图书馆的发展注入新的活力和动力，也可以在国际师生、馆员的交流中，营造高校图书馆的国际化文化氛围。

同时，国际交流与合作还有助于培养高校师生的国际视野和跨文化能力。通过参与国际交流活动，师生可以接触到不同国家和地区的文化、思想和学术成果，从而拓宽自己的视野和思路。同时，这些活动也有助于提升师生的跨文化沟通和合作能力，为他们未来的学术研究和职业发展打下坚实的基础。

五、国家政策支持

国家对高校图书馆的支持政策涵盖了基础设施建设、文化育人、服务体系、智慧图书馆建设以及政策支持与资金投入等多个方面。中共中央办公厅、国务院办公厅印发的《关于实施中华优秀传统文化传承发展工程的意见》等文件精神，强调将中华优秀传统文化宣传教育纳入学校发展规划中，作为思想政治工作、校园文化建设和人才培养的重点内容。高校应把传承创新中华优秀传统文化作为办好中国特色社会主义大学的本职、本分、本心，深入挖掘、充分发挥中华优秀传统文化的育人价值和育人功能。高校图书馆文化建设应推动中华优秀传统文化"落地生根""守正创新""枝繁叶茂""开花结果"，为涵育时代新人提供有力的文化支撑。高校图书馆作为文化建设的引领者、全民阅读的重要推进力量，应该把握好国家和省市各级政府对文化建设的政策要求，大力开展符合国家和省市地区文化建设需求的活动，助推社会主义精神文明建设和现代公共文化服务体系建设。再以国家目前非常重视的古籍工作来说，为了大力推动古籍事业发展，中共中央办公厅、国务院办公厅印发了《关于推进新时代古籍工作的意见》，明确了新时代古籍工作的指导思想、工作原则、主要目标，以及完善古籍工作体系、提升古籍工作质量、加快古籍资源转化利用等具体措施。与此同时，国家编制并实施了《国家古籍工作中长期规划》以及《2021—2035年国家古籍工作规划》，为古籍工作的持续发展提供了规划指导。古籍工作也是高校图书馆的重点工作，高校图书馆推进古籍保护计划、加强古籍修复与抢救、提升整理研究与编辑出版能力，整理蕴含中华优秀传统文化核心思想理念、中华传统美德、中华人文精神的古籍文献，加强古籍保护和整理出版成果的整合利用，加强古籍数据流通和协同管理，实现古籍数字化资源汇聚共享，加强古籍数字化资源管理和开放共享，这些都推动了古籍事业的繁荣发展，为传承和弘扬中华优秀传统文化提供了有力保障，也是高校图书馆文化建设工作的重要环节。因此，高校图书馆应该积极响应国家政策，加强古籍资源建设，提升古籍服务水平，推动古籍研究与创新，加强古籍保护与传承，拓展图书馆业务，加强宣传与推广，以此来推动国家古籍事业的发展和图书馆业务的提升，进一步传承和弘扬中华优秀传统文化，提升图书馆的文化氛围。

第三章

高校图书馆文化建设的意义、目标与建设原则

在高等教育的殿堂中，高校图书馆不仅是知识的海洋、学术的殿堂，更是校园文化的重要载体与推动者。它以其丰富的藏书资源、雅致的阅读环境、浓厚的学术氛围，成为连接师生、促进学术交流、传承与弘扬文化的纽带。

随着信息技术的飞速发展和知识经济的兴起，高校图书馆已不再是传统意义上的书籍仓库，而是转变为集信息资源中心、学习共享空间、文化交流平台于一体的多功能复合体。高校图书馆文化建设作为高校文化建设的重要组成部分，不仅关乎图书馆自身的发展与提升，更对整个校园文化的繁荣与进步具有深远的影响。

高校图书馆作为高校的知识宝库和文化中心，是学术与文化的交汇点。它不仅是学生获取知识、拓宽视野的重要场所，也是教师开展教学科研工作的重要支撑。高校图书馆的文化内涵丰富多样，涵盖了知识传播、学术交流、文化传承等多个方面，为校园文化的繁荣发展注入了源源不断的活力。其文化不仅丰富了校园文化的内涵，还为学生和教师提供了精神食粮，滋养着他们的心灵，激发着他们的创造力和想象力。

第一节　高校图书馆文化建设意义

一、提升教育质量，促进人才培养

高校图书馆作为高校的文献信息中心，是师生获取知识、提升能力的重要场所。加强图书馆文化建设，可以优化馆藏结构，丰富资源类型，提高资源利用效率，为师生提供更加便捷、高效的信息服务。这有助于拓宽师生的知识视野，提升专业素养，培养创新精神和实践能力，为高校教育质量的提升和人才培养目标的实现提供有力支持。

（一）优化馆藏结构，满足多元化需求

高校图书馆通过加强文化建设，不断优化馆藏结构，既能确保馆藏资源既符合学术研究的需要，又能满足师生的多元化需求。这意味着图书馆会紧跟学科发展趋势，及时更新和补充前沿学术著作、专业期刊、电子资源等，形成结构合理、内容丰富、形式多样的馆藏体系。这样的馆藏结构不仅拓宽了师生的知识视野，还为他们提供了深入学习和研究的丰富资源，为提升教育质量奠定了坚实的基础。

（二）丰富资源类型，提升信息素养

随着信息技术的飞速发展，高校图书馆的文化建设也更加注重数字资源的建设和利用。通过引入先进的数字化技术和工具，图书馆不仅丰富了资源类型，还提升了师生的信息素养。数字化资源具有检索便捷、更新迅速、传播广泛等优点，能够极大地提高信息获取和利用的效率。同时，图书馆还通过开展信息素养教育课程、培训活动等方式，帮助师生掌握信息检索、筛选、评价和利用的技能，为他们的学习和研究提供有力支持。

（三）提高资源利用效率，促进学术交流

高校图书馆通过优化资源配置和服务模式，能够提高资源的利用效率，促进学术交流和合作。例如，通过设立特色书库、专题阅览室等，图书馆能够将相关领域的资源集中展示，方便师生进行深入研究。同时，图书馆还积极举办学术讲座、研讨会、展览等活动，为师生提供交流和合作的机会。这些活动不仅能够促进学术思想的碰撞和融合，还能够激发师生的创新思维和提升实践能力，为高校教育质量的提升和人才培养目标的实现提供有力支持。

（四）培养创新精神和实践能力

高校图书馆的文化建设还注重培养学生的创新精神和实践能力。通过提供丰富的实践资源和平台，如创新实验室、创业孵化器等，图书馆鼓励学生将所学知识应用于实践中，解决实际问题。此外，图书馆还通过开展科研项目、创新竞赛等活动，激发学生的创新热情和创造力，培养他们的团队协作精神和解决问题的能力。这些实践经历不仅能够提升学生的专业素养和综合能力，还能够为他们未来的职业发展奠定坚实的基础。

高校图书馆的文化建设对于提升教育质量和促进人才培养具有重要意义。通过优化馆藏结构、丰富资源类型、提高资源利用效率以及培养创新精神和实践能力等措施，高校图书馆能够为师生提供更加便捷、高效的信息服务和学习环境，为高校教育质量的提升和人才培养目标的实现提供有力支持。

二、塑造校园精神，丰富校园文化

在高等教育的广阔天地里，高校图书馆不仅是知识的海洋，更是塑造校园精神、丰富校园文化的重要阵地。通过举办丰富多彩的文化活动，高校图书馆在无形中为校园注入了生机与活力，成为连接师生情感、传承文化精髓的桥梁。以下从几个方面详细阐述高校图书馆文化建设在塑造校园精神和丰富校园文化方面的深远意义。

（一）营造浓厚的学术氛围和文化氛围

高校图书馆通过精心策划和组织各种形式的读书活动、学术讲座和文化展览，为校园营造了浓厚的学术氛围和文化氛围。这些活动不仅为师生提供了展示自我、交流思想的平台，还激发了他们对知识的渴望和对文化的追求。在参与活动的过程中，师生们能够深入领略到不同学科领域的魅力，拓宽知识视野，提升文化素养，从而在校园内形成一股积极向上的学习风气和文化潮流。

（二）激发师生的文化创造力和想象力

高校图书馆的文化活动往往具有开放性和包容性，鼓励师生们勇于表达自我、探索未知。通过参与这些活动，师生们能够充分发挥自己的文化创造力和想象力，创作出具有个人风格和时代特色的文化作品。这些作品不仅丰富了校园文化的内涵，还展现了师生们的智慧和才华，为校园文化的多元发展和繁荣贡献了力量。

（三）促进校园文化的多元发展和繁荣

高校图书馆的文化活动涵盖了文学、艺术、历史、科技等多个领域，为师生们提供了多元化的文化体验和学习机会。这些活动不仅满足了师生们多样化的文化需求，还促进了不同学科领域之间的交流与融合。在相互学习和借鉴的过程中，校园文化得以不断发展和繁荣，形成了独具特色的校园文化品牌。

（四）增进师生之间的交流与互动

高校图书馆的文化活动往往具有高度的参与性和互动性，为师生们提供面对面交流的机会。在共同参与活动的过程中，师生们能够加深彼此的了解和信任，建立起更加紧密的关系。这种关系不仅有助于教学相长、共同进步，还增强了校园的凝聚力和归属感。师生们因为共同的文化兴趣和追求而紧密团结在一起，共同为校园文化的繁荣和发展贡献力量。

高校图书馆文化建设在塑造校园精神和丰富校园文化方面具有重要意义。通过举办各种形式的文化活动，高校图书馆能够营造浓厚的学术氛围和文化氛围，激发师生的文化创造力和想象力，促进校园文化的多元发展和繁荣。同时，这些活动还有助于增进师生之间的交流与互动，增强校园的凝聚力和归属感，为高校的长远发展奠定坚实的文化基础。

三、促进学生全面发展

高校图书馆的文化建设不仅关注知识的传递，更注重学生综合素质的培养。在图书馆这个开放的知识殿堂中，学生不仅可以通过阅读获取知识，还可以通过参与各种文化活动锻炼自己的组织能力、沟通能力和团队协作能力。此外，图书馆还为学生提供了自我探索和自我实现的平台，鼓励他们根据自己的兴趣和特长进行深入研究和学习，从而实现个人价值的最大化。

（一）阅读获取知识，拓宽视野

首先，高校图书馆是学生学习和科研的重要资源基地。学生在这里可以接触到海量的图书、期刊、电子资源等，通过广泛阅读，不仅能够获取专业知识，还能够拓宽视野，了解不同领域的前沿动态和多元文化。这种知识的积累，为学生构建全面的知识体系和形成独立思考能力奠定了坚实的基础。

（二）锻炼组织能力、沟通能力和团队协作能力

高校图书馆不仅是一个静态的学习场所，更是一个充满活力的文化交流平台。图书馆定期举办的各类文化活动，如读书会、讲座、展览、文化节等，为学生提供了展示自我、锻炼能力的绝佳机会。在筹备和组织这些活动的过程中，学生们需要分工合作、沟通协调，从而在实践中锻炼自己的组织能力、沟通能力和团队协作能力。这些能力在未来的职业生涯中同样至关重要，是学生综合素质的重要组成部分。

（三）提供自我探索和自我实现的平台

图书馆不仅是知识的海洋，更是学生自我探索和自我实现的舞台。在这里，学生可以根据自己的兴趣和特长，自由选择研究课题或参与项目，进行深入的研究和学习。图书馆提供的丰富资源和专业指导，为学生们探索未知领域、实现自我价值提供了有力的支持。通过自我探索和实践，学生们不仅能够增强自信心和成就感，还能够逐步明确自己的职业规划和人生目标。

高校图书馆的文化建设在促进学生全面发展方面发挥着不可替代的作用。它不仅是学生获取知识、拓宽视野的窗口，更是锻炼能力、实现自我价值的平台。通过积极参与图书馆的各项活动，学生们能够在潜移默化中提升自己的综合素质，为未来的学习和生活打下坚实的基础。因此，加强高校图书馆的文化建设，对于推动高等教育的质量提升

和促进学生的全面发展具有深远的意义。

四、服务社会发展，推动文化传承与创新

高校图书馆不仅服务于高校师生，还承担着服务社会、推动文化传承与创新的重要使命。通过加强图书馆文化建设，可以拓宽服务领域，创新服务模式，为社会各界提供更加全面、专业的信息服务。例如，可以举办面向社会的公益讲座、阅读推广、信息咨询等活动，满足公众对知识的需求；可以加强与地方文化机构的合作与交流，共同挖掘和传承地方文化遗产；可以积极参与数字图书馆、云图书馆等新型服务模式的建设与推广，推动图书馆事业的现代化发展。这些举措不仅有助于提升图书馆的社会影响力和服务效能，还有助于推动文化传承与创新工作的深入开展。

（一）拓宽服务领域，满足多元需求

高校图书馆不再局限于为校内师生提供服务，而是积极拓宽服务领域，面向社会各界开放。通过提供全面、专业的信息服务，如参考咨询、专题研究、数据分析等，高校图书馆成了社会知识创新和文化传播的重要力量。这种服务模式的转变，不仅满足了社会各界对高质量信息资源的迫切需求，也提升了图书馆的社会影响力和价值。

（二）创新服务模式，提升服务效能

为了更好地服务社会发展，高校图书馆不断创新服务模式。通过引入先进的信息技术和管理理念，如智能化检索系统、个性化推荐服务、远程访问平台等，图书馆极大地提高了服务效率和改善了用户体验。同时，图书馆还注重与用户的互动与反馈，根据用户需求不断调整和优化服务内容，确保服务的针对性和有效性。

（三）加强与地方文化机构的合作与交流

高校图书馆积极与地方文化机构建立合作关系，共同挖掘和传承地方文化遗产。通过联合举办展览、讲座、研讨会等活动，图书馆不仅丰富了自身的文化内涵，也为地方文化的传播和弘扬做出了贡献。这种合作模式有助于打破文化壁垒，促进文化资源的共享与交流，推动地方文化的繁荣发展。

（四）积极参与新型服务模式的建设与推广

随着信息技术的飞速发展，数字图书馆、云图书馆等新型服务模式应运而生。高校图书馆紧跟时代步伐，积极参与这些新型服务模式的建设与推广。通过数字化、网络化的手段，图书馆将丰富的馆藏资源转化为易于获取的数字资源，打破了时间和空间的限制，使更多人能够享受到图书馆的服务。同时，图书馆还不断探索新型服务模式的创新

应用，如智能问答、虚拟现实体验等，为用户提供更加便捷、丰富的服务体验。

高校图书馆的文化建设在服务社会发展、推动文化传承与创新方面具有重要意义。通过拓宽服务领域、创新服务模式、加强与地方文化机构的合作以及参与新型服务模式的建设与推广，高校图书馆不仅能够更好地满足社会多元化的信息需求，还能够为文化传承与创新提供有力支持，推动社会文化的繁荣发展。

五、促进学术交流与合作

高校图书馆作为学术交流与合作的重要平台之一，其文化建设对于促进学术交流与合作具有积极作用。通过加强图书馆之间的合作与交流机制建设，可以实现资源共享、优势互补和协同发展；通过举办国际学术会议、学术研讨会等活动，可以吸引国内外专家学者来校交流访问、开展合作研究；通过加强与其他学术机构的联系与合作，可以拓宽学术视野和研究领域。这些举措有助于提升高校的学术地位和影响力，推动学科建设和科研工作的深入开展。

（一）加强图书馆之间的合作与交流机制建设

高校图书馆通过建立健全的合作与交流机制，实现了资源共享、优势互补和协同发展。这种合作不仅限于同一地区或同一系统内的图书馆，更扩展到全球范围。通过馆际互借、联合目录、资源共享平台等方式，图书馆能够共同构建庞大的知识网络，为学术研究提供更加全面、丰富的资源支持。同时，这种合作也促进了图书馆在管理、服务、技术等方面的相互学习和借鉴，推动了图书馆事业的共同进步。

（二）举办国际学术会议与学术研讨会

高校图书馆积极利用其独特的学术资源和环境优势，举办国际学术会议、学术研讨会等活动。这些活动不仅吸引了国内外专家学者来校交流访问、开展合作研究，还为学生和教师提供了与学术界前沿动态接触的机会。通过面对面的交流与讨论，参与者能够深入了解不同领域的研究成果和最新进展，拓宽学术视野，激发创新思维。同时，这些活动也为图书馆自身树立了良好的学术形象，提升了其在学术界的影响力和地位。

（三）加强与其他学术机构的联系与合作

高校图书馆还注重加强与其他学术机构的联系与合作，如高校院系、研究机构、学会协会等。通过与这些机构的紧密合作，图书馆能够及时了解学术界的最新动态和需求，调整和优化自身的服务内容和方式。同时，图书馆也能够借助这些机构的资源和平台，拓展学术研究的领域和深度，推动学术成果的产出和转化。这种合作模式有助于打破学科壁垒，促进跨学科的交流与融合，为学术研究注入新的活力和动力。

高校图书馆文化建设在促进学术交流与合作方面具有重要意义。通过加强图书馆之间的合作与交流、举办国际学术会议与研讨会、加强与其他学术机构的联系与合作，高校图书馆不仅为学术研究提供了有力的支持和保障，还推动了学术研究的深入发展和广泛传播。这种积极的文化建设不仅有利于提升图书馆的学术影响力和社会地位，更有助于推动整个学术界的繁荣与发展。

六、提升师生信息素养与终身学习能力

在信息时代背景下，信息素养已成为现代人必备的基本素质之一。高校图书馆作为信息素养教育的重要基地之一，其文化建设对于提升师生信息素养与终身学习能力具有重要意义。通过加强信息素养教育课程体系建设、开展信息素养教育培训活动等方式，可以引导师生掌握信息检索、分析、评价和利用的方法与技能；通过提供丰富多样的学习资源和服务支持，可以激发师生的学习兴趣和动力，培养其自主学习和终身学习的习惯和能力。这些举措有助于提升师生的综合素质和竞争力，为其未来的职业发展和社会生活奠定坚实的基础。

（一）加强信息素养教育课程体系建设

高校图书馆通过构建系统、全面的信息素养教育课程体系，为师生提供了坚实的学习基础。这一课程体系不仅涵盖了信息检索、分析、评价和利用的基本理论与方法，还结合不同学科的特点和需求，设置了有针对性的教学内容。通过课程学习，师生能够系统地掌握信息素养的核心知识和技能，为未来的学术研究和职业发展打下坚实的基础。

（二）开展信息素养教育培训活动

除了课程体系建设外，高校图书馆还积极举办各类信息素养教育培训活动。这些活动形式多样，包括讲座、工作坊、在线课程等，旨在通过实践操作和案例分析，引导师生将理论知识转化为实际操作能力。通过参与这些培训活动，师生能够更加深入地了解信息检索工具和平台的使用技巧，掌握信息分析和评价的方法，从而有效提升其信息素养水平。

（三）提供丰富多样的学习资源和服务支持

高校图书馆拥有丰富的馆藏资源和电子资源，为师生提供了广阔的学习空间。同时，图书馆还通过提供多样化的服务，如参考咨询、学科服务、技术支持等，帮助师生解决在学习和研究过程中遇到的各种问题。这些服务不仅激发了师生的学习兴趣和动力，还培养了其自主学习和终身学习的习惯和能力。师生可以根据自己的兴趣和需求，自主选择学习资源和服务方式，实现个性化学习和自我提升。

高校图书馆文化建设在提升师生信息素养与终身学习能力方面具有深远的意义。通过加强信息素养教育课程体系建设、开展信息素养教育培训活动以及提供丰富多样的学习资源和服务，高校图书馆不仅为师生提供了全面、系统的信息素养教育，还为其自主学习和终身学习提供了有力支持。这种积极的文化建设不仅有助于提升师生的信息素养水平，更有助于培养其终身学习的意识和能力，为其未来的学术研究和职业发展奠定坚实的基础。

高校图书馆文化建设在提升教育质量、塑造校园精神、服务社会发展等方面具有深远的意义。因此，高校应高度重视图书馆文化建设工作，加大投入力度，完善体制机制，创新服务模式和方法。同时，加强与其他学术机构和社会组织的合作与交流，共同推动高校图书馆事业的繁荣发展，为培养高素质人才、传承与创新文化、服务社会发展做出更大贡献。

第二节　高校图书馆文化建设目标

在当今高等教育日益发展的背景下，高校图书馆作为知识的宝库和学术交流的重要场所，其文化建设具有至关重要的意义。明确高校图书馆文化建设的目标，对于提升图书馆的服务质量、促进学术研究、提高学生综合素质，以及营造良好的校园文化氛围都有着深远的影响。在高等教育的广阔天地里，高校图书馆不仅是知识的宝库，更是文化的灯塔，承载着传承文明、启迪智慧、促进学术交流的重要使命。因此，高校图书馆的文化建设目标显得尤为重要，它直接关系到图书馆能否有效发挥其功能，为师生提供高质量的学习与研究环境。以下，我们将从几个关键维度探讨高校图书馆文化建设的目标。

一、构建开放包容的知识共享空间

高校图书馆的首要文化建设目标是构建一个开放包容的知识共享空间，这意味着图书馆应打破传统界限，不仅向本校师生开放，还应积极寻求与国内外其他图书馆、学术机构及社区的合作，实现资源的共享与互补。通过建设数字化平台、开展馆际互借、举办线上线下学术交流活动等方式，图书馆能够打破地域和时间的限制，让知识无界流通，促进学术思想的碰撞与融合。

（一）打破传统界限，拓宽服务范围

传统上，高校图书馆往往局限于为本校师生提供服务。然而，在现代信息技术飞速发展的今天，这种服务模式已难以满足日益增长的知识需求。因此，高校图书馆的首要

任务是打破传统界限，将服务范围拓展至更广泛的群体。这不仅包括向本校师生开放，还应积极寻求与国内外其他图书馆、学术机构及社区的合作，形成资源共享、优势互补的良好局面。通过这种方式，图书馆能够汇聚更多元化的知识资源，为师生提供更加全面、深入的学习支持。

（二）建设数字化平台，实现资源共享

数字化平台的建设是实现知识共享的重要手段。高校图书馆应充分利用现代信息技术，构建功能完善、操作便捷的数字化平台，将馆藏资源数字化、网络化，方便师生随时随地访问。同时，通过与其他图书馆和学术机构合作，实现资源的共享与互补。这种跨地域、跨机构的资源共享模式，能够极大地丰富图书馆的知识库，提高资源的利用效率，为师生提供更加广泛、深入的学习资源。

（三）开展馆际互借，促进资源流通

馆际互借是图书馆之间资源共享的重要方式之一。通过馆际互借，高校图书馆可以借出其他图书馆没有的文献资源给需要的读者，同时也可以从其他图书馆借入自己所需的资源。这种方式不仅能够解决读者对特定资源的需求问题，还能够促进资源的流通和共享。因此，高校图书馆应积极与其他图书馆建立馆际互借关系，完善互借流程和机制，为师生提供更加便捷的资源获取途径。

（四）举办学术交流活动，促进思想碰撞

学术交流活动是图书馆文化建设的重要组成部分。通过举办线上线下的学术交流活动，如学术会议、研讨会、讲座等，图书馆能够吸引国内外专家学者来校交流访问、开展合作研究。这些活动不仅能够为师生提供接触学术前沿、参与学术实践的机会，还能够促进学术思想的碰撞与融合。在交流过程中，不同领域、不同背景的学者可以相互启发、相互借鉴，共同推动学术研究的深入发展和广泛传播。

（五）强化服务意识，提升服务质量

在构建开放包容的知识共享空间的过程中，高校图书馆还应不断强化服务意识，提升服务质量。这包括优化服务流程、提高服务效率、完善服务设施等方面。同时，图书馆还应关注师生的个性化需求，提供定制化的服务方案，满足其多样化的学习需求。通过这些措施的实施，图书馆能够营造一个温馨舒适、便捷高效的学习环境，让师生在愉悦的氛围中享受知识的乐趣。

构建开放包容的知识共享空间是高校图书馆文化建设的重要目标之一。通过打破传统界限、建设数字化平台、开展馆际互借、举办学术交流活动以及强化服务意识等措施，

高校图书馆能够不断拓宽服务范围、丰富知识资源、促进学术交流与思想碰撞，为师生提供更加全面、深入的学习支持。

二、培育信息素养与终身学习的文化氛围

在信息爆炸的时代，信息素养已成为个人发展的重要能力之一。高校图书馆的文化建设应致力于培育师生信息素养与营造终身学习的文化氛围。这包括建立系统的信息素养教育课程体系，开展多样化的信息素养培训活动，以及提供丰富的学习资源和个性化的学习支持服务。通过这些措施，图书馆引导师生掌握信息检索、分析、评价和利用的方法与技能，培养其自主学习和终身学习的习惯和能力，为其未来的学术研究和职业发展奠定坚实的基础。

（一）建立系统的信息素养教育课程体系

信息素养是 21 世纪公民必备的核心素养之一，它涵盖了信息意识、信息知识、信息技能和信息道德等多个方面。高校图书馆应联合教务处、各院（系）等部门，共同构建一套系统的信息素养教育课程体系。这套体系应贯穿学生的整个学习生涯，从新生入学教育到毕业前的科研指导，都应有针对性地融入信息素养教育的内容。通过课程学习，学生能够系统地掌握信息检索、分析、评价和利用的方法与技能，为自主学习和终身学习打下坚实的基础。

（二）开展多样化的信息素养培训活动

除了课堂教学外，高校图书馆还应积极开展多样化的信息素养培训活动，以满足师生多样化的学习需求。这些活动可以包括专题讲座、工作坊、在线课程、竞赛等形式，内容涵盖信息检索技巧、学术规范与引用、数字版权知识、数据管理与分析等。通过参与这些培训活动，师生能够不断拓宽视野、提升技能，增强在信息时代的学习竞争力。

（三）提供丰富的学习资源和个性化的学习支持服务

高校图书馆作为知识资源的宝库，应不断丰富和优化馆藏资源，同时加强数字化建设，为师生提供便捷、高效的信息获取途径。此外，图书馆还应注重个性化学习支持服务的提供，如设立学习咨询台、开展一对一辅导、推广个性化学习平台等。通过这些服务，图书馆能够及时了解师生的学习需求和困难，为其提供有针对性的帮助和支持，促进其自主学习和终身学习习惯的养成。

（四）营造积极向上的学习氛围

在培育信息素养与终身学习的文化氛围过程中，高校图书馆还应注重营造积极向上

的学习氛围。这包括美化图书馆环境、优化学习空间布局、举办读书会和学术沙龙等文化活动，以及鼓励师生参与志愿服务、社会实践等课外活动。通过这些措施，图书馆能够激发师生的学习热情和创造力，促进其全面发展。

（五）强化信息素养与终身学习理念的传播

最后，高校图书馆还应通过多种渠道强化信息素养与终身学习理念的传播。这包括在图书馆网站、社交媒体平台上发布相关信息，举办信息素养宣传周等活动。通过这些活动，图书馆能够向广大师生传递信息素养与终身学习的重要性和价值，引导他们树立正确的学习观念，积极投身于知识学习和能力提升的过程中。

高校图书馆文化建设目标中的培育信息素养与终身学习的文化氛围是一项系统工程，需要图书馆在课程体系建设、培训活动开展、学习资源提供、学习氛围营造以及理念传播等方面持续发力。通过这些措施，高校图书馆能够为师生提供更加优质、高效的信息服务和学习支持，促进其信息素养与终身学习能力的全面提升。

三、促进学术交流与思想创新

高校图书馆作为学术研究与学术交流的重要平台，其文化建设目标还应包括促进学术交流与思想创新。这要求图书馆不仅要拥有丰富的学术资源，还要积极举办国际学术会议、学术研讨会等活动，吸引国内外专家学者来校交流访问，开展合作研究。同时，图书馆还应加强与其他学术机构的联系与合作，拓宽学术视野和研究领域，为师生提供更多接触学术前沿、参与学术实践的机会。通过这些努力，图书馆能够激发师生的创新思维和创造力，推动学术研究的深入发展和广泛传播。

（一）构建丰富的学术资源库

作为学术交流的基础，高校图书馆首先需构建全面、权威的学术资源库。这包括传统的纸质图书、期刊、报纸，以及日益重要的电子图书、数据库、在线期刊等数字资源。通过持续更新和优化馆藏结构，图书馆能够确保师生便捷地获取到国内外最新的学术成果和研究信息，为学术交流与思想创新提供坚实的资源支撑。

（二）举办国际学术会议与研讨会

为了推动学术交流的国际化与深度化，高校图书馆应积极策划并举办国际学术会议、学术研讨会等活动。这些活动不仅能够吸引国内外知名专家学者来校交流访问，还能为师生提供与顶尖学者面对面交流的机会。通过深入探讨学术前沿问题、分享最新研究成果，这些活动能够激发师生的创新思维和创造力，促进学术研究的深入发展和广泛传播。

（三）加强与其他学术机构的联系与合作

学术交流不应局限于校内，更应跨越地域、学科的界限，实现更广泛的合作与共享。因此，高校图书馆应加强与国内外其他学术机构的联系与合作，如签订合作协议、互派访问学者、共同举办学术活动等。通过这些措施，图书馆能够拓宽师生的学术视野和研究领域，为其提供更多接触学术前沿、参与学术实践的机会。同时，这也能够增强图书馆在学术界的影响力和话语权。

（四）搭建学术交流平台与社区

为了促进学术交流的便捷性和互动性，高校图书馆还应积极搭建学术交流平台与社区。这可以包括建立在线学术交流论坛、微信公众号、学术博客等渠道，为师生提供分享学术观点、交流研究心得的平台。通过这些平台，师生可以跨越时间和空间的限制，随时随地参与到学术讨论中来，形成浓厚的学术氛围和积极向上的学习风气。

（五）激发师生的创新思维与创造力

高校图书馆文化建设的目标是激发师生的创新思维和创造力。这要求图书馆不仅要提供丰富的学术资源和交流平台，还要注重培养师生的创新意识和实践能力。通过组织创新创业大赛、科研项目申报指导、科研成果展示等活动，图书馆能够引导师生将学术研究与实际应用相结合，不断探索新的研究方向和方法，为学术研究的深入发展和广泛传播贡献力量。

高校图书馆在促进学术交流与思想创新方面扮演着举足轻重的角色。通过构建丰富的学术资源库、举办国际学术会议与研讨会、加强与其他学术机构的联系与合作、搭建学术交流平台与社区以及激发师生的创新思维与创造力等措施，图书馆能够不断推动学术研究的深入发展和广泛传播，为高等教育事业的繁荣发展贡献力量。

四、营造温馨舒适的学习环境

高校图书馆的文化建设应注重营造温馨舒适的学习环境。这包括优化图书馆的物理空间布局，提升阅读区域的舒适度，引入绿色植物和自然光等元素以改善空气质量和视觉效果等。同时，图书馆还应关注师生的心理需求，提供安静的学习空间、舒适的休息区域以及友好的服务态度等。这些措施能够让师生在愉悦的环境中学习和研究，提高其学习效率和满意度。

（一）优化物理空间布局

图书馆的物理空间布局直接关系到师生们的使用体验。因此，需根据师生的实际需求，合理规划各功能区域，如图书借阅区、阅读区、自习区、研讨区等，确保空间利用的高效与便捷。同时，通过流线型的设计减少空间浪费和拥堵感，师生在图书馆内能够自如穿梭，享受流畅的学习之旅。

（二）提升阅读区域的舒适度

阅读区域是师生们停留时间最长的空间之一，其舒适度直接影响着学习效率和心情。因此，图书馆应注重提升阅读区域的座椅舒适度，选用符合人体工学设计的座椅和桌子，确保师生在长时间的学习过程中能够保持舒适的姿势。此外，还应保持阅读区域的整洁与安静，为师生提供一个无干扰的学习环境。

（三）引入绿色植物与自然光

绿色植物和自然光能够显著改善室内空气质量和视觉效果，为师生带来更加愉悦的学习体验。图书馆可以在阅读区域和休息区域摆放适量的绿色植物，如盆栽、花卉等，这些植物不仅美化环境，还能净化空气，缓解学习压力。同时，尽可能多地引入自然光，减少人工照明的使用，为师生提供明亮而温馨的学习空间。

（四）关注师生的心理需求

除了物质环境的改善外，图书馆还应关注师生的心理需求。通过提供多样化的学习空间选择，如安静的学习区、讨论区、休息区等，满足不同师生的学习偏好和需求。同时，图书馆工作人员应保持良好的服务态度，耐心解答师生的问题，提供周到的服务，让师生在图书馆感受到家一般的温暖与关怀。

（五）营造和谐的学习氛围

和谐的学习氛围是图书馆文化的重要组成部分。图书馆可以通过举办各种文化活动（读书会、讲座等），增进师生之间的交流与互动，营造积极向上的学习氛围。同时，鼓励师生在图书馆内文明阅读、尊重他人，共同维护一个和谐、有序的学习环境。

营造温馨舒适的学习环境是高校图书馆文化建设的重要目标之一。通过优化物理空间布局、提升阅读区域的舒适度、引入绿色植物与自然光、关注师生的心理需求，以及营造和谐的学习氛围等措施，图书馆能够为师生们提供一个愉悦而高效的学习与研究环境，促进其全面发展与成长。

五、传承与弘扬校园文化

高校图书馆的文化建设还应与校园文化的传承与弘扬相结合。作为校园文化的重要组成部分，图书馆应深入挖掘和展示学校的历史底蕴、学术传统和文化特色等。通过举办展览、讲座、文化活动等，图书馆可以向师生和社会各界传递校园文化的精髓和价值观念，增强师生的归属感和认同感。同时，图书馆还可以作为校园文化创新的孵化器，鼓励师生参与文化创作和实践活动，为校园文化的繁荣发展贡献力量。

（一）深入挖掘与展示学校历史底蕴

图书馆是学校历史的见证者与守护者。通过整理、收藏和展示与学校历史相关的文献资料、实物展品及多媒体资料，图书馆能够生动再现学校的发展历程、重要事件和杰出人物，让师生在翻阅书页、观赏展品的过程中，深刻感受学校的历史底蕴和文化传承。这种沉浸式的学习体验，有助于增强师生的归属感和自豪感，激发他们为学校的未来发展贡献力量的热情。

（二）传承与弘扬学术传统

学术传统是校园文化的重要组成部分，也是图书馆文化建设的核心内容之一。图书馆应积极收集和整理学校的学术成果、学术论文及科研成果，建立完善的学术资源库，为师生提供便捷的学术资源获取途径。同时，通过举办学术讲座、研讨会、读书会等活动，邀请校内外专家学者进行学术交流与分享，促进学术思想的碰撞与融合，进一步传承与弘扬学校的学术传统。

（三）展示与传播文化特色

每所高校都有其独特的文化特色，这是校园文化的魅力所在。图书馆应充分利用自身资源，通过举办各类文化活动、展览和比赛等，展示学校的文化特色和艺术成果。例如，可以举办校园摄影展、书画展、文学创作比赛等，鼓励师生积极参与文化创作和实践活动，展现他们的才华与创造力。这些活动不仅能够丰富师生的课余生活，还能够增强校园文化的凝聚力和影响力，为校园文化的繁荣发展贡献力量。

（四）作为校园文化创新的孵化器

在传承与弘扬校园文化的同时，图书馆还应积极发挥其在文化创新方面的作用。通过提供丰富的文化资源和创新平台，鼓励师生进行文化创作和实践活动，如开发数字文化资源、创建文化品牌、举办文化节庆等。这些创新活动不仅能够丰富校园文化的内涵和外延，还能够激发师生的创新思维和创造力，为校园文化的持续发展注入新的活力。

高校图书馆在传承与弘扬校园文化方面扮演着举足轻重的角色。通过深入挖掘和展示学校的历史底蕴、学术传统和文化特色，举办丰富多彩的文化活动，以及作为校园文化创新的孵化器，图书馆能够有效地增强师生的归属感和认同感，促进校园文化的繁荣发展。

六、塑造良好的图书馆形象和品牌

在高等教育体系中，高校图书馆不仅是学术资源的宝库，更是校园文化的重要展示窗口。塑造一个具有良好形象和独特品牌的图书馆，对于提升学校的整体形象、吸引师生及社会人士的关注与参与具有重要意义。通过优化图书馆的服务环境、提升服务质量、加强宣传推广等手段，打造具有特色和吸引力的图书馆品牌。使图书馆成为学校的文化名片，吸引更多师生和社会人士走进图书馆，利用图书馆的资源和服务。

（一）优化服务环境，营造舒适氛围

图书馆的服务环境是留给读者的第一印象。为了塑造良好的图书馆形象，首先要从物理空间入手，优化服务环境。这包括合理布局各个功能区，如借阅区、阅读区、自习区、研讨区等，确保空间宽敞明亮、布局合理、流线顺畅。同时，注重细节装饰，如摆放绿植、设置艺术墙、提供舒适的座椅等，营造出温馨、雅致、宁静的学习氛围。这样的环境能够让读者感受到图书馆的用心与关怀，从而更愿意在此停留和学习。

（二）提升服务质量，强化读者体验

服务质量是图书馆品牌建设的核心。为了提升服务质量，图书馆应不断完善服务流程和服务标准，确保为读者提供高效、便捷、周到的服务。这包括加强图书馆员的培训和管理，提高他们的专业素养和服务意识；优化图书借阅、归还、查询等业务流程，减少读者的等待时间；建立读者反馈机制，及时了解并解决读者在使用过程中遇到的问题和困难。通过不断提升服务质量，强化读者的良好体验，从而增强读者对图书馆的信任和依赖。

（三）加强宣传推广，扩大品牌影响力

宣传推广是塑造图书馆品牌形象的重要手段。为了扩大品牌影响力，图书馆应积极开展各类宣传推广活动。这包括利用校园广播、校园网、社交媒体等渠道发布图书馆的最新动态和活动信息；举办各种形式的读书活动、文化讲座、展览等，吸引师生和社会人士的关注和参与；加强与校内外相关机构的合作与交流，共同推广图书馆的品牌形象。通过这些宣传推广活动，不仅能够提高图书馆的知名度和美誉度，还能够吸引更多读者走进图书馆，利用图书馆的资源和服务。

（四）打造特色品牌，提升核心竞争力

在日益激烈的竞争中，打造具有特色的图书馆品牌是提升其核心竞争力的关键。图书馆应根据自身的特点和优势，明确品牌定位和发展方向，努力打造具有鲜明特色的品

牌形象。这可以体现在馆藏资源的特色化建设上，如收藏某一领域或某一主题的特色文献资源；也可以体现在服务方式的创新上，如提供个性化的阅读推荐、开展特色主题阅读活动等。通过打造特色品牌，图书馆能够在众多竞争者中脱颖而出，成为学校的文化名片和师生心中的知识殿堂。

塑造良好的图书馆形象和品牌是高校图书馆文化建设的重要目标之一。通过优化服务环境、提升服务质量、加强宣传推广以及打造特色品牌等手段，图书馆能够不断提升自身的吸引力和影响力，成为学校的文化名片和师生心中的知识宝库。

七、加强文化传承与创新

加强文化传承与创新是高校图书馆文化建设的核心目标之一。图书馆应收藏和保护具有历史价值和文化内涵的文献资料，传承和弘扬优秀的传统文化和学术遗产。同时，积极推动文化创新，鼓励师生在学术研究和创作中展现新的思想和观点，为文化的发展注入新的活力。

高校图书馆作为学术与文化的交汇点，承载着传承历史、弘扬文化、启迪未来的重要使命。在文化建设的过程中，加强文化传承与创新是不可或缺的核心目标。以下从收藏与保护历史文献、传承与弘扬传统文化、推动文化创新三个方面进行详细阐述。

（一）收藏与保护具有历史价值和文化内涵的文献资料

图书馆的首要任务是收集、整理和保存各类文献资料，特别是那些具有历史价值和文化内涵的珍贵典籍。这些资料不仅是学术研究的基础，更是文化传承的重要载体。图书馆应建立严格的文献征集、鉴定、编目和保存制度，确保重要文献得到妥善保管和有效利用。同时，利用现代科技手段，如数字化、微缩复制等，对珍贵文献进行数字化处理，既方便读者查阅，又有效防止了原件的损坏和遗失，实现了文化传承的可持续性。

（二）传承与弘扬优秀的传统文化和学术遗产

在收藏与保护的基础上，图书馆还应积极传承与弘扬优秀的传统文化和学术遗产。这包括通过举办展览、讲座、研讨会等形式，向师生和社会公众展示传统文化的魅力，增进他们对传统文化的了解和认同。图书馆还可以设立专门的传统文化研究中心或研究基金，支持学者对传统文化进行深入研究，挖掘其内在价值，推动传统文化的现代转化和创新发展。通过这些举措，图书馆不仅能够促进传统文化的传承与弘扬，还能够为学术研究提供丰富的素材和灵感。

（三）鼓励师生在学术研究和创作中展现新的思想和观点

在传承与弘扬传统文化的同时，图书馆还应积极推动文化创新。这要求图书馆不仅要关注传统文化的传承，更要关注当代文化的发展动态和趋势。图书馆可以设立创新研究平台或创新实验室，为师生提供创新研究所需的资源和支持。同时，鼓励师生在学术研究和创作中勇于探索、敢于创新，提出新的理论、观点和方法。图书馆还可以定期举办创新成果展示会或学术交流会，为师生提供展示创新成果和交流学术思想的平台。通过这些举措，图书馆能够激发师生的创新热情，推动学术研究的不断进步和文化发展的繁荣兴盛。

八、促进知识共享与合作

高校图书馆作为知识的宝库与交流的桥梁，其文化建设的核心目标之一便是促进知识共享与合作。建立开放、共享的信息服务体系，打破学科和部门之间的壁垒，实现资源的最大化利用。高校应鼓励师生之间、学生之间以及与校外机构合作交流，共同开展研究项目和学术活动，形成知识共享和协同创新的良好局面。

（一）建立开放、共享的信息服务体系

为了实现知识共享，高校图书馆首先需要构建一个开放、便捷的信息服务体系。这包括优化图书馆网站和数字化平台，提供丰富的在线资源和服务，如电子图书、期刊、数据库等，让读者能够随时随地访问所需信息。同时，图书馆应确保这些资源的开放性和可访问性，降低使用门槛，鼓励读者积极利用。此外，图书馆还可以引入先进的信息检索技术和个性化推荐系统，帮助读者快速准确地找到所需知识，提高信息获取效率。

（二）打破学科和部门之间的壁垒，实现资源的最大化利用

知识共享的前提是资源的整合与共享。高校图书馆应主动打破学科和部门之间的界限，促进跨学科、跨部门的资源整合与共享。这可以通过建立统一的资源管理平台、制定资源共享政策和标准、加强不同学科和部门之间的沟通与协作等方式实现。通过打破壁垒，图书馆能够整合全校乃至全球的优质资源，为师生提供更加全面、深入的知识支持。同时，这也有助于避免资源的重复建设和浪费，实现资源的最大化利用。

（三）鼓励师生之间、学生之间以及与校外机构的合作交流

知识共享与合作离不开人与人之间的交流与互动。高校图书馆应积极搭建交流平台，鼓励师生之间、学生之间以及与校外机构的合作交流。这可以通过组织学术讲座、研讨会、工作坊等活动，邀请专家学者、行业精英来校交流分享；也可以通过建立学生社团、科研团队等形式，促进学生之间的互助与合作。同时，图书馆还可以积极与校外机构建立合作关系，共同开展研究项目、举办学术活动等，以拓宽师生的学术视野和合作网络。

（四）形成知识共享和协同创新的良好局面

高校图书馆文化建设的目标是要形成知识共享和协同创新的良好局面。这意味着在图书馆内部及其辐射范围内，人们能够自由地交流思想、分享知识、共同解决问题，并在此基础上产生新的思想火花和创新成果。为了实现这一目标，图书馆需要持续推动知识共享文化的建设，营造积极向上的学术氛围；同时，也需要加强创新能力的培养，鼓励师生勇于探索未知领域、挑战传统观念、提出新的理论和方法。通过这些努力，高校图书馆将成为推动知识创新和社会发展的重要力量。

综上所述，高校图书馆的文化建设目标是一个多维度、多层次的系统工程。通过构建开放包容的知识共享空间、培育信息素养与终身学习的文化氛围、促进学术交流与思想创新、营造温馨舒适的学习环境以及传承与弘扬校园文化等措施的实施，高校图书馆能够不断提升其文化软实力和影响力，为高等教育事业的发展做出更大的贡献。

第三节　高校图书馆文化建设原则

一、教育导向原则

在图书馆文化建设的众多原则中，教育导向原则占据着举足轻重的地位。这一原则强调，高校图书馆作为学术与文化的重要阵地，其文化建设必须紧密围绕学校的教育目标和人才培养需求展开，通过资源建设、服务提供、活动组织等多个方面，对大学生文化活动方向进行正确引导，以促进学生的全面发展。

（一）资源建设的教育导向

资源是图书馆的核心，也是实现其教育导向功能的基础。在资源建设过程中，图书馆应紧密结合学校的教育目标和专业设置，科学规划馆藏资源，确保资源的学术性、专业性和前沿性。同时，图书馆还应关注大学生的兴趣爱好和成长需求，适度引入人文社科、艺术审美、心理健康等方面的资源，以拓宽学生的知识视野，培养学生的综合素质。此外，图书馆还应加强对电子资源的建设和整合，利用现代信息技术手段，为学生提供更加便捷、高效的信息获取途径，满足学生多样化的学习需求。

（二）服务提供的教育导向

服务是图书馆与读者之间的桥梁，也是实现教育导向功能的关键环节。在服务提供过程中，图书馆应始终以学生为中心，关注学生的学习动态和成长需求，提供个性化、精准化的服务。例如，图书馆可以开展信息咨询、学术指导、阅读推广等服务项目，帮助学生解决学习中的难题，提升学生的学术能力和阅读素养。同时，图书馆还可以利用自身资源和技术优势，为学生提供创新创业、社会实践等方面的支持和服务，引导学生积极参与社会实践和志愿服务活动，培养学生的社会责任感和实践能力。

（三）活动组织的教育导向

活动是图书馆文化建设的重要载体，也是实现教育导向功能的有效途径。在组织各类文化活动时，图书馆应紧密围绕学校的教育目标和人才培养需求，注重活动的思想性、教育性和趣味性。例如，图书馆可以举办学术讲座、读书沙龙、文化展览等活动，邀请专家学者、知名作家等与学生面对面交流，激发学生的学术兴趣和阅读热情。同时，图书馆还可以结合时事热点和社会现象，开展主题鲜明、形式多样的文化活动，引导学生关注社会、思考人生、锤炼品德。通过这些活动的开展，图书馆可以有效地引导大学生文化活动的方向，促进学生的全面发展。

总之，教育导向原则是图书馆文化建设的基本原则之一。它要求图书馆在资源建设、服务提供、活动组织等方面都要紧紧围绕学校的教育目标和人才培养需求展开工作，通过科学规划、精准服务、有效引导等手段，促进大学生的全面发展和社会进步。

二、自主创新原则

在高校图书馆文化建设的广阔天地里，自主创新原则如同一股强劲的东风，推动着图书馆不断前行，同时也为大学生的成长与发展注入了无限活力。这一原则强调图书馆应成为激发大学生创造精神、培养创新能力的摇篮，通过提供多元化的平台和机会，鼓励大学生自主创新，参与文化创造和实践活动。

（一）搭建自主创造的平台

图书馆作为知识与文化的汇聚地，应当积极搭建各类自主创造的平台，为大学生提供展示自我、实现创新的舞台。例如，可以定期举办创意阅读活动，鼓励学生围绕特定主题进行阅读并创作读书笔记、书评、短剧等作品，通过分享与交流，激发学生的创新思维和表达能力。此外，图书馆还可以组织学术研讨会和文化沙龙，邀请校内外专家学者与学生面对面交流，共同探讨学术前沿和文化热点，为学生提供深入思考和形成独立见解的机会。

（二）提供自主创造的机会

除了搭建平台外，图书馆还应主动为大学生创造更多的自主创造机会。这包括但不限于设立创新项目基金，支持学生开展科研创新、文学创作、艺术设计等领域的实践活动；举办创意竞赛和展览，鼓励学生将创新成果转化为实际作品并进行展示；以及提供开放的学习空间和资源支持，如创客空间、数字实验室等，让学生能够在实践中不断探索和尝试。

（三）鼓励自发主动参与

自主创新的核心在于学生的自发主动性和创造性。因此，图书馆在文化建设过程中应注重激发学生的内在动力，鼓励他们自发主动地参与文化创造和实践活动。这就要求图书馆工作人员与学生建立良好的沟通机制，了解他们的兴趣和需求，为他们提供个性化的指导和帮助。同时，图书馆还应通过宣传和推广等方式，提高学生对自主创新活动的认知度和参与度，营造浓厚的创新氛围。

（四）给予必要的支持和引导

在鼓励学生自主创新的过程中，图书馆也应在物质和精神上给予学生必要的支持和引导。在物质支持方面，图书馆可以提供必要的设备、材料和经费等，确保学生的创新活动顺利进行。在精神支持方面，图书馆应关注学生的心理状态和成长需求，为他们提供心理疏导、职业规划等方面的指导和帮助。同时，图书馆还应加强对创新活动的监督和评估，确保学生的创新活动沿着正确的方向发展，既不失方向性，也不缺乏灵活性。

自主创新原则是高校图书馆文化建设中不可或缺的重要原则。它要求图书馆在文化建设过程中注重激发学生的创造精神、培养创新能力，通过搭建平台、提供机会、鼓励参与和支持引导等方式，为大学生的全面发展和社会进步贡献力量。

三、与时俱进原则

在快速变化的数字时代，图书馆文化建设必须遵循与时俱进的原则，以适应时代的发展需求，提升服务质量，更好地服务于广大师生。这一原则要求图书馆在资源建设、服务方式以及活动组织等方面不断创新，紧跟时代步伐，确保文化建设的先进性和实效性。

（一）资源建设的数字化、网络化

随着信息技术的飞速发展，数字化、网络化已成为图书馆资源建设的重要趋势。图书馆应紧跟这一趋势，加大电子资源的采购力度，包括电子书、电子期刊、数据库、多媒体资源等，以满足师生对数字化信息的需求。同时，图书馆还应建立完善的在线服务平台，提供便捷的检索、下载、阅读等功能，使师生能够随时随地获取所需资源。此外，图书馆还应关注新兴技术的发展，如人工智能、大数据等，探索其在资源建设中的应用，进一步提升资源的质量和利用效率。

（二）服务方式的个性化、便捷化

在信息爆炸的时代，师生对于学习资源的获取方式和服务体验有着更高的期望。图书馆应积极响应这一需求，注重服务方式的个性化和便捷化。通过引入智能推荐系统、定制化服务等技术手段，图书馆可以根据师生的阅读偏好和学习需求，提供个性化的资源推荐和服务方案。同时，图书馆还应优化服务流程、简化操作步骤、提高服务效率，确保师生能够便捷地获取所需资源和服务。此外，图书馆还应加强与其他机构和服务平台的合作，实现资源共享和服务互通，为师生提供更加全面、便捷的学习支持。

（三）活动组织的创新性、互动性

活动是图书馆文化建设的重要组成部分，也是激发师生参与热情和创造力的有效途径。在活动组织上，图书馆应注重创新性和互动性，打破传统活动的束缚，引入更多新颖、有趣的形式和内容。例如，可以举办线上读书会、虚拟现实体验活动、跨学科交流研讨会等，利用现代科技手段增强活动的吸引力和互动性。同时，图书馆还应鼓励学生自主策划和组织活动，为他们提供展示自我、锻炼能力的机会。通过这些创新性、互动性的活动，图书馆可以进一步激发师生的学习兴趣和创造力，促进知识的传播和交流。

与时俱进原则是图书馆文化建设的重要指导方针。只有紧跟时代步伐，不断创新和完善资源建设、服务方式以及活动组织等方面的工作，图书馆才能更好地适应师生需求的变化，提升服务质量和水平，为学校的教育教学和科研工作提供更加有力的支持。

四、读者与馆员价值统一原则

在图书馆这一知识殿堂中，读者与馆员作为两大核心要素，其价值的统一是构建和谐、高效、富有活力的图书馆文化的基石。这一原则强调，图书馆文化的建设不仅仅是物理空间的布置或制度规范的完善，更是在读者与馆员之间建立起一种相互尊重、相互支持、共同发展的良好关系。

（一）明确读者与馆员的权利和义务

图书馆文化建设需要明确界定读者与馆员各自的权利和义务。读者作为图书馆服务的主要对象，享有获取知识的权利，同时也应遵守图书馆的使用规定，尊重馆员的劳动成果，共同维护图书馆的秩序和环境。馆员则承担着为读者提供优质服务的责任，他们应具备专业的知识和技能，以热情、耐心的态度回应读者的需求，同时也有权获得应有的工作条件和职业尊重。

（二）调动馆员的积极性和主动性

馆员是图书馆文化建设的重要力量。他们的工作态度、专业素养和创新能力直接影响图书馆的服务质量和文化氛围。因此，图书馆应致力于调动馆员的积极性和主动性，通过提供培训机会、制定职业发展规划等措施，帮助他们不断提升自我，实现个人价值。同时，图书馆还应建立公平、公正的激励机制，对表现突出的馆员给予表彰和奖励，激发他们的工作热情和创造力。

（三）建立良好的沟通机制

有效的沟通是读者与馆员价值统一的关键。图书馆应建立多渠道、多层次的沟通机制，鼓励读者与馆员之间的交流和互动。这不仅可以增进彼此的了解和信任，还能及时发现并解决服务过程中存在的问题。通过定期举办读者座谈会、馆员交流会等活动，可以收集意见和建议，为图书馆文化的持续优化提供有力支持。

（四）激励机制和评价体系的完善

为了确保馆员在服务中能够获得应有的尊重和回报，图书馆应建立科学、合理的激励机制和评价体系。这包括对馆员工作绩效的定期评估、优秀馆员的表彰奖励以及职业发展路径的明确规划等。通过这些措施，可以激发馆员的工作动力和创造力，使他们更加积极地投入到图书馆文化建设中。同时，评价体系还应注重读者反馈的收集和分析，确保服务质量的持续提升。

（五）图书馆与馆员共同发展

读者与馆员价值统一的最终目标是实现图书馆与馆员的共同发展。图书馆应关注馆员的成长和进步，为他们提供广阔的发展空间和机会。同时，馆员也应将个人的成长与图书馆的发展紧密结合起来，以高度的责任感和使命感投入到工作中去。通过双方的共同努力和协作，可以推动图书馆文化建设的不断深入和完善，为读者提供更加优质、高效的服务。

五、整体性原则

在深入探讨图书馆文化建设时，读者与馆员价值的统一原则显得尤为重要。这一原则不仅体现在读者与馆员之间的和谐关系上，更贯穿于图书馆文化构建的每一个层面——物质文化、制度文化、环境文化和精神文化——这四个方面相互依存、相互渗透、相互促进，共同构成了图书馆文化的完整体系，而读者与馆员的价值统一则是这一体系的核心与灵魂。

（一）物质文化：基础与支撑

物质文化是图书馆文化建设的基石，它直接关系到读者与馆员的直观感受和使用体验。在物质文化建设中，我们不仅要注重馆舍环境的改善，如提升建筑美感、优化空间布局、完善设施设备等，还要关注馆藏资源的丰富性和多样性，确保能够满足读者多样化的学习需求。这些努力不仅为读者提供了更加舒适、便捷的学习环境，也为馆员创造了更加高效、有序的工作条件，从而在物质层面实现了读者与馆员价值的初步统一。

（二）制度文化：规范与保障

制度文化是图书馆文化建设的重要保障，它通过一系列规章制度和管理措施来规范读者行为和馆员工作，确保图书馆的正常运转。在制度文化建设中，我们需要不断完善管理制度，优化服务流程，确保读者能够享受到高效、便捷的服务。同时，我们也要关注馆员的权益和职业发展，建立健全激励机制和评价体系，激发他们的工作热情和创造力。通过这些措施，我们能够在制度层面进一步巩固读者与馆员价值的统一。

（三）环境文化：氛围与熏陶

环境文化是图书馆文化建设的独特魅力所在，它通过营造浓厚的学术氛围和优雅的阅读环境来熏陶和感染读者与馆员。在环境文化建设中，我们可以利用图书馆的空间优势，设置特色阅读区、休闲交流区等，为读者提供多样化的学习空间。同时，我们还可以通过举办学术讲座、展览、文化活动等方式，丰富读者的精神文化生活，提升图书馆的文化品位。此外，我们还要注重提升馆员的文化素养和专业能力，通过组织培训、交流学习等活动，激发他们的创新精神和人文关怀，从而在环境层面深化读者与馆员价值的统一。

（四）精神文化：核心与灵魂

精神文化是图书馆文化建设的核心和灵魂，它体现了图书馆的价值追求和文化底蕴。在精神文化建设中，我们要弘扬人文精神，关注读者的精神需求和情感体验，倡导阅读、学习、思考的良好风尚。同时，我们也要尊重馆员的个性和价值，鼓励他们发挥主观能动性和创造力，为图书馆的发展贡献智慧和力量。通过共同的价值追求和文化认同，我们可以在精神层面实现读者与馆员价值的深度统一，共同推动图书馆文化的繁荣和发展。

综上所述，读者与馆员价值统一的原则是图书馆文化建设的重要指导原则。在实践中，我们需要坚持整体性原则，注重物质文化、制度文化、环境文化和精神文化的协调发展，努力构建一个和谐、高效、富有活力的图书馆文化体系。

六、以人为本原则

在高校图书馆文化建设的诸多原则中，"以人为本"无疑是最为核心且基础的。这一原则强调图书馆的一切工作都应围绕"人"这一核心展开，即以满足读者的需求、提升读者的体验、促进读者的成长为目标。

（一）以读者为中心

"以读者为中心"是"以人为本"原则在图书馆工作中的直接体现。它要求图书馆在规划、设计、运营等各个环节中，始终将读者的利益放在首位，将读者的满意度作为衡量工作成效的重要标准。这包括提供舒适的阅读环境、便捷的借阅流程、丰富的信息资源以及周到的服务等，让读者在图书馆中感受到家的温暖和便利。

（二）满足读者需求

读者的需求是多样化的，既有对专业知识的渴求，也有对休闲娱乐的追求；既有对纸质书籍的依赖，也有对电子资源的青睐。因此，图书馆在文化建设中必须深入了解读者的需求，并努力满足这些需求。这要求图书馆不仅要定期更新馆藏资源，确保信息的时效性和准确性，还要积极引进新技术、新设备，提升服务质量和效率。同时，还要关注读者的反馈意见，及时调整工作策略，以更好地满足读者的需求。

（三）开展读者需求调研

为了更好地了解读者的需求，图书馆应定期开展读者需求调研工作。这可以通过问卷调查、座谈会、读者访谈等多种形式进行。通过调研，图书馆可以掌握读者的阅读偏好、信息需求、服务期望等方面的信息，为优化馆藏资源配置、改进服务方式提供有力依据。同时，读者需求调研也是图书馆与读者之间沟通交流的重要桥梁，有助于增强读者对图书馆的认同感和归属感。

（四）优化馆藏资源配置

馆藏资源是图书馆的核心竞争力之一。在"以人为本"原则的指导下，图书馆应根据读者需求的变化，不断优化馆藏资源配置。这包括调整各类文献资源的比例结构，增加读者需求量大的文献种类和数量；加强特色馆藏建设，形成具有鲜明特色的馆藏体系；同时，还要注重电子资源的建设和整合，为读者提供更加便捷、高效的信息获取途径。通过优化馆藏资源配置，图书馆可以更好地满足读者的多样化需求，提升服务质量和水平。

（五）提供个性化服务

在"以人为本"原则的指导下，图书馆还应注重提供个性化服务。这要求图书馆根据读者的不同需求和特点，量身定制服务方案和服务内容。例如，可以为读者提供个性化的阅读推荐服务、信息检索服务、学术咨询服务等，还可以根据读者的阅读习惯和偏好，为他们打造专属的阅读空间和阅读环境。通过提供个性化服务，图书馆可以更加精准地满足读者的需求，提升读者的满意度和忠诚度。

"以人为本"原则是图书馆文化建设中的基本原则之一。它要求图书馆在各项工作中始终将读者的利益放在首位，以满足读者的需求、提升读者的体验、促进读者的成长为目标。只有这样，图书馆才能在激烈的竞争中立于不败之地，为学校的整体发展和社会的进步做出更大的贡献。

七、传承与创新相结合原则

在图书馆文化建设的广阔舞台上，传承与创新相结合的原则如同一盏明灯，引领我们既不忘历史之根，又勇攀时代之巅。这一原则不仅体现了对图书馆文化传统的尊重与继承，更彰显了在新时代背景下不断追求创新与突破的勇气和决心。

（一）传承优秀的图书馆文化传统

图书馆作为知识与文化的宝库，承载着悠久的历史和深厚的文化底蕴。在文化建设过程中，我们应当珍视并传承那些优秀的图书馆文化传统，如尊重知识、崇尚学术、服务读者等核心理念。这些传统不仅是图书馆文化的精髓，更是我们前行的精神支柱和动力源泉。

（二）继承和发扬图书馆的服务理念和职业精神

服务理念和职业精神是图书馆文化的重要组成部分。我们应当继承和发扬图书馆"读者至上、服务第一"的服务理念，始终将读者的需求放在首位，不断提升服务质量和服务水平。同时，我们还要坚守图书馆人的职业精神，以高度的责任感和使命感投身图书馆事业，为传承和弘扬人类文明贡献自己的力量。

（三）保护和利用图书馆的历史文化遗产

图书馆中珍藏着大量的历史文化遗产，这些宝贵的资源是连接过去与未来的桥梁。在文化建设过程中，我们应当加强对这些遗产的保护和管理，确保它们得到妥善保存和传承。同时，我们还要积极挖掘和利用这些遗产的价值，通过数字化、网络化等手段让它们焕发出新的生机和活力，为更多人所了解和欣赏。

（四）创新文化建设的内容和形式

创新是文化发展的不竭动力。在图书馆文化建设中，我们应当勇于尝试新的内容和形式，以满足读者日益多样化的需求。例如，我们可以引入新媒体技术，打造数字化、智能化的阅读平台；可以举办多样化的文化活动，如读书会、讲座、展览等，丰富读者的精神文化生活；还可以探索跨界合作，与其他文化机构共同举办文化活动，拓宽图书馆的服务领域并扩大影响力。

（五）引入新技术和新服务模式

随着科技的飞速发展，新技术和新服务模式不断涌现。在图书馆文化建设中，我们应当积极引入这些新技术和新服务模式，提高图书馆的服务能力和效率。例如，我们可以利用大数据、人工智能等技术优化馆藏资源管理和服务流程；可以开发移动应用程序或小程序，为读者提供更加便捷的服务体验；还可以建立读者反馈机制和数据分析系统，及时了解读者需求并作出相应调整。

（六）开展具有创新性的文化活动

文化活动是图书馆文化建设的重要载体。在策划和组织文化活动时，我们应当遵循创新性和趣味性相结合的原则。通过设计新颖独特的活动形式和内容吸引读者的关注和参与。同时注重活动的互动性和参与性，让读者在活动中获得乐趣和收获。此外还要注重活动的教育性和启发性，引导读者深入思考和学习。

传承与创新相结合的原则是图书馆文化建设的指导方针。在实践中，我们应当坚持这一原则，不断挖掘和传承优秀的图书馆文化传统。同时勇于尝试新的内容和形式，引入新技术和新服务模式；积极开展具有创新性的文化活动，为图书馆文化的发展注入新的活力和动力。

八、系统性原则

系统性原则在图书馆文化建设中占据着举足轻重的地位，它强调文化建设的全面性、协调性和可持续性。这一原则要求我们在规划、实施和评估文化建设的过程中，必须考虑各个要素之间的相互关联和影响，以实现文化建设的整体优化和协调发展。

（一）文化建设的整体性规划

系统性原则首先体现在文化建设的整体性规划上。这意味着我们需要对图书馆文化建设的各个方面进行全面、系统的思考和规划，确保各项建设活动在总体目标的引领下有序开展。整体性规划有助于避免文化建设过程中的盲目性和随意性，确保文化建设的方向正确、步调一致。

（二）制定长期和短期的文化建设目标

为了确保文化建设的持续性和有效性，我们需要制定既具有前瞻性又切实可行的长期和短期目标。长期目标为文化建设指明了方向，短期目标则提供了具体的实施路径和阶段性成果。这些目标应当相互衔接、层层递进，共同构成图书馆文化建设的完整蓝图。

（三）明确各阶段的重点任务和实施步骤

在制定了文化建设目标之后，我们需要进一步明确各阶段的重点任务和实施步骤。这有助于我们合理安排资源，分配时间和精力，确保文化建设工作能够按计划有序进行。同时，明确的任务和步骤也有助于我们及时跟踪进度、评估效果，并对存在的问题进行及时调整和改进。

（四）各要素之间的协调与整合

图书馆文化建设涉及多个要素，包括物质文化、精神文化和制度文化等。系统性原则要求我们在文化建设过程中注重各要素之间的协调与整合。这意味着我们需要确保这些要素在内容上相互呼应、在形式上相互匹配、在功能上相互补充，共同构成一个完整、和谐的文化体系。

（五）物质文化、精神文化、制度文化的相互促进

物质文化、精神文化和制度文化是图书馆文化建设的三个重要方面。系统性原则强调这三个方面之间的相互促进关系。物质文化为精神文化和制度文化提供了物质基础和表现形式；精神文化是物质文化和制度文化的灵魂和核心；制度文化是物质文化和精神文化得以规范和传承的重要保障。在文化建设过程中，我们需要注重这三个方面的协调发展，以实现文化建设的全面进步。

（六）内部文化建设与外部文化交流的协同发展

图书馆文化建设不仅是一个内部过程，也是一个与外部文化交流互动的过程。系统性原则要求我们在文化建设过程中注重内部与外部的协同发展。这包括加强图书馆内部各部门之间的合作与交流，促进文化资源的共享和互补；同时积极参与外部文化交流活动，借鉴其他图书馆和文化机构的先进经验和管理模式，不断提升自身的文化品位和影响力。通过内部与外部的协同发展，我们可以为图书馆文化建设注入新的活力和动力，推动图书馆事业的持续健康发展。

九、特色化原则

在探讨图书馆文化建设中的特色化原则时，我们不得不深入理解这一原则如何与学校的学科特色、办学定位、专业服务、地域文化等多个维度紧密相连。特色化原则不仅赋予了图书馆独特的生命力，还使其成为校园文化的重要载体和传播知识的独特窗口。

（一）结合学校的学科特色和办学定位

图书馆作为学校的知识宝库，应当紧密围绕学校的学科特色和办学定位来规划其发展。这意味着图书馆在资源建设、服务提供以及空间布局等方面，都应体现出与学校主打学科的高度契合性。对于以理工科为主的学校，图书馆应着重收集和整理工程技术、自然科学等领域的前沿研究成果和经典著作，建立丰富的理工科数据库和实验手册资源。对于人文社科类院校，应侧重于收集哲学、历史、文学、社会学等方面的权威著作和研究报告，打造人文社科的知识殿堂。通过与学校的学科特色和办学定位相结合，图书馆能够为师生提供精准的学术支持，助力学校在特定领域培养出优秀的专业人才。

（二）建设具有专业特色的馆藏资源

馆藏资源是图书馆特色化建设的基石。特色化馆藏不仅要求数量上的充足，更追求质量上的卓越和独特性。图书馆应根据学校的学科特点，精选那些具有专业深度和学术价值的资源，如稀见文献、珍贵古籍、行业报告、专业数据库等。同时，图书馆通过数字化手段对特色资源进行加工和整合，形成具有鲜明专业特色的数字资源库，方便师生随时随地获取和利用。例如，对于医学专业，应确保拥有最新的医学教材、临床研究报告、医学影像资料等；对于艺术设计专业，应收藏大量的艺术作品集、设计案例、创意灵感书籍等。此外，还可以与相关专业的教师和学者合作，共同制订馆藏发展计划，使图书馆的资源能够满足专业教学和科研的需求，为学科的深入发展提供坚实的文献基础。

（三）开展与学科相关的服务和活动

为了充分发挥馆藏资源的价值，图书馆还应积极开展与学科相关的服务和活动。这些活动可以包括学科前沿讲座、学术交流研讨会、专业技能培训、读书分享会等，旨在搭建一个学科交流的平台，促进师生之间的思想碰撞和学术合作。此外，图书馆还可以提供学科咨询、论文写作指导、文献检索与利用培训等个性化服务，帮助师生解决在学术研究过程中遇到的实际问题。图书馆可以设立学科馆员制度，为特定学科的师生提供个性化的咨询和信息检索指导；可定期组织学术研讨会、专题讲座、学术沙龙等活动，邀请学科领域的专家学者分享最新的研究成果和学术动态；可针对不同学科的特点，开展专业文献阅读推广活动，如读书俱乐部、文献研读小组等，激发师生对学科知识的探索热情，营造浓厚的学术氛围。

（四）突出地域文化特色

充分挖掘和展现当地的地域文化特色是图书馆文化建设的重要一环。地域文化是图书馆特色化建设的重要组成部分。图书馆应深入挖掘和整理地方文献资源，包括地方志、家族谱牒、民俗文化资料等，这些资源不仅记录了地方的历史变迁和文化传承，还蕴含着丰富的地域文化特色和民族智慧。通过举办地域文化展览、讲座和体验活动等形式，图书馆可以让师生更加直观地了解和感受地方文化的魅力，增强他们的文化自信和归属感。同时，还可以邀请本地的文化名人、非遗传承人等来馆举办讲座和工作坊，促进地域文化的传承和发展，增强读者对家乡的认同感和自豪感。

（五）收集和整理地方文献资源

地方文献是地域文化的重要载体，图书馆应加大对地方文献的收集力度。为了突出地域文化特色，图书馆必须重视地方文献资源的收集和整理工作。这要求图书馆与地方政府、文化机构、社会团体等建立广泛的合作关系，共同开展地方文献的普查、征集和整理工作，对收集到的地方文献进行系统整理和数字化加工，建立地方文献数据库，方便读者查阅和研究。同时，图书馆还应建立完善的地方文献资源管理制度和数字化平台，确保这些珍贵资源能够得到妥善保存和有效利用。图书馆通过对地方文献资源的深入挖掘和利用，为地方经济社会发展提供历史借鉴和智力支持，同时也为学术研究提供宝贵的资料来源。

（六）举办地域文化展览和讲座

地域文化展览和讲座是高校图书馆展示地域文化特色的重要窗口。高校图书馆可定期举办地域文化主题展览，通过图片、实物、多媒体等形式展示当地的自然风光、民俗风情、历史变迁等，同时配合展览举办相关的讲座和讲解活动，邀请专家学者深入解读地域文化的内涵和价值。此外，还可以利用图书馆的线上平台，举办地域文化的网络展览和在线讲座，扩大地域文化的传播范围和影响力，让更多的人了解和喜爱当地的文化。通过精心策划和组织这些活动，高校图书馆可以将地方文化的精髓以生动、直观的方式呈现给师生和社会公众。这些活动不仅能够丰富师生的文化生活，还能够提升图书馆的社会影响力和文化辐射力。

十、开放性原则

开放性原则是图书馆文化建设中至关重要的一个方面，它强调图书馆应打破传统界限，积极与外部环境和不同领域进行互动与合作。

（一）加强与校内其他部门的合作与交流

图书馆作为学校的知识中心，应当与校内其他部门建立紧密的合作关系。这包括与教学部门、科研部门、学生工作部门等的紧密联动。通过定期的交流会议、合作项目等形式，图书馆可以了解各部门的需求和期望，从而提供更加精准和高效的服务。例如，与教学部门合作开展信息素养教育课程，提升学生的信息检索和利用能力；与科研部门合作，提供深入的文献支持和情报服务，助力科研项目的顺利进行。

（二）与教学部门合作开展信息素养教育

信息素养是现代社会公民必备的基本素质之一。图书馆应与教学部门紧密合作，将信息素养教育纳入学校的教学体系。通过开设信息素养课程、举办专题讲座、开展实践活动等方式，图书馆可以帮助学生掌握信息检索、筛选、评价和利用的技能，培养他们的批判性思维和创新能力。这种合作不仅有助于提升学生的综合素质，也有助于图书馆在教学领域发挥更大的作用。

（三）与科研部门合作提供文献支持和情报服务

科研工作是学校发展的重要支撑。图书馆应与科研部门建立长期的合作关系，为科研人员提供全面的文献支持和情报服务。这包括提供最新的科研动态，收集并整理相关领域的文献资源，协助科研人员完成文献综述和论文撰写等工作。同时，图书馆还可以利用自身的技术优势，为科研人员提供个性化的情报分析和数据挖掘服务，帮助他们更好地把握研究方向和趋势。

（四）积极参与社会文化服务

图书馆不仅是学校的知识中心，也是社会文化服务的重要阵地。图书馆应积极参与社会文化服务活动，如举办文化展览、讲座、读书会等，向公众传播知识、弘扬文化。此外，图书馆还可以利用自身的资源优势，为社区提供信息咨询、阅读指导等服务，满足社区居民的精神文化需求。这种开放性的服务模式有助于提升图书馆的社会影响力和美誉度。

（五）向社区开放图书馆资源

为了更好地服务社区居民，图书馆应逐步向社区开放其资源。这包括允许社区居民进入图书馆借阅图书、使用电子资源等。同时，图书馆还可以根据社区居民的需求和特点，设置专门的阅读区域和服务项目，如儿童阅读区、老年人阅读角等。这种开放性的资源共享模式有助于促进社区文化的繁荣和发展。

（六）开展文化普及和推广活动

为了提升公众的文化素养和阅读兴趣，图书馆应积极开展文化普及和推广活动。这包括举办各种形式的阅读推广活动（如读书月、好书推荐等）、组织文化沙龙和读书会等交流活动、开展阅读指导和阅读疗法等服务。通过这些活动，图书馆可以引导公众养成良好的阅读习惯和阅读风尚，推动社会文化的进步和发展。

开放性原则是图书馆文化建设中不可或缺的一部分。通过加强与校内其他部门的合作与交流、与教学部门合作开展信息素养教育、与科研部门合作提供文献支持和情报服务、积极参与社会文化服务、向社区开放图书馆资源以及开展文化普及和推广活动等措施，图书馆可以不断提升自身的服务水平和影响力，为校园文化建设和社会文化发展做出更大的贡献。

十一、可持续发展原则

可持续发展原则在图书馆文化建设中占据核心地位，它要求图书馆在追求发展的同时，注重资源的合理利用与保护，确保文化建设的长期性和稳定性。以下是对可持续发展原则的详细阐述。

（一）资源的合理利用与保护

图书馆作为知识资源的聚集地，必须注重资源的合理利用与保护。这包括两个方面：一是纸质资源的保护，如通过科学分类、妥善存放、定期维护等方式延长书籍的使用寿命；二是数字资源的合理管理，确保数字资源的版权合法、访问安全、存储高效。同时，图书馆还应倡导读者爱护图书资源，共同维护良好的阅读环境。

（二）优化馆藏资源采购和管理

为了实现资源的可持续发展，图书馆需要不断优化馆藏资源的采购和管理策略。在采购方面，应根据读者的需求和学科发展的趋势，科学制定采购计划，确保馆藏资源的时效性和针对性。在管理方面，应建立完善的资源管理制度，包括资源的分类、编目、借阅、归还等各个环节，确保资源的有效利用和循环利用。

（三）推广绿色环保的图书馆建设理念

绿色环保是可持续发展的重要组成部分。图书馆应积极推广绿色环保的建设理念，从建筑设计、装修材料、能源使用等方面入手，减少对环境的影响。例如，可以采用节能灯具、太阳能供电系统、雨水收集系统等环保设施；在装修材料上选择环保、可回收的材料；图书馆在日常运营中注重节能减排，如合理设置空调温度、鼓励读者使用电子资源等。

（四）文化建设的长效机制

文化建设不是一蹴而就的，需要建立长效机制来保障其持续进行。图书馆应制定长期的文化建设规划，明确文化建设的目标和任务；同时，建立健全的组织机构和人员队伍，确保文化建设的各项工作有人负责、有人落实。此外，还应加强与其他文化机构的合作与交流，共同推动文化建设的繁荣发展。

（五）建立健全文化建设的评估和反馈机制

为了及时了解文化建设的成效和问题，图书馆应建立健全评估和反馈机制。这包括定期对文化建设工作进行评估，检查各项任务的完成情况和效果；同时，建立畅通的反馈渠道，听取读者和员工的意见和建议，及时发现问题并加以改进。通过评估和反馈机制，可以确保文化建设的方向正确、措施得力、效果显著。

（六）保障文化建设的资金和人力投入

资金和人力是文化建设的重要保障，图书馆应积极争取各方面的支持，确保文化建设的资金和人力投入充足。在资金方面，可以通过政府拨款、社会捐赠、自筹资金等多种渠道筹集资金；在人力方面，应加强人员培训和管理，提高员工的专业素质和服务水平，为文化建设提供有力的人才保障。

可持续发展原则是图书馆文化建设的重要指导原则之一。通过资源的合理利用与保护、优化馆藏资源采购和管理、推广绿色环保的图书馆建设理念、建立文化建设的长效机制、建立健全文化建设的评估和反馈机制以及保障文化建设的资金和人力投入等措施，图书馆可以推动文化建设的持续繁荣发展，为读者提供更加优质、高效、环保的服务。

第四章

高校图书馆精神文化建设

在高等教育的殿堂中，高校图书馆不仅是知识的宝库，更是精神文化的高地。它以其深厚的文化底蕴、丰富的学术资源和独特的精神氛围，成为塑造大学精神文化的重要力量。

高校图书馆精神文化建设，是指通过构建图书馆特有的价值观念、行为规范和文化氛围，来引导师生树立正确的学术观念、培养良好的阅读习惯和形成高尚的道德情操。这种精神文化不仅体现在图书馆的建筑设计、藏书布局、服务设施等硬件方面，更体现在图书馆的管理理念、服务态度和文化氛围等软件方面。

高校图书馆作为学术文化的传承者和弘扬者，通过收藏、整理和传播优秀文化成果，为师生提供丰富的精神食粮，促进文化的传承与发展。图书馆精神文化是大学精神文化的重要组成部分，它通过营造浓厚的学术氛围和积极向上的文化氛围，引导师生树立正确的价值观，塑造大学独特的精神风貌。良好的图书馆精神文化能够激发师生的学习热情和探索精神，提升他们的文化素养和综合素质，为他们的全面发展提供有力支持。

第一节　高校图书馆传统文化建设

一、传统文化的价值与意义

传统文化是一个民族的精神命脉，承载着历史的记忆、智慧的结晶和民族的认同感。它包含着丰富的道德观念、价值取向、审美情趣和思维方式，对于培养个体的人文素养、塑造民族性格、增强国家文化软实力具有不可替代的作用。传统文化是一个民族历史与精神的集中体现，蕴含着丰富的哲学思想、道德观念、艺术成就和科学技术。这些宝贵的文化遗产不仅是民族的根与魂，更是我们走向未来的精神支柱。通过学习和传承传统文化，我们可以更好地理解自己的文化身份，增强民族自豪感和凝聚力，同时也为世界文化多样性贡献自己的力量。

（一）传统文化是民族的精神命脉

1. 承载历史记忆

传统文化犹如一部生动的史书，记录了民族发展的兴衰荣辱、重要事件和人物传奇。通过诗词、史书、传说等形式，将过去的点点滴滴传承至今。这些历史记忆不仅让我们了解先辈们的奋斗历程，也为我们提供了宝贵的经验和启示，使我们能够在前行的道路上避免重蹈覆辙。

2. 凝聚智慧结晶

在漫长的岁月中，民族的先人们在生产生活、哲学思考、科学探索、艺术创作等方面积累了丰富的智慧。传统的农业技术、手工艺制作、医学理论、天文历法等，都是无数代人智慧的凝聚。这些智慧结晶在当时推动了社会的发展，在今天依然具有重要的借鉴价值，为现代科技创新和文化发展提供了深厚的根基。

3. 塑造民族认同感

传统文化是民族身份的重要标识，它让我们在世界民族之林中独树一帜。共同的语言、文字、习俗、节日等文化元素，使我们产生强烈的归属感和认同感。无论身处何地，传统文化都能将同一民族的人们紧密联系在一起，形成强大的精神纽带。

（二）传统文化丰富个体的人文素养

1. 培养道德观念

传统文化中蕴含着丰富的道德规范和伦理准则，如仁爱、诚信、孝道、礼义廉耻等。这些道德观念深入人心，教导人们如何为人处世，与他人和谐相处，塑造了良好的品德和人格。通过学习传统文化，个体能够树立正确的价值观，提高道德修养，成为有道德、有责任感的社会成员。

2. 引导价值取向

传统文化为我们指明了人生的方向和目标，强调个人的修身、齐家、治国、平天下，追求真、善、美。它倡导积极向上的人生态度，鼓励人们在面对困难和挫折时坚韧不拔、自强不息。同时，也注重个人与社会的和谐统一，引导人们为社会的发展和进步贡献力量。

3. 提升审美情趣

传统文化中的诗词歌赋、书法绘画、音乐舞蹈、戏曲、建筑等艺术形式，展现了独特的审美风格和艺术魅力。欣赏和参与这些艺术活动，能够培养个体的审美感知能力和审美创造力，提升审美情趣和品位，使我们能够在纷繁复杂的现代社会中保持对美的追求和欣赏。

（三）传统文化塑造民族性格

1. 坚韧不拔的精神

在传统文化中，许多历史故事和人物都展现了坚韧不拔的意志和毅力。如愚公移山、精卫填海等神话传说，以及众多仁人志士在逆境中不屈不挠的奋斗精神，激励着民族在面对困难和挑战时勇往直前、永不放弃。

2. 包容和谐的品质

中华民族一直倡导"和为贵"的思想，主张和谐共处、包容差异。这种包容和谐的品质在传统文化中得到了充分体现，如"海纳百川，有容乃大"的胸怀、"和而不同"的理念等，这使得我们的民族能够在多元文化的交流与融合中保持自身的特色，同时吸收其他文化的精华，不断发展壮大。

3. 爱国主义情怀

传统文化中充满了对祖国的热爱和忠诚，无数文人墨客通过诗词文章抒发了对国家的忧思和报效之情。如屈原的"路曼曼其修远兮，吾将上下而求索"，陆游的"王师北定中原日，家祭无忘告乃翁"等。这种爱国主义情怀深深扎根于民族的灵魂深处，成为激励人们为国家繁荣富强而奋斗的强大动力。

（四）传统文化增强国家文化软实力

1. 提升国际影响力

具有独特魅力的传统文化是国家的一张亮丽名片，能够吸引世界的目光。优秀的传统文化作品、传统技艺展示、文化交流活动等，都有助于向世界展示我国的文化魅力和人文精神，提升我国在国际上的知名度和影响力。

2. 促进文化产业发展

传统文化资源为文化产业的发展提供了丰富的素材和创意源泉。通过对传统文化的挖掘、创新和开发，可以打造出具有市场竞争力的文化产品和服务，如影视、动漫、游戏、旅游等。推动文化产业的繁荣发展，为经济增长注入新的动力。

3. 增强文化自信

对传统文化的传承和弘扬，能够让国民更加了解和热爱自己的文化，增强文化自信。一个充满自信的民族，在国际交往中能够更加从容自信地展示自己的文化魅力，赢得尊重和认同。

（五）传统文化是走向未来的精神支柱

1. 提供智慧启迪

传统文化中的哲学思想、科学技术等成果，蕴含着深刻的智慧和规律。在现代社会的发展中，我们可以从中汲取智慧，为解决当代面临的问题提供新的思路和方法。例如，传统的生态观念对于当今的环境保护和可持续发展具有重要的启示意义。

2. 传承文化基因

传统文化是民族文化基因的载体，它承载着民族的精神特质和文化密码。只有传承好传统文化，才能确保民族文化的延续和发展，使我们在未来的发展中保持独特的文化身份和创造力。

3. 激发创新活力

传统文化并非一成不变，而是在传承中不断创新发展。对传统文化的深入研究和创新应用，能够激发人们的创新思维和创造力，为现代科技、文化和艺术的发展注入新的活力。同时，传统文化与现代元素的融合，也能够创造出具有时代特色的新文化成果。

传统文化的价值与意义在于其深厚的历史底蕴、丰富的精神内涵以及对现代社会的重要影响。我们应该珍视和传承传统文化，让其在现代社会中焕发出新的生机和活力。

二、高校图书馆是传统文化传承的重要阵地

高校图书馆作为校园内知识与文化的核心区域，其丰富的藏书资源和开放的学习环境为师生提供了广阔的学术探索空间。然而，这仅仅是其功能的冰山一角。更重要的是，高校图书馆还承载着传承与弘扬传统文化的历史使命。通过精心策划和布置，图书馆可以成为展示传统文化精髓、激发师生文化自信的重要平台。

（一）知识与文化的核心区域

高校图书馆作为学术研究与学习的中心，汇聚了海量的图书、期刊、电子资源等各类学术文献。其中包括众多与传统文化相关的经典著作、研究成果以及珍贵的历史文献。这些丰富的馆藏为师生提供了深入了解传统文化的原始素材，使他们能够追溯文化的源头，领略传统文化的博大精深，不仅覆盖了现代科学的各个领域，更包含了深厚的历史文化底蕴，是传统文化得以延续和发展的基石，也是传统文化知识的重要载体，师生可以跨越时空的界限，与古人对话，感受传统文化的魅力，从而实现知识与文化的代代相传。同时，高校图书馆配备了专业的馆员，他们具备丰富的知识和经验，能够为读者提供精准的信息检索服务和专业的阅读指导。帮助读者在海量的文化资源中找到所需，引导他们正确解读和理解传统文化的内涵。

（二）广阔的学术探索空间

高校图书馆不仅是文献的储存地，更是学术研究的重要场所；不仅提供丰富的资源，还营造了开放、包容的学习环境。这里不仅有宽敞明亮的阅读区，还有安静舒适的自习室、先进的电子阅览室以及多功能报告厅等。在这里，师生可以自由地查阅资料，深入开展关于传统文化的学术研究，挖掘传统文化的深层价值，为传统文化的传承与发展提供理论支持，从而推动传统文化的深入研究与探索。而且，高校图书馆还经常举办学术讲座、研讨会等活动，为师生搭建广阔的学术探索空间，使他们能够在浓厚的学术氛围中深入研究传统文化，挖掘其内在价值，为不同领域的学者和学生提供交流与合作的平台，使关于传统文化的新观点、新方法得以碰撞和交融，从而推动传统文化研究的创新与发展。

（三）传承与弘扬传统文化的历史使命

作为高等教育机构的重要组成部分，高校图书馆承担着传承与发展人类文明的重要使命。在全球化日益加深的今天，传统文化面临着被遗忘和边缘化的风险，因此，保护和传承传统文化显得尤为重要。高校图书馆通过收藏、整理、传播传统文化资源，为师生提供了一个了解、学习、传承传统文化的窗口，使传统文化能够在新的时代背景下焕发出新的生机与活力；通过提供优质的文化资源和服务，培养学生对传统文化的兴趣和热爱，使其成为传统文化的传承者和弘扬者。高校图书馆不仅服务于校内师生，也在一定程度上对社会文化产生影响。通过开放资源、举办文化活动等方式，向社会公众传播传统文化知识，引领社会形成尊重和传承传统文化的良好氛围。

（四）展示传统文化精髓的重要平台

高校图书馆可以通过举办各种形式的展览、讲座和研讨会等活动，向师生们展示传统文化的精髓。例如，可以举办古籍善本展览，让师生们近距离接触古代文献，感受其独特的魅力和价值；可以邀请专家学者来校举办讲座，分享他们在传统文化研究方面的成果和心得；还可以组织师生共同参与文化交流活动，如书法、国画、茶艺等体验课程，让师生在实践中感受传统文化的魅力，增强对传统文化的认同感和自豪感。高校图书馆还可以利用现代信息技术，将传统文化资源进行数字化处理，建立在线展示平台，使更多的人能够通过网络便捷地访问和欣赏传统文化的精华，突破时间和空间的限制，扩大传统文化的传播范围。

（五）激发师生文化自信的重要力量

通过传承与弘扬传统文化，深入了解民族的文化根源和发展脉络，能够激发师生的文化自信，从而增强对本民族文化的认同感和归属感。文化自信是一个民族、一个国家以及一个政党对自身文化价值的充分肯定和积极践行，并对其文化的生命力持有坚定的信心。当师生们深入了解并认同自己的传统文化时，他们就会更加自信地面对外部世界的挑战和变化，为国家的繁荣发展和民族的伟大复兴贡献自己的力量。

高校图书馆作为传统文化传承的重要阵地，在知识与文化的传承、学术探索的促进、历史使命的承担、传统文化精髓的展示以及文化自信的激发等方面都发挥着不可替代的作用。因此，我们应该更加珍视和充分利用高校图书馆这一宝贵资源，共同推动传统文化的传承与发展。

三、高校图书馆传统文化建设实践策略

高校图书馆在传承与弘扬传统文化方面扮演着至关重要的角色。通过营造传统文化氛围、举办传统文化活动、推广传统文化资源以及加强传统文化教育等多种方式，我们可以有效地促进传统文化在高校图书馆中的深入渗透与广泛传播。这不仅有助于提升师生的文化素养和民族精神面貌，更为中华文化的传承与发展注入了新的活力和动力。

（一）促进传统文化在高校图书馆的深入渗透与广泛传播

1. 丰富馆藏资源

高校图书馆应致力于丰富其与传统文化相关的馆藏资源，包括经典文献、地方志、民俗资料、艺术作品等，通过采购、捐赠、复制等多种方式，确保馆藏资源的多样性和完整性，为师生提供丰富的学习与研究材料，同时这些资源应覆盖历史、文学、艺术、哲学等多个领域，以满足师生对传统文化知识的多样化需求。图书馆还可以采购一些珍

贵的古籍善本和特色文献，为师生提供更为丰富的阅读体验和学习资源。

2. 数字化建设

高校图书馆应积极推进传统文化的数字化建设，将珍贵的古籍文献进行数字化处理，并通过网络平台向师生乃至社会公众开放。这不仅有助于保护原始文献，还能极大地拓宽传统文化的传播范围和影响力。高校图书馆还可以开发与传统文化相关的数字阅读产品，如电子书、有声读物、多媒体课件等，满足读者多样化的阅读需求。例如，可通过虚拟现实（VR）、增强现实（AR）等高新技术，增强传统文化阅读推广的互动性和体验感，让学生身临其境地感受传统文化的魅力。

（二）营造传统文化氛围

1. 环境布置

图书馆的空间设计、装饰布置等都可以融入传统文化元素，如设置传统书画展览区、古典家具展示区、茶文化体验区等，营造浓厚的传统文化氛围。同时，通过播放古典音乐、举办书法、国画等艺术展览，让师生在潜移默化中感受传统文化的魅力。

2. 文化活动

定期开展以传统文化为主题的文化活动，如书法比赛、诗词朗诵、戏曲欣赏、传统节日庆典、传统手工艺制作体验等，吸引师生广泛参与，增强他们对传统文化的兴趣和认同感。设立传统文化宣传栏或展览区，展示传统文化的历史沿革、艺术成就等。这些活动不仅能够丰富师生的课余生活，还能让师生更加直观地了解传统文化的魅力，增进他们对传统文化的了解和认同。

（三）举办传统文化活动

1. 专题讲座与研讨会

邀请专家学者来校举办传统文化专题讲座和研讨会，分享他们在传统文化研究方面的成果和心得，为师生提供与专家面对面交流的机会，提升师生的文化素养和学术水平。通过讲座和研讨会的形式，深入探讨传统文化的内涵、价值及传承方式等议题，激发师生的学术兴趣和研究热情，促进师生之间的学术交流和思想碰撞，推动传统文化研究的深入发展。

2. 体验活动

组织师生参与传统文化的体验活动，如茶艺体验、剪纸艺术、传统手工艺制作等，或者邀请非物质文化遗产传承人来校展示技艺，让师生亲手体验传统手工艺的制作过程，让他们在实践中感受传统文化的魅力，加深对传统文化的理解和认同，增强师生的实践能力和文化素养。

（四）推广传统文化资源

1. 媒体宣传

利用图书馆网站、社交媒体等平台，加强对传统文化资源的宣传和推广，发布关于传统文化的信息、活动和资源推荐，提高传统文化的知名度和影响力。通过短视频、图文解读等形式，生动展现传统文化的魅力和价值，吸引更多师生关注和参与，提高师生对传统文化资源的关注度和利用率。

2. 资源共享

加强与其他图书馆、文化机构等单位的合作与交流，实现传统文化资源的共享和互补，为师生提供更加丰富的阅读和学习资源，通过联合举办展览、研讨会等活动，共同推动传统文化的传承与发展。

（五）加强传统文化教育

1. 课程设置

高校图书馆可将传统文化教育融入图书馆的日常工作，如开设传统文化阅读课程、编写传统文化教材等，也可以与学校相关院系合作，开设传统文化课程或讲座，将传统文化课程纳入学校的教学计划，使传统文化教育成为学校教育的重要组成部分。通过课程教学的方式，系统地向学生传授传统文化的知识和理念，培养他们的文化素养和人文精神，提高师生的传统文化素养和传承能力。

2. 阅读推广

图书馆应积极开展阅读推广活动，如经典诵读、读书分享会等，引导师生阅读传统文化经典著作，培养他们的阅读兴趣和习惯。通过设立阅读奖励机制、举办阅读竞赛等方式，激发师生的阅读热情和积极性，推动传统文化教育的深入开展；还可以设立传统文化阅读推广专区，为师生提供丰富的传统文化资源和学习交流平台，引导读者阅读经典，展示推荐图书和交流阅读心得，促进传统文化的传承与创新。

第二节 高校图书馆红色文化建设

红色文化是中国共产党领导下的革命、建设和改革过程中形成的具有重要历史价值和精神内涵的文化遗产。它承载着中国共产党和人民的奋斗历程、革命精神和崇高理想，对于培养当代大学生的爱国主义情感、社会主义核心价值观和文化自信具有不可替代的作用。高校图书馆作为高校的知识宝库和文化中心，在红色文化建设中肩负着重要的使命和责任。

一、红色文化的内涵

红色文化作为中国特色社会主义文化的重要组成部分，承载着中国共产党和广大人民群众在革命、建设和改革过程中的伟大实践与精神创造。深入研究红色文化的内涵与价值，对于传承革命精神、弘扬社会主义核心价值观、推动社会进步，具有深远意义。

（一）历史渊源

红色文化起源于中国新民主主义革命时期，是中国共产党领导人民在长期的革命斗争中形成的独特文化形态。它扎根于马克思主义在中国的传播与实践，融合了中华民族优秀传统文化的精髓，是在血与火的考验中孕育而生的。

（二）构成要素

1. 物质层面

包括革命遗址、纪念馆、博物馆、烈士陵园等实体建筑，以及革命文物、文献、影像资料等。这些物质载体直观地展现了红色文化的历史轨迹。

2. 精神层面

涵盖了革命精神、优良传统和价值观念。如井冈山精神、长征精神、延安精神、西柏坡精神等，体现了坚定的理想信念、无私的奉献精神、艰苦奋斗的作风和勇于创新的品质。

3. 制度层面

包含中国共产党在革命和建设时期建立的一系列规章制度、政策方针，它们为红色文化的传承和发展提供了制度保障。

（三）精神实质

红色文化的精神实质是对共产主义理想的坚定追求，对人民利益的至高无上的尊重，以及对民族复兴的不懈努力。它体现了马克思主义的科学性、革命性和实践性，是中国共产党人的精神支柱和力量源泉。

二、红色文化的价值

（一）历史传承价值

作为中国共产党和中国人民在革命斗争中形成的精神文化结晶，它具有深远的历史传承价值。

1. 革命历史的象征

红色文化是中国革命历史的象征，它承载着党领导下中国人民为实现国家独立、人民解放而英勇斗争的历史记忆。这一文化形态通过标志性符号，如红星、党旗等，生动展现了革命斗争的艰辛与辉煌，成为连接过去与未来的桥梁，具有重要的历史意义。

2. 民族自豪感的传承

红色文化弘扬了中国人民在艰苦斗争中的英勇精神，传递了爱国主义、革命精神和集体主义的价值观。这些价值观不仅增强了中华民族的凝聚力，也激发了人们的民族自豪感和爱国情怀。在全球化背景下，红色文化成为维护国家文化安全、增强民族文化自信的重要支撑。

3. 社会主义核心价值观的基础

红色文化是社会主义核心价值观的重要组成部分，它体现了党的指导思想、革命理念和价值观念。这些理念和价值观念对于构建社会主义核心价值体系、引领社会风尚具有积极的引导作用。通过传承和弘扬红色文化，可以帮助人们树立正确的世界观、人生观和价值观，为构建和谐社会提供强大的精神动力。

4. 教育人民群众的重要工具

红色文化通过文艺、宣传等形式，向人们普及革命历史，传递革命精神，成为教育人民群众的重要工具。这些文化形式不仅丰富了人们的精神生活，也提高了人们的文化素养和道德水平。通过学习和传承红色文化，人们可以更好地了解自己国家的历史和文化传统，增强集体认同感和社会责任感。

5.历史经验的反思与借鉴

红色文化也是对历史经验的反思与借鉴。它包括革命的成功与失败、社会主义建设的成就与问题等各个方面。通过对这些经验的总结和分析，人们可以更好地认识历史、吸取教训、展望未来。这种反思与借鉴的精神对于推动国家的发展和进步具有重要意义。

6.红色基因的传承与弘扬

红色基因是红色文化的精髓和核心，它承载着中国共产党和中国人民的奋斗历程和伟大精神。传承和弘扬红色基因不仅是对历史的尊重与铭记，也是对未来发展的期许与责任。通过不断挖掘和整理红色资源、创新红色文化传播方式、加强红色文化教育等举措，可以确保红色基因代代相传、永不褪色。

（二）思想教育价值

红色文化的思想教育价值是深远且多方面的，它在中国特色社会主义教育体系中占据重要地位，尤其对于大学生的思想教育和价值观塑造具有不可替代的作用。

1.弘扬爱国主义情感

红色文化通过对光辉历程和革命精神的传承，激发了强烈的爱国主义情感。它记录了中国共产党领导人民进行革命、建设和改革的伟大历程，展现了无数革命先烈为国家独立、民族解放和人民幸福英勇奋斗的光辉事迹。这些历史记忆和精神财富，能够增强大学生的民族自豪感和自信心，激发他们对祖国的热爱和对民族的认同。

2.培养正确的价值观和道德观

红色文化蕴含着丰富的社会主义核心价值观和道德观念。通过学习红色文化，大学生可以深入了解中国革命历史，领悟革命精神，从而树立正确的世界观、人生观和价值观。这有助于他们形成积极向上的人生态度和行为习惯，培养高尚的道德品质和道德修养。

3.增强历史文化素养

红色文化是中国近现代史的重要组成部分，它包含了丰富的历史知识和文化内涵。通过学习红色文化，大学生可以深入了解中国近现代历史的发展脉络和重大事件，提高历史文化素养。这有助于他们更好地认识和理解中国国情，提高文化素养和综合素质。

4. 培养创新意识和批判性思维

红色文化中的革命精神和英雄事迹激励着大学生勇于创新、敢于挑战。通过学习红色文化，大学生可以受到先进典型的启发，激发创新意识和批判性思维。他们可以学会独立思考、分析问题，培养创新精神和实践能力，为未来的发展打下坚实的基础。

5. 强化理想信念教育

红色文化强调理想信念的重要性，它展示了中国共产党人坚定的共产主义信仰和为实现中华民族伟大复兴而不懈奋斗的精神。通过学习红色文化，大学生可以深刻领悟革命精神的内涵和价值，坚定理想信念，树立正确的人生目标和追求。

6. 推动社会主义核心价值观的形成和传播

红色文化是社会主义核心价值观的重要来源和支撑。通过传承和弘扬红色文化，可以推动社会主义核心价值观的形成和传播，使之在大学生中深入人心、落地生根。这有助于培养具有高尚品德、坚定信仰和爱国情怀的社会主义建设者和接班人。

7. 促进高校思政教育创新

将红色文化融入高校思政教育，可以丰富思政教育的内容和形式，推动思政教育的创新和发展。通过开设红色文化课程、组织红色文化活动等方式，可以激发学生的学习兴趣和积极性，提高思政教育的针对性和实效性。同时，红色文化还可以为高校思政教育提供丰富的素材和案例，使思政教育更加生动、具体、有说服力。

（三）社会凝聚价值

红色文化的社会凝聚价值体现在多个方面。它作为中国传统文化的重要组成部分，承载着丰富的历史和文化内涵，对于增强社会凝聚力、促进民族团结和国家统一具有重要意义。

1. 强化民族认同感和自豪感

红色文化是中国共产党领导人民在革命、建设和改革过程中形成的宝贵精神财富，它记录了中华民族从苦难走向辉煌的历程。通过宣传和弘扬红色文化，可以让人们更加深刻地认识到中国共产党在中华民族历史上的重要地位和作用，从而增强民族认同感和自豪感。这种认同感和自豪感是维护民族团结和国家统一的重要纽带。

2. 促进全社会共同价值观的形成

红色文化所蕴含的革命精神、奉献精神、敬业精神等价值观念，与社会主义核心价值观高度契合。通过传承和弘扬红色文化，可以引导全社会形成共同的价值观念和行为准则，增强社会的凝聚力和向心力。这种共同价值观的形成，有助于推动社会和谐稳定，促进经济社会的全面发展。

3. 激发爱国热情和奋斗精神

红色文化中充满了爱国主义情感和奋斗精神。通过学习红色文化，人们可以深刻感受到革命先烈为了民族独立和人民幸福付出的巨大牺牲和不懈奋斗的精神。这种爱国热情和奋斗精神可以激发人们的爱国情感，增强人们的责任感和使命感，推动人们为实现中华民族伟大复兴的中国梦而努力奋斗。

4. 增强社会凝聚力和共同体意识

文化作为中华民族的精神支柱，具有凝聚国家和民族的重要作用。在全球化和社会转型的背景下，人们的交往方式和生活方式发生了巨大的变化，社会整体的凝聚力和共同体意识也面临着挑战。通过弘扬和传播红色文化，可以增强全体人民的团结合作精神，增强对国家的归属感和对社会的认同感，从而增强社会凝聚力和共同体意识。

5. 推动红色文化传承与创新

红色文化的传承与创新是推动其社会凝聚价值实现的重要途径。通过挖掘红色文化的内涵和精髓，创新传播方式和手段，可以让更多的人了解和接受红色文化，从而增强红色文化的社会影响力。同时，结合时代特点和社会需求，对红色文化进行创造性转化和创新性发展，可以使其更好地适应现代社会的发展需要，发挥更大的社会凝聚作用。

（四）文化自信价值

红色文化的文化自信价值主要体现在以下五个方面。

1. 坚定理想信念，增强文化自信根基

红色文化是中国共产党领导人民在革命、建设和改革过程中形成的独特文化形态，蕴含着坚定的理想信念和不懈的奋斗精神。这种理想信念和奋斗精神，是文化自信的重要根基。通过学习红色文化，人们可以更加深刻地认识到中国共产党领导人民实现民族独立、人民解放和国家富强、人民幸福的伟大历程，从而坚定对中国特色社会主义道路自信、理论自信、制度自信和文化自信。

2.传承中华优秀传统文化，彰显文化自信底蕴

红色文化根植于中华优秀传统文化的丰沃土壤，是对中华优秀传统文化的传承和发展。它吸收了中华优秀传统文化中的精华，如"讲仁爱、重民本、守诚信、崇正义、尚和合、求大同"的精神内涵，以及"先天下之忧而忧，后天下之乐而乐"的济世情怀等。这些精神内涵和情怀在红色文化中得到了进一步的弘扬和发展，成为文化自信的重要底蕴。

3.推动马克思主义中国化，丰富文化自信内涵

红色文化是马克思主义中国化的重要产物。在革命、建设和改革过程中，中国共产党人将马克思主义基本原理同中国具体实际相结合，开辟了具有中国特色的革命道路和理论体系。这种将马克思主义中国化的过程，不仅丰富了马克思主义的理论宝库，也为中国文化自信提供了重要的思想支撑。通过学习红色文化，人们可以更加深入地理解马克思主义中国化的历史进程和重要意义，从而增强对马克思主义的信心和认同。

4.弘扬革命精神，激发文化自信动力

红色文化中蕴含着丰富的革命精神，如井冈山精神、长征精神、延安精神等。这些革命精神是中国共产党人和革命人民在艰苦卓绝的斗争中形成的宝贵精神财富，具有强大的感染力和号召力。通过学习红色文化，人们可以更加深刻地感受到革命精神的伟大力量，从而激发爱国热情、奋斗精神和创新精神等文化自信。

5.促进文化交流互鉴，提升文化自信国际影响力

红色文化作为中国文化的重要组成部分，具有独特的魅力和价值。在国际文化交流中，红色文化可以成为中国文化的重要代表和展示窗口。通过向国际社会介绍和展示红色文化，可以促进不同文化之间的交流和互鉴，增进各国人民之间的了解和友谊。同时，也可以提升中国文化自信的国际影响力，让世界更加了解中国、认识中国、认同中国。

（五）经济发展价值

红色文化的经济发展价值体现在多个方面，它不仅能够促进文化产业的繁荣，还能带动相关产业的发展，为经济增长注入新的活力。

1.推动文化产业升级

红色文化产业作为文化产业的重要组成部分，具有高市场需求、高经济效益、高回报率和高融合性的特点。通过挖掘红色文化资源，开发红色文化产品，如红色影视、红

色旅游、红色演艺、红色出版等，可以推动文化产业的升级和转型。这些红色文化产品不仅满足了人民群众对精神文化生活的需求，还带动了文化产业的快速发展，成为新的经济增长点。

2. 促进旅游业发展

红色旅游是红色文化产业的重要组成部分，也是红色文化经济价值的重要体现。红色旅游以其独特的历史背景和文化内涵吸引了大量游客前来参观和学习。通过发展红色旅游，可以带动当地餐饮、住宿、交通等相关产业的发展，增加就业机会和居民收入。同时，红色旅游还能促进文化交流与传播，提升旅游目的地的知名度和美誉度。

3. 带动相关产业发展

红色文化产业的发展不仅带动文化产业和旅游业，还能带动其他相关产业的发展。例如，红色文化产品的生产需要原材料、设计、制作等多个环节的支持，这可以带动制造业、设计业等相关产业的发展。此外，红色文化旅游的发展还需要旅游服务、旅游交通等配套产业的支持，这也为相关产业提供了新的发展机遇。

4. 促进区域经济协调发展

红色文化资源往往分布在经济相对落后的革命老区或贫困地区。通过发展红色文化产业，可以充分利用这些地区的资源优势，促进区域经济的协调发展。一方面，红色文化产业的发展可以带动当地经济的快速增长，改善居民的生活条件；另一方面，红色文化产业的发展还可以促进城乡一体化发展，推动农村经济转型升级。

5. 提升国家文化软实力

红色文化作为中国传统文化的重要组成部分，具有深厚的文化底蕴和广泛的影响力。通过传承和弘扬红色文化，可以提升国家文化软实力和国际影响力。在国际文化交流中，红色文化可以成为中国文化的重要代表和展示窗口，增进各国人民之间的了解和友谊。同时，红色文化的发展还可以增强民族自豪感和自信心，推动中华民族伟大复兴"中国梦"的实现。

红色文化内涵丰富、价值重大，它不仅是历史的见证，更是未来发展的精神动力。在新时代，我们应当高度重视红色文化的传承与创新，充分发挥其在思想教育、社会发展、文化建设等方面的重要作用，让红色文化在中华民族伟大复兴的征程中绽放更加耀眼的光芒。通过深入挖掘红色文化的内涵，全面发挥其价值，我们能够为实现中华民族伟大复兴的中国梦提供强大的精神支撑和文化引领。同时，不断推动红色文化的创造性转化和创新性发展，使其与当代社会相适应、与现代文明相协调，让红色文化在新的历史时期焕发出新的生机与活力。

三、高校图书馆是红色文化传承的重要阵地

高校图书馆作为学术研究与文化传承的重要机构，在红色文化传承中扮演着不可或缺的角色，是红色文化传承的重要阵地。

（一）丰富的红色文化资源储备

高校图书馆拥有丰富的图书、期刊、档案等文献资源，其中不乏关于红色文化的珍贵资料。这些资源涵盖了革命历史、革命精神、革命人物等多个方面，为师生提供了全面、深入了解红色文化的途径。通过系统整理、分类和数字化处理这些资源，高校图书馆能够构建起一个完整的红色文化知识库，为红色文化的传承提供坚实的物质基础。

（二）学术研究与交流平台

高校图书馆不仅是文献资源的聚集地，更是学术研究与交流的重要场所。在红色文化传承方面，高校图书馆可以组织专家学者举办与红色文化相关的学术研究活动，如举办学术讲座、研讨会、展览等。这些活动不仅能够深入挖掘红色文化的内涵和价值，还能够促进学术成果的转化与应用。同时，高校图书馆还可以为师生提供一个交流思想、分享心得的平台，激发他们的爱国热情和民族自豪感。

（三）教育与宣传阵地

高校图书馆作为高等教育体系的重要组成部分，承担着教育与宣传的重要职责。在红色文化传承方面，高校图书馆可以通过开设红色文化课程、举办红色主题读书活动、设置红色文化展览等方式，将红色文化融入日常教育教学之中。这些活动不仅能够帮助学生树立正确的历史观、价值观和文化观，还能够培养他们的爱国情怀和民族精神。同时，高校图书馆还可以通过校园网络、社交媒体等渠道加强对红色文化的宣传力度，扩大红色文化的影响力和传播范围。

（四）社会实践与志愿服务基地

高校图书馆还可以成为学生参与社会实践和志愿服务的重要基地。通过组织学生参与红色文化遗址的考察、红色故事的讲述、红色精神的传播等实践活动，可以让学生在实践中深入了解红色文化、感受红色精神、传承红色基因。这些实践活动不仅能够增强学生的社会责任感和使命感，还能够培养他们的创新能力。

（五）国际化交流与传播窗口

随着全球化进程的加速，高校图书馆还可以成为红色文化国际化交流与传播的重要窗口。通过与国际图书馆、研究机构等建立合作关系，开展红色文化相关的国际学术交流和合作项目，可以推动红色文化在国际舞台上的传播与影响。同时，高校图书馆还可以利用自身的资源和优势，为外国友人提供了解中国红色文化的机会和平台，增进他们对中国的了解和认同。

高校图书馆在红色文化传承中发挥着至关重要的作用。作为红色文化传承的重要阵地，高校图书馆应当充分利用自身的资源和优势，不断创新工作思路和方法，为红色文化的传承与发展贡献更多的力量。

四、高校图书馆红色文化建设实践策略

（一）加强红色文献资源建设

1. 加大采购力度

高校图书馆应充分认识到红色资源的重要性，划拨专项经费用于红色资源的采购。在采购过程中，要注重系统性和全面性，涵盖红色经典文献、党史研究专著、革命人物传记、红色文艺作品等各类形式。与知名出版社建立长期合作关系，确保获取高质量的红色资源。同时，密切关注学术前沿动态，及时采购最新的红色文化研究成果，为师生提供最新的知识养分。

2. 拓展收集渠道

积极拓展多元化的收集渠道，以丰富红色资源的馆藏。加强与校内各部门（如党史研究室、宣传部等）的协作，整合校内已有的红色资源。与校友及离退休教职工保持紧密联系，征集他们所珍藏的与红色文化相关的物件、手稿、照片等。利用网络平台，通过社会捐赠、征集散落民间的红色文献等方式，不断充实馆藏。

3. 加强资源整合

对收集到的红色资源进行深度整合和数字化加工，构建完善的红色资源体系，建立红色文献数据库，实现资源共享。依据内容、年代、主题等进行分类编目，建立清晰的检索系统，方便师生查找和利用。同时，将红色资源与其他学科领域的知识进行有机融合，为跨学科研究和综合性学习创造条件。通过整合，红色资源不再孤立存在，而是形成相互关联、相互支撑的知识网络。

（二）创新红色文化服务模式

1. 开展个性化服务

借助现代信息技术，创新服务模式，提升红色文化服务的质量和效率。开发红色文化专属的移动应用程序，提供个性化的推荐服务，根据用户的兴趣和需求推送相关资源。利用智能语音技术，为视障读者提供有声读物服务，保障全体师生都能平等享受红色文化资源。引入大数据分析，了解读者的阅读偏好和行为习惯，优化服务策略，提高服务的精准性。

2. 打造体验式服务

借助微信公众号、微博、抖音等新媒体平台，发布与红色文化相关的图文、音频、视频等内容，增强服务的吸引力和影响力。设立红色文化体验区，如红色文化 VR 体验室、红色影视播放厅等，让师生在身临其境中感受红色文化的魅力。

3. 建立红色文化专区

在图书馆内设立专门的红色文化专区，营造浓郁的红色文化氛围。专区配备舒适的阅读桌椅、多媒体设备等，为读者提供良好的阅读和学习环境。展示珍贵的红色文献、实物以及数字化成果，通过精心的陈列设计展现红色文化的魅力。定期更新专区的资源和展览内容，保持新鲜感和吸引力。

（三）开展多样化的红色文化活动

1. 举办主题展览

定期举办红色文化主题展览，展示革命文物、历史图片、文献资料等，配以详细的解说和导览服务，让师生近距离感受红色文化的魅力。

2. 组织学术讲座

邀请党史专家、学者来校举办红色文化学术讲座，深入解读红色文化的内涵和价值。

3. 开展阅读推广活动

举办红色经典阅读分享会、读书征文比赛等活动，引导师生阅读红色经典著作，交流读书心得，加深对红色文化的理解和认同。

4. 举办文化竞赛

组织红色文化知识竞赛、演讲比赛、文艺表演等活动，激发师生学习红色文化的积极性和主动性。

5. 举办艺术活动

举办红色文化书画展、摄影展、音乐会等艺术活动，通过艺术形式展现红色文化的独特魅力。

（四）加强红色文化人才培养

1. 加强内部培训

加强图书馆工作人员的红色文化素养培训，通过专题培训、学术研讨、实地考察等方式，提升他们对红色文化的理解和服务能力。鼓励工作人员参与红色文化研究项目，提高学术水平。同时，学校开设相关课程，培养红色文化研究和传承方面的专业人才，为红色文化建设提供坚实的人才支撑。

2. 引进专业人才

高校图书馆在加强红色文化建设时，应优先考虑引进具备红色文化相关专业背景的人才。这些人才不仅需具备深厚的红色文化知识储备，还应具备图书情报学、历史学、文化学等相关学科的专业素养，能够熟练运用现代信息技术手段进行红色资源的整理、分类、数字化及推广。引进的专业人才还应具备良好的科研与教学能力。他们能够针对红色文化领域的热点问题开展深入研究，发表高质量的学术论文或著作，为红色文化的研究与发展贡献智慧。同时，他们还能够参与红色文化课程的教学工作，将红色文化的精髓传授给广大学生，激发他们对红色文化的兴趣与热爱。为了丰富红色文化活动的形式和内容，高校图书馆引进的专业人才还应具备较强的策划与组织能力。他们能够根据师生需求和社会热点，策划出具有创新性、吸引力和影响力的红色文化活动，如红色主题展览、讲座、研讨会等，有效推动红色文化的传播与普及。

3. 建立志愿者队伍

高校图书馆可以通过多种渠道广泛招募志愿者，如校园宣传、社交媒体等。在选拔志愿者时，应注重其红色文化素养、服务意识和团队协作能力。通过面试、笔试或培训考核等方式，选拔出一批热爱红色文化、愿意为图书馆服务的优秀志愿者。为了提升志愿者的服务质量和能力，高校图书馆应定期开展志愿者培训活动。培训内容可以包括红色文化知识、图书馆服务规范、志愿服务理念等。通过培训，志愿者能更好地了解红色文化的内涵和价值，掌握图书馆服务的基本技能和方法，提高志愿服务的质量和效率。志愿者队伍在高校图书馆红色文化建设中发挥着重要作用。他们可以参与到红色资源的整理、分类、数字化等工作中，为师生提供更加便捷、高效的红色文化服务。同时，他们还可以参与到红色文化活动的策划与组织中，为活动的成功举办贡献自己的力量。志愿者的参与和贡献，可以进一步推动红色文化的传承与弘扬。

（五）强化宣传推广与合作交流

1. 加大宣传力度

利用图书馆官方网站、社交媒体平台（如微信公众号、微博）、电子显示屏等多种渠道，定期发布红色文化相关资讯、活动预告及成果展示，提高师生对红色文化的关注度和参与度。策划和组织一系列创意宣传活动，如红色主题摄影比赛、红色故事演讲比赛、红色电影放映周等，以生动有趣的形式吸引师生参与，增强红色文化的感染力和吸引力。在图书馆内部设置红色文化专区，展示红色书籍、文物、图片及多媒体资料，营造浓厚的红色文化氛围。同时，通过举办红色文化展览、悬挂红色标语等方式，让师生在潜移默化中接受红色文化的熏陶。

2. 加强合作交流

积极与校内各院（系）、学生组织及校外红色文化研究机构、博物馆、纪念馆等建立合作关系，共同开展红色文化研究、教育及传播活动。通过资源共享、优势互补，提升红色文化建设的整体效果。组织或参与红色文化相关的学术会议、研讨会及论坛，邀请专家学者举办讲座交流，促进红色文化研究成果的分享与转化。同时，加强与其他高校图书馆在红色文化建设方面的交流与合作，共同推动红色文化的传承与发展。探索与企业合作的新模式，通过企业赞助、项目合作等方式，引入更多资源和资金支持红色文化建设。同时，借助企业的市场运作能力，将红色文化产品推向更广泛的社会领域。

3. 加强红色文化教育与学科融合

在图书馆内或联合相关院（系）开设红色文化选修课程，将红色文化融入教学体系之中。通过系统讲授红色历史、革命精神及英雄人物等内容，增强学生对红色文化的认知与理解。鼓励各学科教师在教学过程中融入红色文化元素，特别是在历史、文学、艺术、政治等相关学科中，通过案例分析、作品解读等方式，引导学生深入理解红色文化的内涵与价值。组织学生参观红色教育基地、进行红色文化调研等实践活动，让学生在亲身体验中感受红色文化的魅力。同时，开展红色文化主题的社会实践活动，如志愿服务、红色旅游等，让学生在实践中加深对红色文化的认识与感悟。

（六）加强数字化建设

1. 网络平台建设

构建专门的红色文化专题网站，集红色文献资源、红色展览、红色教育活动、红色研究成果展示等功能于一体。网站内容应涵盖丰富的红色历史资料、革命故事、英雄人物传记等，以图文并茂、音视频结合的形式呈现，增强用户的阅读体验和学习兴趣。整合校内外红色文化资源，包括图书、期刊、论文、视频、音频等多媒体资料，形成系统化的红色文化资源库，方便师生进行检索和查阅。设置在线论坛、留言板等互动区域，鼓励师生分享学习心得、交流思想感悟，形成良好的学习交流氛围。利用虚拟现实（VR）、增强现实（AR）等现代技术，将红色文化展览数字化，使师生能够在线上身临其境地参观红色展览，感受红色文化的魅力。建立红色文化虚拟博物馆，通过三维建模、场景还原等方式，将革命纪念馆、历史遗址等场所数字化，为师生提供便捷的在线学习平台。

2. 开发移动应用

开发集红色文献阅读、红色视频观看、红色知识问答、红色活动报名等功能于一体的红色文化学习 App。通过简洁明了的界面设计和丰富多样的功能设置，吸引师生下载使用。根据用户的阅读历史和兴趣偏好，智能推荐相关的红色文化内容，提高用户的阅读体验和满意度。在 App 中设置互动社区，鼓励用户分享学习心得、交流思想感悟，形成积极向上的学习氛围。通过移动图书馆服务，师生可以随时随地查询红色文化相关图书的馆藏信息、借阅状态及进行续借、预约等操作，提高图书资源的利用效率。提供电子图书、期刊、论文等与红色文化相关的电子资源的在线访问和下载服务，方便师生进行移动学习和研究。

（七）促进红色文化学术交流

高校图书馆在加强红色文化建设过程中，促进红色文化学术交流是至关重要的一环。

1. 组织学术研讨

高校图书馆可以联合校内外的相关学术机构、研究部门定期举办红色文化学术论坛。这些论坛可以邀请知名学者、专家就红色文化的某个主题或领域进行深入探讨和交流。论坛形式可以包括主题演讲、圆桌讨论、分组研讨等，旨在激发学术思想碰撞，推动红色文化研究的深入发展。

图书馆可以联合校内相关学院、研究所，共同申报国家、省部级或校级红色文化科研项目。通过项目研究，促进学者之间的合作与交流，形成一批高质量的研究成果。同时，图书馆还可以为科研项目提供文献支持、数据服务等，确保研究工作的顺利进行。

图书馆可以定期举办红色文化读书会，邀请师生共同参与。通过分享红色经典著作的阅读心得，讨论红色文化的内涵与价值，激发师生的学习兴趣和研究热情。读书会还可以邀请专家学者进行导读和点评，提升师生的学术素养和理论水平。

2. 开展成果展示

高校图书馆可以建设专门的红色文化成果展示平台，用于展示红色文化相关的研究成果、学术论文、著作等。该平台可以包括线上和线下两个部分，方便师生随时随地进行查阅和学习。线上平台可以依托图书馆网站或数字资源库进行建设，提供全文检索、在线阅读等功能；线下平台则可以在图书馆内设置专门的展示区域或展览厅，通过实物展示、图片展览等形式呈现红色文化成果。

图书馆可以定期举办红色文化成果展览活动，将最新的研究成果、学术论文、著作等以展览的形式呈现给师生和社会公众。展览内容可以涵盖红色文化的多个领域，如革命历史、革命精神、革命人物等。展览期间还可以组织专家导览、学术讲座等活动，增强展览的学术性和互动性。

图书馆可以组织力量编印红色文化成果汇编或论文集等出版物，将优秀的红色文化研究成果进行整理、汇编并出版。这些出版物可以作为教学参考资料或学术研究成果的展示平台，供师生和社会公众学习和研究使用。

第三节 高校图书馆特色文化建设

高校图书馆作为学校的知识宝库和文化中心，承担着传承知识、培育人才、服务社会的重要使命。在当今信息爆炸和文化多元化的时代背景下，建设具有特色的图书馆文化已成为高校图书馆发展的必然趋势，这对于提升高校的整体形象和竞争力具有重要意义。

高校图书馆特色文化的含义可以从多个维度进行阐述，它不仅是高校图书馆在长期发展过程中形成的独特文化现象，也是高校整体文化的重要组成部分。高校图书馆特色文化是指图书馆在运作与发展过程中，结合学校特色、学科优势、地域文化等因素，逐步形成的具有独特风格、鲜明个性和深厚底蕴的文化形态。它体现在图书馆的物质文化、制度文化、精神文化等多个层面，是图书馆核心竞争力的重要体现。主要包括以下内容。

硬件设施：包括图书馆的建筑风格、内部布局、设施设备（如自动化管理系统、电子阅览室、多媒体制作空间等）以及馆藏资源（如特色馆藏、珍贵文献等）。这些硬件设施是图书馆特色文化的物质基础，能够直接反映图书馆的文化氛围和学术水平。

环境营造：图书馆通过优雅的环境设计、舒适的阅读空间以及丰富的文化活动，营造出浓厚的学术氛围和文化气息，为师生提供良好的学习和研究环境。

管理制度：图书馆制定和完善了一系列规章制度，如借阅规则、服务规范、岗位职责等，这些制度不仅保障了图书馆的正常运行，也体现了图书馆的管理理念和文化特色。

服务机制：图书馆建立了高效便捷的服务机制，如一站式服务、个性化服务、远程访问服务等，这些服务机制能够满足师生的多样化需求，提升图书馆的服务质量和用户满意度。

文化理念：图书馆形成了独特的文化理念，如"以人为本""服务至上""学术自由"等，这些理念是图书馆文化的核心和灵魂，能够引导图书馆的发展方向和价值取向。

文化氛围：图书馆通过举办各种学术讲座、读书会、展览等文化活动，营造了积极向上的学习氛围和文化氛围，激发了师生的学习兴趣和创造力。

文化传承与创新：图书馆在传承中华优秀传统文化的同时，也注重文化创新。通过引入现代科技手段、创新服务模式等方式，图书馆不断推动文化的传承与发展，为校园文化建设注入新的活力。

一、高校图书馆特色文化建设的重要性

高校图书馆特色文化建设的重要性不言而喻，它不仅关乎图书馆自身的发展，更对整个高校乃至社会的知识传播、品牌塑造、师生情感以及文化传承等方面产生深远影响。

（一）促进知识传播与创新

丰富知识资源：高校图书馆特色文化建设往往伴随着对特定领域或主题资源的深度挖掘与整合，这极大地丰富了馆藏资源，为师生提供了更加全面、深入的学习材料。

拓宽学习渠道：通过特色文化活动、讲座、展览等形式，图书馆能够打破传统阅读界限，拓宽师生的知识获取渠道，激发学习兴趣，促进知识的跨领域传播。

激发创新思维：特色文化环境能够激发师生的创新思维和创造力。在独特的文化氛围中，师生更容易产生新的想法和灵感，从而推动学术研究和技术创新。

（二）塑造高校品牌形象

提升文化软实力：高校图书馆作为高校的文化高地，其特色文化建设水平直接反映了高校的文化底蕴和办学实力。优秀的特色文化能够显著提升高校的文化软实力，提高社会认可度和影响力。

彰显办学特色：每所高校的办学特色不尽相同，图书馆特色文化建设能够进一步彰显这种特色。通过打造独特的文化品牌，图书馆能够成为高校对外展示的重要窗口，提

升高校的品牌形象。

增强社会影响力：特色鲜明的图书馆文化能够吸引社会各界的关注和参与，包括学者、企业、媒体等。这有助于高校扩大社会联系，增强社会影响力，为高校的发展创造更多机遇。

（三）增强师生的归属感和认同感

营造和谐氛围：特色文化建设有助于营造一种积极向上、和谐共进的图书馆氛围。这种氛围能够增强师生的归属感和认同感，使他们更加珍惜在图书馆的学习时光。

促进情感交流：特色文化活动为师生提供了更多的交流机会和平台。在共同参与活动的过程中，师生之间的情感联系得以加深，形成了更加紧密的学习共同体。

提升自我价值感：参与特色文化建设的过程也是师生自我实现的过程。通过贡献自己的力量和智慧，师生能够感受到自己的价值和重要性，从而更加热爱自己的学校和图书馆。

（四）推动文化传承与发展

弘扬优秀传统文化：高校图书馆特色文化建设往往与弘扬优秀传统文化紧密相连。通过挖掘和整理地方文化、民族文化等特色资源，图书馆能够推动优秀传统文化的传承与发展。

引领文化创新：在传承的基础上，图书馆还能够引领文化创新。通过引入现代科技手段、创新服务模式等方式，图书馆能够推动文化产业的创新发展，为文化传承注入新的活力。

培养文化自信：特色文化建设有助于培养师生的文化自信。在深入了解和学习本土文化、民族文化的过程中，师生能够更加深刻地认识到自己文化的独特魅力和价值所在，从而更加坚定地传承和发展自己的文化。

二、高校图书馆特色文化建设面临的挑战

（一）经费投入不足

高校图书馆在特色文化建设过程中，往往需要大量的经费投入，用于购买特色资源、改善硬件设施、举办文化活动等。然而，由于经费来源有限且分配不均，很多高校图书馆在特色文化建设方面面临资金短缺的困境。

根据相关报道和数据分析，高校图书馆的经费主要依赖于学校拨款，但学校对图书馆的投入往往难以满足其快速发展的需求。尤其是在特色文化建设方面，由于投入周期长、见效慢，更容易被忽视。

经费投入不足直接导致图书馆在特色资源建设、硬件设施改善和文化活动举办等方面受到限制，难以形成鲜明的文化特色和品牌优势。

缺乏足够的经费支持，图书馆在吸引优秀人才、提升服务质量和管理水平等方面也面临诸多困难。

（二）人才短缺

高校图书馆特色文化建设需要一支高素质、专业化的人才队伍作为支撑。然而，由于图书馆工作相对烦琐、待遇不高、职业发展空间有限等原因，很多优秀人才不愿意从事图书馆工作，图书馆人才短缺现象普遍存在。

特别是在数字化、网络化、智能化快速发展的背景下，图书馆对具备信息技术、数据分析、文化策划等专业技能的人才需求更加迫切，但这类人才在图书馆领域的供给却相对不足。

人才短缺严重制约了高校图书馆特色文化建设的深入开展。缺乏专业人才的支持，图书馆在资源建设、服务创新、文化传播等方面都难以取得突破性进展。

同时，人才短缺也影响了图书馆的整体服务水平和管理效率，降低了读者对图书馆的满意度和忠诚度。

（三）社会文化环境的影响

社会文化环境对高校图书馆特色文化建设具有重要影响。随着社会的快速发展和人们思想观念的转变，读者对图书馆的需求和期望也在不断变化。然而，目前一些高校图书馆在特色文化建设方面仍然停留在传统模式上，难以满足读者的多样化需求。另外，社会文化环境中的不良因素也可能对图书馆特色文化建设产生负面影响。例如，网络文化的冲击可能导致读者对纸质图书的关注度降低，社会浮躁的氛围可能使得读者难以静下心来阅读和学习等。

社会文化环境的变化要求高校图书馆在特色文化建设过程中不断适应和创新，以满足读者的多样化需求。然而，由于观念更新滞后、创新能力不足等原因，一些图书馆在应对社会文化环境变化方面显得力不从心。

社会文化环境中的不良因素也可能削弱图书馆特色文化建设的成效，降低图书馆在读者心中的地位和价值。

（四）评估机制不完善

目前，高校图书馆特色文化建设的评估机制尚不完善。一方面，缺乏科学合理的评估标准和指标体系；另一方面，评估过程往往存在主观性、片面性等问题。这导致图书馆在特色文化建设过程中难以准确把握自身定位和发展方向。

评估机制的不完善使得高校图书馆难以对特色文化建设成果进行客观、全面的评价。这不仅影响了图书馆对自身工作的认识和改进，也降低了图书馆在上级部门和社会公众心中的形象和地位。同时，评估机制的不完善还可能导致资源分配不均、效率低下等问题，进一步制约图书馆特色文化建设的深入发展。

高校图书馆特色文化建设面临经费投入不足、人才短缺、社会文化环境的影响，以及评估机制不完善等多重挑战。为了克服这些挑战并推动特色文化建设的深入发展，高校图书馆需要积极寻求外部支持与合作，加强人才队伍建设，创新服务模式并完善评估机制等。

三、高校图书馆特色文化建设实践策略

高校图书馆特色文化建设实践策略是一个系统工程，需要从多个维度进行深入规划与实施。

（一）明确文化定位

1.明确文化定位

高校图书馆应明确自身的文化定位，即图书馆在学校文化建设中扮演的角色和承担的使命。这要求图书馆管理层深入调研，了解学校整体文化氛围、师生需求以及未来发展方向，从而确定图书馆特色文化建设的目标和方向。文化定位应体现图书馆的独特性、前瞻性和包容性，既要与学校整体文化相协调，又要具有鲜明的个性特征。

2.深入挖掘学校的历史文化底蕴

学校的历史文化底蕴是图书馆特色文化建设的重要资源。图书馆应深入挖掘学校的历史资料、档案文献、名人传记等，提炼出具有代表性和影响力的文化元素，作为特色文化建设的基石。通过举办主题展览、编纂校史校志、开设文化讲座等形式，让师生了解学校的发展历程、文化传统和学术贡献，增强其归属感和自豪感。

3.利用学科优势，确定特色文化的主题和方向

高校图书馆应紧密结合学校的学科优势和专业特色，确定特色文化主题和方向。不同高校在学科设置、研究方向上各有侧重，图书馆应根据这些特点，选择与之相关的文化主题进行深入挖掘和拓展。例如，工科类高校可以围绕工程技术、科技创新等主题构建特色文化；文科类高校则可以注重人文社科、文化传承等方面的建设。通过突出学科优势，图书馆能够形成独特的文化魅力和学术氛围。

4. 形成独特的文化品牌

在明确文化定位、挖掘历史文化底蕴和确定特色文化主题的基础上，高校图书馆应致力于形成独特的文化品牌。这要求图书馆在资源建设、服务创新、环境营造等方面下足功夫，打造出具有辨识度和影响力的文化标识。例如，通过建设特色馆藏、举办品牌活动、打造文化空间等方式，提升图书馆的知名度和美誉度。同时，图书馆还应加强宣传推广，利用新媒体等渠道扩大影响力，吸引更多师生和社会公众关注和参与。

高校图书馆特色文化建设实践策略需要从明确文化定位、深入挖掘学校的历史文化底蕴、利用学科优势确定特色文化的主题和方向以及形成独特的文化品牌等方面入手。通过这些策略的实施，图书馆能够构建出具有鲜明特色和深厚底蕴的文化体系，为学校师生提供更加丰富、多元的文化体验和服务。

（二）丰富文化活动形式

在高校图书馆特色文化建设的实践策略中，丰富特色文化活动形式是一个至关重要的环节。通过举办一系列形式多样、内容丰富的文化活动，不仅能够提高师生的参与度和积极性，还能进一步推动图书馆特色文化的形成与传播。

1. 主题阅读推广

主题阅读推广是图书馆特色文化建设中的一项基础且核心的活动。根据学校的学科特色、时事热点或节日庆典等，图书馆可以策划不同主题的阅读推广活动。例如，围绕"经典文学月""科技创新周"等主题，精选相关书籍进行展览推荐，组织专题讲座、读书分享会等，引导师生深入阅读、思考与交流。这样的活动不仅能够丰富师生的知识结构，还能激发他们的阅读兴趣，促进校园阅读文化的繁荣。

2. 文化创意竞赛

文化创意竞赛是展现图书馆特色文化创新力的重要途径。图书馆可以联合学校相关部门或学生社团，举办以图书馆资源为基础的文化创意竞赛，如图书封面设计大赛、微电影创作比赛、数字文化资源开发竞赛等。通过竞赛的形式，激发师生的创造力和想象力，鼓励他们将图书馆的文化元素融入自己的作品中，从而创作出具有独特风格和深刻内涵的文化产品。这些作品不仅能够在校园内展示交流，还能通过网络平台等渠道传播出去，扩大图书馆特色文化的影响力。

3. 学术沙龙

学术沙龙是图书馆促进学术交流、思想碰撞的重要平台。图书馆可以定期邀请校内外专家学者、知名作家、文化名人等，围绕某一学术领域或文化主题进行深度探讨和交流。通过面对面的交流互动，师生们可以了解到最新的学术动态和研究成果，拓宽学术视野，激发研究灵感。同时，学术沙龙还能够为师生们提供一个展示自己学术成果的机会，促进学术交流与合作。

4.真人图书馆

真人图书馆是一种创新的文化活动形式，它将人作为"书籍"来"借阅"，通过面对面的交流分享个人经历、专业知识或独特见解。图书馆可以邀请具有丰富人生经验、独特专业技能或深刻见解的人士作为"真人书籍"，供师生们预约"借阅"。这种活动形式不仅能够让师生们获得更加生动、直观的学习体验，还能够促进不同领域、不同背景人群之间的交流与理解，增进彼此之间的友谊和合作。

丰富特色文化活动形式是高校图书馆特色文化建设的重要策略之一。通过举办主题阅读推广、文化创意竞赛、学术沙龙、真人图书馆等形式多样的活动，图书馆能够吸引更多师生的关注和参与，提高他们的文化素养和创新能力。同时，这些活动还能够促进学术交流与思想碰撞，推动校园文化的繁荣发展。

（三）加强数字化建设

在高校图书馆特色文化建设的实践中，加强数字化建设已成为不可或缺的一环。随着信息技术的飞速发展，数字化资源和服务不仅满足了师生对信息获取的即时性、便捷性需求，也为图书馆特色文化的传播与创新提供了广阔平台。

1.加大对数字资源的采购和开发力度

高校图书馆应紧跟学术前沿和技术发展趋势，积极采购高质量的电子图书、期刊、学位论文、专利数据库等数字资源。同时，针对学校的学科特色和研究需求，定制开发特色数据库或专题资源库，如地方文献数据库、行业研究报告库等，以满足师生在特定领域的深入研究需求。此外，图书馆还应鼓励和支持本校师生创作并上传原创数字资源，如学术论文、研究报告、多媒体作品等，丰富馆藏资源，促进学术交流。

2.完善数字图书馆平台的功能和服务

数字图书馆平台是数字化建设的核心载体，其功能和服务的完善程度直接影响师生的使用体验。因此，高校图书馆应不断优化数字图书馆平台的界面设计、检索系统、用户认证、权限管理等基础功能，确保师生能够顺畅地访问和使用数字资源。同时，还应根据师生需求，开发或引进先进的阅读工具、标注分享、参考咨询、学术交流等增值服务，为师生提供更加个性化、智能化的学习与研究支持。

3.提供便捷的在线阅读、学术交流和知识共享空间

在数字化时代，师生对于在线阅读、学术交流和知识共享的需求日益增长。高校图书馆应充分利用数字技术，打造便捷的在线阅读环境，如提供多种格式的电子书、支持跨平台访问的移动阅读应用等，让师生随时随地都能享受到阅读的乐趣。同时，图书馆还应建立或参与学术社交平台、虚拟研讨会、在线讲座等形式的学术交流活动，促进师生之间的思想碰撞和合作研究。此外，通过建设知识共享空间，如开放存取仓储、学科博客、研究社区等，鼓励师生分享研究成果、教学经验和学术心得，形成浓厚的学术氛围和良好的知识共享生态。

4.注重数字资源的版权保护和隐私安全

在加强数字化建设的过程中，高校图书馆还应高度重视数字资源的版权保护和用户隐私安全。严格遵守国家关于版权保护的法律法规，建立健全数字资源版权管理制度，确保所采购和开发的数字资源均具有合法授权。同时，加强网络安全防护和数据加密技术，保障用户信息的安全性和隐私性，为师生提供一个安全可靠的数字学习环境。

通过加大对数字资源的采购和开发力度、完善数字图书馆平台的功能和服务、提供便捷的在线阅读、学术交流和知识共享空间以及注重数字资源的版权保护和隐私安全等措施，高校图书馆能够更好地满足师生的信息需求和学习研究需求，推动图书馆特色文化的传承与创新发展。

（四）促进文化融合

在高校图书馆特色文化建设的实践中，促进文化融合是一项至关重要的策略。这不仅有助于图书馆自身文化的丰富与发展，更能通过加强与学校各部门的合作，将图书馆文化深度融入教学、科研和校园生活的各个环节，形成协同育人的良好局面。

1.加强与学校各部门的合作

高校图书馆应主动寻求与学校教务处、科研处、学生工作处、宣传部等部门的合作机会，建立常态化的沟通机制。通过定期召开联席会议、共同参与项目规划与实施等方式，明确各自在文化建设中的职责与定位，形成合力。例如，与教务处合作开展信息素养教育课程，将图书馆资源与服务融入课程体系；与科研处合作建立科研支持平台，为科研人员提供精准的信息服务；与学生工作处合作举办文化活动，丰富学生课余生活。

2.将图书馆文化融入教学

图书馆应充分发挥其信息资源丰富、学习环境优雅的优势，积极参与教学改革与创

新。一方面，可以邀请图书馆员作为教师助手，参与课程设计、教材编写和教学活动，将图书馆资源和服务嵌入到教学过程中。另一方面，可以开设信息素养教育课程或讲座，引导学生掌握信息检索、分析、评价和利用的技能，培养学生的自主学习能力和终身学习习惯。此外，还可以利用图书馆空间举办读书会、研讨会等教学活动，营造浓厚的学术氛围。

3.支持科研活动，促进学术交流

高校图书馆作为学校的科研支持中心，应致力于为科研人员提供全面、深入的信息服务。通过建设专业数据库、提供科研工具、举办学术交流活动等措施，为科研人员提供一站式的信息解决方案。同时，图书馆还可以主动参与到科研项目的立项、实施和成果评价等环节中，为科研人员提供情报分析和决策支持。此外，通过搭建学术交流平台，如学术论坛、科研成果展示会等，促进科研人员之间的思想碰撞和合作研究。

4.丰富校园生活，营造文化氛围

高校图书馆不仅是学习的场所，也是校园生活的重要组成部分。图书馆应充分利用其空间资源和文化资源，举办形式多样的文化活动，如读书节、文化节、艺术展览等，丰富师生的课余生活。同时，图书馆还可以与学生社团合作，共同策划和组织文化活动，激发学生的创造力和参与热情。通过这些活动，不仅能够展示图书馆的文化特色和服务成果，还能够增进师生之间的交流与理解，营造和谐、包容的校园文化氛围。

5.强化文化认同，形成共同价值观

在促进文化融合的过程中，强化文化认同是关键。高校图书馆应通过各种方式宣传自己的文化理念和服务宗旨，让师生了解并认同图书馆的文化价值。同时，图书馆还应积极听取师生的意见和建议，不断改进和完善服务内容和方式，以满足师生的需求和期望。通过长期的努力和实践，逐渐形成一种共同的文化认同和价值观念体系，为学校的长远发展提供强大的精神动力和文化支撑。

促进文化融合是高校图书馆特色文化建设的重要实践策略之一。通过加强与学校各部门的合作、将图书馆文化融入教学、支持科研活动、丰富校园生活，以及强化文化认同等措施，可以推动图书馆与学校各部门之间的协同育人工作深入开展，形成共同发展的良好局面。这不仅有助于提升图书馆的服务质量和影响力，更能为学校的整体文化建设和发展做出积极贡献。

（五）加强人才队伍建设

在高校图书馆特色文化建设的实践中，加强人才队伍建设是至关重要的一环。人才

是文化建设的核心驱动力，通过引进、培养和培训等方式提升图书馆工作人员的专业素养和文化创新能力，能够为特色文化建设提供坚实的人才保障。

1. 明确人才需求与定位

高校图书馆需要明确自身在特色文化建设过程中所需的人才类型及具体要求。这包括但不限于信息管理专家、学科馆员、文化活动策划与执行人员、信息技术支持人员等。通过深入分析图书馆的服务对象、服务内容以及未来发展趋势，明确各岗位所需的专业技能、知识结构和综合素质，为人才引进和培养提供明确的方向。

2. 人才引进策略

拓宽招聘渠道：利用多种渠道发布招聘信息，包括高校毕业生就业市场、行业人才交流会、专业招聘网站等，吸引更多优秀人才加入。

实施精准招聘：针对特定岗位需求，制定详细的招聘计划和评估标准，通过笔试、面试、实操考核等多种方式综合评估应聘者的专业能力和综合素质。

优化人才引进政策：为吸引高层次人才，图书馆可以制定具有竞争力的薪酬福利政策、职业发展规划和学术支持措施等，为人才提供良好的工作和发展环境。

3. 人才培养与培训

建立培训体系：根据图书馆工作人员的不同岗位需求和发展阶段，建立分层次、分类别的培训体系。培训内容涵盖专业知识、业务技能、文化素养、创新能力等多个方面。

实施轮岗交流：通过轮岗交流制度，让工作人员在不同岗位间进行轮换工作，拓宽其工作视野和业务范围，提升其综合素质和适应能力。

鼓励继续教育：鼓励和支持工作人员参加国内外学术会议、研修班、学位教育等继续教育活动，提升其学术水平和专业能力。

4. 激发文化创新能力

营造创新氛围：通过举办创新工作坊、创意大赛等活动，激发工作人员的创新思维和创造力。同时，建立容错机制，鼓励工作人员勇于尝试和探索新的服务模式和工作方法。

强化文化意识：加强工作人员对图书馆文化的理解和认同，培养其文化自觉和文化自信。通过组织文化沙龙、读书分享等活动，提升工作人员的文化素养和审美能力。

实施项目驱动：以特色文化建设项目为载体，鼓励工作人员积极参与项目策划、实施和评估等全过程，通过实践锻炼提升其文化创新能力和团队协作能力。

5. 建立激励机制

完善考核评价体系：建立科学、公正、透明的考核评价体系，对工作人员的工作业绩、创新能力、服务态度等方面进行全面评价。

实施奖惩措施：根据考核评价结果，对表现优秀的工作人员给予表彰和奖励；对表现不佳的工作人员进行指导和帮助，促进其改进和提高。

提供职业发展机会：为工作人员提供广阔的职业发展空间和晋升机会，根据其专业能力和工作表现，适时调整岗位和职务，激励其不断追求进步和发展。

加强人才队伍建设是高校图书馆特色文化建设的重要保障。通过明确人才需求与定位、实施人才引进策略、加强人才培养与培训、激发文化创新能力，以及建立激励机制等措施，可以不断提升图书馆工作人员的专业素养和文化创新能力，为特色文化建设提供有力的人才支持。

（六）完善经费保障机制

在高校图书馆特色文化建设的实践中，完善经费保障机制是确保各项建设活动能够顺利推进的关键。资金是支撑特色文化建设的基础设施、资源采购、活动举办以及人才培养等方面的重要基础。

1. 明确经费需求与规划

高校图书馆需要全面评估特色文化建设的经费需求，包括但不限于资源采购（如特色馆藏、数字资源等）、设施建设（如阅读空间改造、文化展示区等）、活动组织（如文化讲座、展览、读书会等），以及人才培养与培训等方面的费用。基于这些需求，制定详细的经费预算和规划，确保资金使用的合理性和有效性。

2. 积极争取学校支持

汇报与沟通：定期向学校管理层汇报特色文化建设的进展、成效及未来规划，争取学校的理解和支持。

纳入学校预算：积极争取将图书馆特色文化建设纳入学校的年度预算，确保获得稳定的资金支持。

争取专项基金：针对特定的文化建设项目，如特色馆藏建设、阅读推广活动等，向学校申请专项基金支持。

3. 拓展社会资金渠道

校企合作：与企业建立合作关系，通过企业赞助、冠名活动等方式获取资金支持。

同时，图书馆可以为企业提供文献资源、信息服务等支持，实现互利共赢。

基金会与捐赠：积极联系各类基金会和慈善组织，争取其对图书馆特色文化建设的资金支持。同时，鼓励校友、社会爱心人士等捐赠资金或物资，支持图书馆的发展。

文化众筹：利用互联网平台发起文化众筹项目，吸引公众关注和参与，为特色文化建设筹集资金。

4. 建立经费管理机制

透明化管理：建立健全经费管理制度，确保经费使用的透明化、规范化和制度化。定期公布经费使用情况，接受学校和社会各界的监督。

绩效评估：对经费使用效果进行绩效评估，确保资金的有效利用和项目的顺利实施。根据评估结果及时调整经费使用计划，优化资源配置。

风险防控：加强经费使用的风险防控意识，建立健全的风险预警和应对机制，对可能出现的经费风险进行预判和防范，确保经费安全。

5. 持续监测与调整

随着特色文化建设的不断深入和外部环境的变化，高校图书馆需要持续监测经费保障机制的运行情况，并根据实际情况进行调整和优化。通过定期审查经费预算、评估资金使用效果以及收集用户反馈等方式，确保经费保障机制能够持续有效地支持特色文化建设的顺利进行。

完善经费保障机制是高校图书馆特色文化建设的重要保障。通过明确经费需求与规划、积极争取学校支持、拓展社会资金渠道、建立经费管理机制以及持续监测与调整等措施的实施，可以确保特色文化建设的顺利进行和持续发展。

（七）建立科学的评估机制

在高校图书馆特色文化建设的实践过程中，制定明确的评估指标和方法，并定期对建设成效进行评估和总结，是确保文化建设方向正确、策略有效、成果显著的关键环节。

1. 制定明确的评估指标

资源建设指标：包括特色馆藏的数量与质量、数字资源的丰富度与更新频率、资源利用率等，以衡量图书馆在资源建设方面的成效。

环境营造指标：评估阅读空间的设计、文化氛围的营造、文化展示区的布置等，看其是否有效促进了读者的阅读体验和文化感受。

活动组织指标：考察文化讲座、展览、读书会等活动的数量、参与度、满意度，以及影响力，评估活动在传播文化、提升读者兴趣方面的效果。

用户反馈指标：通过问卷调查、读者访谈等方式收集用户意见，了解用户对图书馆特色文化建设的满意度、建议及期望，作为评估的重要依据。

创新与特色指标：评估图书馆在特色文化建设中的创新程度、独特性以及与其他图书馆的差异程度，以衡量其在文化领域的影响力和竞争力。

2. 建立科学的评估方法

定量分析与定性分析相结合：既采用数据统计、问卷调查等定量方法收集客观数据，又运用案例分析、专家评审等定性方法深入分析文化建设的内涵和效果。

过程评估与结果评估并重：不仅关注最终的建设成果，还重视建设过程中的管理、执行、协调等方面的情况，确保评估的全面性和准确性。

自我评估与外部评估相结合：图书馆内部应建立自我评估机制，定期自查自纠；同时邀请外部专家、读者代表等进行评估，以获取更客观、全面的评价。

3. 定期评估与总结

设定评估周期：根据图书馆特色文化建设的实际情况和需要，设定合理的评估周期（如每学期、每学年等），确保评估工作的及时性和连续性。

组织评估工作：按照评估指标和方法，组织专门的评估小组或邀请外部专家进行评估工作。评估过程中要确保数据的真实性和评估的公正性。

总结评估结果：对评估结果进行整理和分析，形成评估报告。报告应客观反映文化建设的成效和不足，并提出改进建议。

调整建设策略和措施：根据评估结果和反馈意见，及时调整建设策略和措施。对于成效显著的做法要加以巩固和推广；对于存在的问题和不足要制定有针对性的改进措施并付诸实施。

通过制定明确的评估指标和方法并定期对特色文化建设的成效进行评估和总结，高校图书馆可以不断优化建设策略、提升建设质量、增强文化影响力，为师生提供更加优质的文化服务。

第五章

高校图书馆的制度文化建设

第一节　高校图书馆制度文化

一、制度与制度文化

（一）制度

在我国，"制度"一词最早出自《周易·节》："天地节而四时成；节以制度，不伤财，不害民。""君子以制数度，议德行。"其本义是指特定的礼数法度，在中国古代则称为"规矩"。《说文解字》中"制度"被解释为："制，裁也。从刀，从未。"本义是裁断，引申义为约束和制伏。"度，法治也。"本义是计量尺寸的标准，引申为法制、法度。《辞海》中"制度"的含义是指，"要求成员共同遵守的、按一定程序办事的规程"。

在英语中，制度（institution）指的是要求成员共同遵守的规章或准则。

马克思说："制度只不过是个人之间迄今所存在的交往的产物。"制度经济学创始人托斯丹·邦德·凡勃伦指出："制度是一种思想习惯和流行的精神状态。"美国新制度经济学家道格拉斯·诺斯认为："制度是一种规则。"美国制度经济学家康芒斯说："制度是一种组织。"德国社会学家马克斯·韦伯说："制度是一种行为准则。"美国政治学家萨缪尔·亨廷顿认为："制度是一种行为模式。"日本学者青木昌彦提出："制度是一个系统。"

据统计，关于制度的定义至少有 200 种。斯科特说："制度是社会思想和理论中最古老、使用频率最高的概念之一，并且在漫长的理论历程中不断展现出新的含义。这就像一艘船的外壳，旧的一层附着物还没有脱落，新的一层又附着其上。"

制度是一个"框架"，制度是一种"环境"，制度是一道"行为边界"，指在一定历史条件下形成的法令、礼俗等规范，以及这些规范的制定、执行和变更过程。它涵盖了从国家层面的政治制度、经济制度、法律制度，到社会层面的礼仪俗规、企业内部的规章制度等多个方面。制度泛指以规则或运作模式规范个体行动的一种社会结构。这些规则蕴含着社会价值，其运行体现着一个社会的秩序。制度的历史和人类社会的历史一样久远。有了人类社会，有了人与人之间的交往，就有了制度。

制度一经制定颁布，就对某一岗位上的或从事某一项工作的人员有约束作用，是行动的准则和依据。制度的发布方式比较多样，除作为文件存在之外，还可以张贴或悬挂在某一岗位或某项工作的现场，以便随时提醒人们遵守，同时便于大家互相监督。制度有如下特点。

1. 规范性

制度是规范人们行为的准则，具有明确的指导性和约束性。其是在通过其执行力对人们的行为起到规范作用的时候才成为制度的，使其从纸面、文字或是人们的语言中升华出来，成为社会生活中在人们身边不停发生作用的无形枷锁，约束、指引着我们的行为。无论正式制度还是非正式制度都须有其执行力，只不过差别在于正式制度的执行力由国家、法庭、军队等来保障，而非正式制度的执行力则是由社会舆论、意识形态等来保障的。

2. 历史性

制度是在一定历史条件下形成的，随着社会的发展而不断演变。从人类的发展历程来看，制度是一个随着集体、社会的产生而产生的概念。旧制度经济学家凡勃伦认为，制度系统的形成是看不见的手式的，又是设计式的；新制度经济学就制度起源有契约论说和博弈均衡说，但无论如何，制度都是社会的产物。

3. 多样性

制度的表现形式多种多样，包括法律法规、政策文件、企业规章等。诺斯认为"制度是社会的游戏规则，更规范地讲，它们是为人们的相互关系而人为设定的一些制约"，他将制度分为三种类型，即正式规则、非正式规则和这些规则的执行机制。正式规则又称正式制度，是指政府、国家或统治者等按照一定的目的和程序有意识创造的一系列政治、经济规则及契约等法律法规，以及由这些规则构成的社会的等级结构，包括从宪法到成文法与普通法，再到明细的规则和个别契约等，它们共同构成人们行为的激励和约束；非正式规则是人们在长期实践中无意识形成的，具有持久的生命力，并构成世代相传的文化的一部分，包括价值信念、伦理规范、道德观念、风俗习惯及意识形态等因素；执行机制是为了确保上述规则得以执行的相关制度安排，它是制度安排中的关键一环。

（二）制度文化

制度文化是文化的一个组成部分、一个子系统、一个层面，它与精神文化、物质文化有机结合，形成文化的复杂整体。作为文化的组成部分，它既是精神文化的产物，又是物质文化的工具；作为精神文化的产物和物质文化的工具，构成了人类行为与活动的习惯、规则；作为人类行为和活动的习惯、规则，它也主导或制约着精神文化与物质文化；作为主导或制约着精神文化与物质文化的文化层面，它提供了观察和理解人类行为和活动的钥匙或模式。同样，大学制度文化是学校文化的重要组成部分，是为实现教育目标而制定的有组织的规范体系，主要包括组织结构、行政管理制度、行为规范等内容。主要包括以下特点。

1. 组织性

制度文化是一种有组织的规范体系，具有明确的层次和结构。

2. 规范性

与制度相似，制度文化也强调规范性和约束性。

3. 文化性

制度文化不仅仅是一种规范体系，更是一种文化现象，它反映了人类社会的价值观念、道德伦理和风俗习惯。

制度文化有以下作用：

①协调个人与群体、群体与社会的关系。

②保证社会的凝聚力和稳定性。

③深刻地影响着人们的物质生活和精神生活。

（三）制度与制度文化的关系

1. 相互依存

制度是制度文化的基础和载体，制度文化则是制度的精神内核和价值导向。没有制度，制度文化就无从谈起；没有制度文化，制度就失去了灵魂和方向。

2. 相互促进

制度文化为制度的形成、执行和变革提供了思想基础和动力支持，而制度的不断完善和发展又进一步丰富了制度文化的内涵和外延。

3. 相互制约

制度对制度文化具有一定的制约作用，即制度的设计和内容必须符合社会文化的价值观念和道德伦理的要求；同时，制度文化也对制度具有一定的反作用，即当制度文化与制度不相适应时，就会对制度的执行和变革产生阻碍作用。

二、高校图书馆制度文化

高校图书馆制度文化作为图书馆精神文化的具体体现，是在图书馆长期服务与管理实践中逐渐孕育并发展成熟的。其核心目标在于提升服务质量与效益，通过一系列精心设计的规章制度，这些制度不仅针对图书馆员，也涵盖了广大读者，旨在构建一个有序、高效且充满人文关怀的服务环境。

具体而言，这种制度文化涵盖了围绕图书馆日常运营所制定的各类管理规范，从图书的采购、编目、借阅流程，到读者的行为准则，再到图书馆员的职责界定与绩效考核，无不体现出对图书馆本质、行为、功能及意义的深刻理解与精准把握。这些规章制度的制定、实施与完善，是一个持续不断的过程，它要求图书馆在实践中不断探索、调整和优化，以确保规则的合理性、和谐性与统一性。

在这一过程中，制度文化逐渐形成一种独特的文化集合，它不再是一纸空文，而是图书馆员与读者共同遵守的行为准则和价值观念。通过制度的执行，图书馆不仅规范了服务流程，提高了工作效率，更在无形中传递了一种秩序美、和谐美与人文美，营造了一个积极向上、充满正能量的学习与研究氛围。

因此，高校图书馆制度文化不仅是图书馆管理的重要组成部分，更是推动图书馆事业持续健康发展的内在动力和精神支柱。以下是高校图书馆制度文化的具体含义。

1. 制度内容

高校图书馆的制度文化包括但不限于图书馆的规章制度、管理规定、实施意见、管理办法等。这些制度旨在规范图书馆的日常运营，包括图书的借阅、归还、保管，读者的行为准则，图书馆员的职责与服务等。

2. 人本理念

高校图书馆制度文化的建设应从人性角度出发，充分尊重读者和馆员的人格。这意味着制度设计应摒弃惩戒性和警示性条款的过度使用，而更多地体现制度的科学性和可执行性。同时，制度上应对馆员个人利益予以充分保障，尊重馆员追求个人价值的实现，努力使图书馆利益与馆员利益相一致，从而激发馆员的积极性和创造力。

3. 文化氛围

良好的制度文化有助于增进管理层和被管理者之间的沟通，形成和谐融洽的文化氛围。它使每位利用图书馆的人都能感受到制度的和谐与规范，从而在潜移默化中受到感染，形成良好的学风和积极向上的精神风貌。

4. 规范与约束

高校图书馆制度文化还体现了对读者和馆员的规范性、方便性和快捷性。通过明确的制度规定，读者可以更加便捷地利用图书馆资源，馆员也能更加高效地履行职责。同时，制度也具有一定的约束力，能够规范读者和馆员的行为，减少违规行为的发生。

5. 促进发展

高校图书馆制度文化的建设不仅有助于图书馆的日常运营和管理，还能够促进图书馆的长远发展。通过不断完善和优化制度，图书馆可以不断提升服务质量和管理水平，为师生提供更加优质的文献信息资源和服务。

三、高校图书馆制度文化研究的内容

（一）组织架构与管理制度

1. 组织架构

图书馆组织框架是指图书馆根据自身的独特性质、核心任务、现有规模及未来发展需求，精心设计的内部组织结构体系。这一框架通过系统化的逻辑和关系，将图书馆内的人员、资源、职责等要素进行有序划分与高效组合，构建成一个协同运作的有机整体。该框架不仅涵盖了图书馆的所有行政与业务部门，还明确了这些部门之间的层级关系、职能划分、职权分配以及相互间的协作机制。

具体而言，图书馆组织框架依图书馆系统的总体目标、宗旨及发展规划，将人力、财力、物力等资源按照科学的原则整合为若干独立运作又相互联系的单元。每个单元（即部门）都被赋予特定的职责范围，并通过制定详细的人员编制、技能要求及协调机制，确保各部门能够高效、有序地开展工作。同时，组织框架还注重各部门间的沟通与协作，以促进信息流通、资源共享，共同推动图书馆服务功能的全面实现和管理目标的顺利达成。

图书馆组织框架的构建是一个动态调整、持续优化的过程，旨在构建一个结构合理、功能完善、运作高效的图书馆管理体系，以更好地满足读者需求，推动图书馆事业的高质量和可持续发展。

高校图书馆的组织架构通常包括以下部分。

（1）决策层次。

设馆长、副馆长等领导岗位，负责确定图书馆的总体目标和实施方案，制定全馆性的工作计划、管理条例和规章制度等。

（2）业务部门。

这些部门是图书馆的核心，主要负责图书馆的各项业务工作。业务部门的具体设置可能因图书馆的类型、性质和任务而有所不同，但通常包括以下四个方面。

①文献建设部：负责图书、期刊、电子资源等文献资料的采购、验收、编目、加工和典藏等工作。

②读者服务部：负责为读者提供借阅、咨询、导览等服务，并管理图书馆的阅览室、自习室等空间。

③信息技术部：负责图书馆的技术支持工作，包括网络系统的维护、数字资源的建设和管理等。

④信息咨询部：提供科技查询、参考咨询、情报分析等服务，满足读者的科研和学习需求。

（3）行政管理部门。

这些部门为图书馆的业务工作提供支持和保障，包括综合办公室、党委办公室、财务室、人事室等，负责图书馆的日常管理、财务管理、人事管理等工作。

2. 管理体制。

高校图书馆管理体制是制度文化的核心，它构建了一个完整的管理体系，旨在通过明确的组织制度来规范领导活动的范围和方式。这一体制的核心在于细致划分图书馆管理活动中的职责与权力，并协调好内部各部门之间以及上下级之间的复杂关系。它不仅指导着图书馆组织机构的日常运作，还深刻影响着管理的各个环节，确保了图书馆各项工作的有序进行。随着历史的发展，管理体制的变迁直接映射出图书馆文化的不同风貌，如馆长负责制、岗位责任制等制度的实施，进一步明确了各级管理机构及人员的职责与权限，为图书馆的日常管理和决策提供了坚实的制度基础。

我国高校图书馆管理体制的类型多样，以适应不同高校的需求和实际情况。以下是主要的管理体制类型。

（1）集中管理制

特点：在这种体制下，图书馆经费由图书馆集中统一使用，书刊采购加工及组织管理都由总馆负责。各系（所）不设独立的图书室，只设资料室，教学集体用书、资料室用书都从总馆统一借阅，用完归还。资料室主要备有一些参考书、工具书。

适用范围：我国大部分高等院校图书馆的藏书体制都采用集中管理制，尤其是一些新建院校的图书馆。

（2）分散管理制。

特点：与集中管理制相对，分散管理制意味着图书馆资源和服务在不同部门或院系之间有所分散，每个部门或院系可能拥有自己独立的图书资料室或小型图书馆。这种体制在高校中只小部分存在，但并非主流。

适用范围：在一些规模较大、院系众多的高校中，为了更好地服务各自院系的教学和科研需求，会采用一定程度的分散管理模式。

（3）集中管理、分散使用制。

特点：这种体制结合了集中管理和分散使用的特点，即在图书馆资源采购、加工和组织管理上保持集中，但在使用和借阅方面给予院系或部门一定的灵活性和自主权。

适用范围：它是高校图书馆管理体制的一种变体，旨在平衡集中管理和分散使用之间的需求。

（4）垂直式管理模式。

特点：垂直式管理模式是一种较为传统的管理模式，它强调管理层级之间的垂直关系，决策权和执行权比较集中。在这种模式下，图书馆内部各职能部门按照层级结构进行划分，上级部门对下级部门具有直接的管理和监督权。

（5）矩阵型交叉管理模式。

特点：矩阵型交叉管理模式是一种更为灵活的管理模式，它打破了传统的层级结构，通过项目或任务将不同部门的人员组织起来，形成一个临时的矩阵组织。这种模式有助于加强部门之间的协作和沟通，提高工作效率。

（6）学科单元管理模式。

特点：学科单元管理模式是以学科为单位进行管理和服务的模式。在这种模式下，图书馆内部会按照学科领域进行划分，每个学科单元负责该领域内的文献资源建设、服务提供和学术研究等工作。这种模式有助于提升图书馆的专业化水平和服务质量。

（7）事业部制管理模式。

特点：事业部制管理模式是一种相对独立的管理模式，它将图书馆内部划分为若干个事业部或业务单元，每个事业部或业务单元具有相对独立的决策权和执行权。这种模式有助于激发图书馆内部的创新活力，提高管理效率和服务水平。

管理体制类型并非孤立存在，而是可以相互结合和借鉴的。不同高校在构建图书馆管理体制时，会根据自身的实际情况和需求进行选择和创新。同时，随着信息技术的不断发展和应用，高校图书馆管理体制也在不断变革和完善。

（二）职业资格与人事制度

1.职业资格

高校图书馆职业资格认证制度，也称图书馆员职业资格认证制度。根据 2019 年的《图书馆·情报与文献学名词》，它是指按照国家或图书馆协会制定的职业技能标准和任职资格条件，通过政府主管部门认定的考核机构，对图书馆从业者的技能水平和任职资格条件进行考核和鉴定，对考核合格者授予相应的证书，准许其从事图书馆职业的制度。该制度旨在确保高校图书馆从业人员具备扎实的图书馆学、情报学及文献学专业知识，以及高效执行图书馆服务工作的实践技能，从而提升高校图书馆服务的质量与效率。通过此制度考核合格者，将被授予相应的职业资格证书，作为其正式获得高校图书馆职业资格的官方认证。简而言之，高校图书馆职业资格制度是一种规范行业准入、保障服务质量的专业化管理制度。

最早实行图书馆职业资格认证制度的国家是英国。英国图书馆职业资格认证制度起源于 19 世纪，经历了从委派从业制度到专业资格考试的转变。1885 年，英国图书馆学会举办了第一次图书馆专业资格考试，这标志着"百年考制"的开端。

目前，世界上已经有 100 多个国家和地区实施了图书馆职业资格认证制度，但具体做法和要求各不相同。有些国家根据学历学位、从业经验和专业培训等情况，将图书馆员职业岗位区分为若干个等级，不同等级有不同的具体要求。有些国家实行学历制，用学历取代图书馆行业的资格证书；有些国家采取考试制；还有些国家则结合多种方式进行认证。

我国的高校图书馆职业资格认证制度并没有形成一个全国统一的、专门的职业资格认证体系，而是与国家的职称制度相结合，通过职称评聘来间接实现图书馆员的职业资格认证。以下是我国高校图书馆职业资格认证制度的主要特点和内容。

（1）职称评聘制度。

①职称级别：高校图书馆工作人员的职称评定，通常包括初级、中级和高级三个级别，如助理馆员、馆员、副研究馆员、研究馆员等。这些职称级别与图书馆员的专业水平、工作业绩和学术贡献等因素密切相关。

②评定标准：职称评定标准通常包括学历、工作年限、专业技能和科研成果等多个方面。例如，高级职称的评定往往要求申请者具备博士学位或相应学历，并在图书馆学、情报学等领域有较高的学术造诣和研究成果。

③评审流程：职称评审流程一般包括个人申报、单位推荐、专家评审、公示等环节。评审过程会严格按照评定标准和程序进行，以确保评审结果的公正性和权威性。

（2）新馆员教育与培训。

虽然我国没有专门的图书馆员职业资格考试制度，但高校图书馆通常会对新入职的馆员进行系统的教育和培训。这些教育和培训内容包括图书馆学基础理论知识、图书馆服务流程与技能、信息技术应用等，旨在帮助新馆员快速适应工作环境并掌握必要的工作技能。

（3）馆员继续教育。

为了不断提升图书馆员的专业素养和业务能力，我国高校图书馆普遍重视馆员的继续教育工作。继续教育的方式多样，包括参加各类培训班、研讨会、学术会议以及自学等。通过继续教育，图书馆员可以及时了解图书馆学领域的新理论、新技术和新方法，从而不断提升自己的专业水平和服务能力。

（4）与国际接轨。

随着全球化的加速和图书馆事业的不断发展，我国高校图书馆职业资格认证制度也在逐步与国际接轨。一方面，我国图书馆界积极借鉴国外先进的图书馆职业资格认证制度；另一方面，我国也积极参与国际图书馆界的交流与合作，推动图书馆职业资格认证制度的国际化进程。

2. 人事制度

高校图书馆的人事制度，是专为高效管理与调配图书馆人力资源、激发员工潜能、促进人员专业成长，并维护一支高素质、专业化的馆员队伍而精心设计的一系列规章、流程及政策体系。这一制度框架旨在吸引并选拔行业内顶尖人才，通过持续的培养与评估机制，不断提升馆员的专业素养与服务水平，同时确保他们获得应有的认可与回报，从而为图书馆的现代化进程提供坚实的人力资源支撑和源源不断的动力。

具体来说，高校图书馆的人事制度包括以下方面。

（1）招聘与选拔。

①明确岗位需求：根据图书馆的发展规划和实际工作需要，科学设定岗位，明确各岗位的职责、任职资格及所需技能。

②多元化招聘渠道：利用高校内部推荐、招聘网站、校园招聘、人才市场、社交媒体等多种渠道，广泛发布招聘信息，吸引优秀人才。

③公正的选拔流程：制定严格的招聘程序，包括简历筛选、笔试、面试、试讲（针对教学岗位）、背景调查、体检等环节，确保选拔过程的公正性、透明度和专业性。

（2）培训与发展。

提供入职培训、在职培训、职业发展规划和继续教育机会，帮助馆员提升专业技能、更新知识结构，促进个人职业成长。

①入职培训：为新员工提供全面的入职培训，包括图书馆概况、规章制度、岗位职责、服务礼仪等内容，帮助他们快速融入工作环境。

②在职培训：定期举办专业技能培训、学术研讨会、案例分析会等活动，提升馆员的专业素养、服务能力和创新能力。同时，鼓励馆员参加外部培训、进修学习，拓宽知识面和视野。

③职业发展规划：为馆员提供个性化的职业发展规划指导，帮助他们明确职业目标和发展路径，激发工作动力和创造力。

（3）绩效考核。

建立科学合理的绩效评价体系，对馆员的工作成果、服务态度、创新能力等方面进行评估，为奖惩、晋升等提供依据。

①建立科学的考核体系：根据图书馆的工作特点和要求，制定科学合理的绩效考核指标和标准，包括工作量、工作质量、服务态度、创新能力等。

②定期考核与反馈：实行定期（如年度、季度）的绩效考核制度，及时将考核结果反馈给馆员，帮助他们认识自己的优点与不足，明确改进方向。

③考核结果应用：将考核结果与奖惩、晋升等紧密挂钩，形成正向激励机制，激发馆员的工作积极性和创造力。

（4）薪酬福利。

制定合理的薪酬标准和福利政策，确保馆员的劳动价值得到合理回报，增强工作满意度和忠诚度。

①制定合理的薪酬标准：根据馆员的岗位职责、工作能力和市场薪酬水平，制定合理的薪酬标准，确保馆员的劳动价值得到合理回报。

②完善福利政策：提供完善的福利政策，包括社会保险、住房公积金、带薪休假、节日福利等，增强馆员的工作满意度和归属感。

（5）员工关系与沟通。

维护良好的员工关系，建立有效的沟通机制，关注馆员的心理健康和工作生活平衡，营造和谐的工作氛围。

①维护良好的员工关系：关注馆员的心理健康和工作生活平衡，定期组织团建活动、座谈会等，增进员工之间的交流和了解，营造和谐的工作氛围。

②建立有效的沟通机制：设立意见箱、开通热线电话、建立微信群等沟通渠道，鼓励馆员提出意见和建议，及时回应和处理员工关切的问题。

（6）职位晋升与轮岗。

为优秀的馆员提供晋升机会，实行轮岗制度，拓宽职业发展空间，激发工作积极性和创造力。

①明确的晋升通道：为优秀的馆员提供明确的晋升通道和机会，如设立职称晋升、岗位晋级等制度，激励馆员不断提升自己的能力和业绩。

②实施轮岗制度：通过轮岗制度，让馆员在不同岗位之间进行交流和学习，拓宽职

业发展空间，提升综合素质和适应能力。

（7）退休与离职管理。

规范退休程序和离职流程，做好离职面谈和后续跟踪工作，维护图书馆的良好形象和声誉。

（三）读者管理与服务制度

1. 读者管理制度

指为了有效管理高校图书馆的运作，明确界定读者在享受图书馆服务过程中的权利与义务，保障图书馆资源的合理利用，维护良好的学习与研究环境而制定的一套综合性规章制度体系。

具体来说，高校的读者管理制度包含以下内容。

（1）读者入馆规定。

①证件要求：明确读者入馆所需的有效证件，如校园一卡通、学生证等，并规定证件的办理和使用流程。

②入馆方式：说明读者如何通过门禁系统、身份认证等方式进入图书馆。

（2）借阅规则。

①借阅权限：规定不同类别读者（如教职工、学生、校外读者等）的借阅权限，包括可借阅的图书数量、借阅期限等。

②借阅流程：详细说明借阅图书的流程和注意事项，如借阅前需检查图书是否有缺页、污损等。

③续借与预约：规定图书续借的条件和流程，以及图书预约的方式和规则。

（3）座位管理。

①座位预约：部分高校图书馆实行座位预约制度，读者通过线上平台或现场设备预约座位，以提高座位使用效率。

②座位使用：规定座位的使用时间、使用方式以及违规占座的处理办法。

（4）行为规范。

①保持安静：要求读者在图书馆内保持安静，不得大声喧哗、打闹等。

②爱护设施：规定读者应爱护图书馆的设施设备和图书资料，不得随意损坏或私自带出。

③保持整洁：要求读者保持图书馆内环境整洁，不得乱丢垃圾、吃零食等。

（5）违规处理。

①违规情形：列举常见的违规行为，如超期未还图书、损坏图书、违规占座等。

②处理办法：规定对违规行为的处理办法，如罚款、暂停借阅权限、通报批评等。

2.服务制度

高校图书馆的服务制度是其高效运作与优质服务的基石，旨在通过一系列详尽的规章制度和操作规程，规范服务流程、提升服务质量、保障读者权益，并促进图书馆资源的合理利用与可持续发展。这一制度覆盖了信息咨询、学科服务、阅读推广等多个方面，明确了服务目标、内容、方式及标准，确保读者能够享受到及时、准确、有效的服务体验。

具体来说，高校图书馆的服务制度包括以下几个方面。

（1）服务目标与原则。

图书馆的首要任务是清晰界定其服务宗旨，致力于推动知识的广泛传播，深度支持学术研究活动，并不断提升公众的信息素养与学习能力。在此基础上，坚守一系列核心服务理念，即确保服务的公平性，让每位读者无论背景如何都能平等获取资源；坚持公正原则，在处理各项事务时保持中立与透明；秉持开放精神，打破界限，让知识资源对所有人开放；坚持实践共享理念，促进知识、信息与资源的自由流通与共同创造，从而构建一个包容、高效、和谐的图书馆服务环境。

（2）服务内容与方式。

规定图书馆提供的服务种类和具体内容，如图书借阅、参考咨询、文献传递、信息检索、座位预约等。明确服务的提供方式和流程，如线上服务、线下服务、自助服务、人工服务等，以及各项服务的具体操作步骤和注意事项。

（3）服务标准与要求。

制定服务的质量标准和要求，如借阅速度、咨询响应时间、信息准确性等，以确保图书馆的服务质量达到一定的水平。强调服务过程中的规范化操作，如服务态度、服务用语、服务礼仪等，以提升读者的服务体验。

（4）读者权益保障。

明确读者的权利和义务，如借阅权限、使用资源权限、投诉建议权等，以及读者应遵守的规章制度。

建立读者投诉和建议机制，鼓励读者对图书馆的服务提出意见和建议，以便及时改进和完善服务。

（5）资源管理与利用。

规定图书馆资源的采购、编目、分类、存储、维护等管理流程，以确保资源的有效管理和利用。

强调资源的共享和开放，促进资源的最大化利用和效益的发挥。

（6）馆员职责与培训。

明确图书馆馆员的职责和工作要求，包括服务提供、资源管理、读者服务等方面。

建立馆员培训机制，提升馆员的业务能力和服务水平，以适应图书馆事业发展的需要。

（四）资源建设与管理制度

1. 资源建设制度

高校图书馆的资源建设制度是指为了系统地规划、管理并持续优化其馆藏文献信息资源而建立的一整套规章制度、流程与政策框架。该制度紧密围绕学校的教学与科研需求，旨在确保馆藏资源的丰富性、时效性、系统性、完整性、可用性和可持续性。它涵盖了从馆藏发展规划的制定、文献资源的采购与捐赠政策的实施，到资源的分类、编目、加工、保存、共享与利用等全链条管理过程。

具体而言，高校图书馆资源建设制度不仅规定了资源的采集标准和原则，包括对新资源的甄选、现有资源的评估与更新，还明确了捐赠资源的接收、处理与整合流程，以丰富馆藏。同时，该制度强调了资源组织的科学性，通过严格的分类与编目体系，确保资源的易检索性和有序性。此外，它还涉及资源的物理保存与数字化保护策略，以及资源在全校乃至更广泛范围内的共享机制，旨在提升资源的使用效率与价值。

在此基础上，高校图书馆资源建设制度还致力于提升服务质量与读者体验，通过制定服务规范、优化服务流程、强化信息咨询与学科服务能力以及推广阅读文化等措施，为读者提供全面、高效、个性化的服务。这一制度不仅是图书馆资源建设与管理的基石，也是推动高校教学与科研创新、促进学术交流与合作的重要保障。

2. 资源管理制度

涉及图书的编目、分类、排架、保护等方面。图书馆通过制定详细的资源管理制度，确保馆藏资源的有序管理和有效利用。

高校的资源管理制度与资源建设制度在学校的整体管理体系中扮演着不同的角色，它们之间既存在紧密的联系，又有着明显的区别。

（1）关系。

①相辅相成：资源管理制度和资源建设制度共同构成了高校资源管理的完整体系。资源建设制度关注资源的规划、采购、配置等前端环节，而资源管理制度则侧重于资源的日常运营、维护、优化等后端环节。两者相互配合，共同确保高校资源的有效管理和利用。

②相互促进：资源建设制度的完善为资源管理制度的实施提供了坚实的基础。通过

科学合理的资源建设规划，高校能够获取符合教学科研需求的优质资源，进而为资源管理制度的顺利实施提供保障。同时，资源管理制度的有效执行又能够及时反馈资源建设过程中的问题，为进一步优化资源建设制度提供参考。

（2）区别。

①关注焦点不同。

资源建设制度：主要关注资源的获取和配置过程，包括馆藏发展规划、采购政策、捐赠政策等。它旨在通过科学合理的规划，确保高校能够获取丰富、优质、符合需求的资源。

资源管理制度：更侧重于资源的日常管理和维护过程，包括资源的分类、编目、保存、共享、利用等。它旨在通过有效的管理手段，确保资源的完整性、可用性和可持续性，为教学和科研提供有力支持。

②实施内容不同。

资源建设制度：实施内容主要包括资源的规划、采购、验收、入库等环节。它需要高校根据自身的学科特色和发展需求，制定科学合理的馆藏发展规划和采购计划，并通过严格的采购流程和验收标准，确保所采购的资源符合质量要求。

资源管理制度：实施内容则更加广泛和细致，包括资源的分类编目、保存维护、借阅管理、信息共享等多个方面。它需要高校建立完善的资源管理制度和流程，明确各部门的职责和权限，确保资源的有效管理和利用。

③目标导向不同。

资源建设制度：主要目标是确保高校能够获取丰富、优质、符合需求的资源，为教学科研提供有力支持。

资源管理制度：更侧重于提高资源的使用效率和效益，促进资源的共享和可持续发展。通过有效的管理手段，确保资源得到充分利用和有效保护，为高校的长期发展奠定坚实基础。

（五）信息技术与数字化服务制度

1. 信息技术应用制度

随着信息技术的发展，高校图书馆越来越重视信息技术的应用。包括自动化管理系统、数字图书馆建设、移动图书馆服务等。图书馆通过制定信息技术应用制度，推动信息技术的深度融合和广泛应用。

2. 数据安全与隐私保护制度

在数字化服务过程中，数据安全和隐私保护至关重要。高校图书馆应制定完善的数据安全和隐私保护制度，确保读者信息的安全和隐私不被泄露。

高校图书馆信息技术与数字化服务制度之间存在着密切的关系，同时也在某些方面存在区别。

（1）关系。

①技术支撑与制度保障。

信息技术是高校图书馆数字化服务的技术支撑。它涵盖了计算机硬件、软件、网络通信、数据库管理等多个方面，为数字化资源的创建、存储、处理、传输和利用提供了强大的技术支持。

数字化服务制度则是确保这些技术能够得到有效应用、管理和维护的制度保障。它规定了数字化服务的目标、原则、流程、标准以及相关的责任和义务，确保信息技术在图书馆数字化服务中的正确、高效和合规使用。

②相互促进与发展。

信息技术的不断进步和创新为高校图书馆数字化服务提供了更多的可能性和发展空间。例如，云计算、大数据、人工智能等技术的引入，使图书馆能够提供更个性化、智能化的服务。

同时，数字化服务制度的不断完善和优化也能够促进信息技术的进一步应用和发展。例如，通过制定数据共享、隐私保护等制度，可以推动图书馆在保障用户权益的前提下，更好地利用信息技术提升服务质量。

（2）区别。

①性质与范畴。

信息技术是一个广泛的技术领域，它包括所有与信息处理、传输和利用相关的技术手段和方法。在高校图书馆中，信息技术主要应用于数字化资源的创建、管理、服务和维护等方面。

数字化服务制度则是一个相对具体的制度体系，它主要关注图书馆在提供数字化服务过程中的规范、标准和管理要求。这些制度旨在确保数字化服务的合规性、有效性和可持续性。

②内容与作用。

信息技术的内容涵盖了技术原理、实现方法、应用场景等多个方面。它的主要作用是提升图书馆数字化服务的效率和质量，为用户提供更便捷、高效的信息获取方式。

数字化服务制度的内容主要包括服务流程、服务标准和管理要求等。它的主要作用是规范图书馆数字化服务的行为和过程，确保服务的合规性和可持续性，同时提升服务的质量和用户体验。

高校图书馆的信息技术与数字化服务制度紧密交织、相互促进。信息技术作为基石，不仅为数字化服务提供了强大的技术支撑，还开辟了广阔的可能性，让图书馆能够提供更丰富、便捷的信息服务。而数字化服务制度是这一过程的守护者，确保了技术的有效应用与规范管理，保障了服务的合规性和可持续性。两者虽在性质、范畴、内容及作用上各有侧重，但它们共同推动了高校图书馆向更高效、更智能的方向发展，涵盖了数字化资源建设、服务平台搭建、技术支持与培训、数据管理与分析等多个关键领域。

3.信息技术与数字化服务内容

（1）智慧图书馆基础设施建设与维护。

①网络设施。建设高速、稳定、安全的校园网络，支持物联网（IoT）技术，确保图书馆内部及与外部网络的无缝连接和数据传输。

②智能设备。

智能书架：部署智能书架系统，利用RFID或其他无线技术实现图书的自动盘点、基本定位以及与导航系统的联动。

智能图书定位系统：结合RFID、蓝牙低功耗（BLE）或Wi-Fi等技术，实现图书的精准定位，用户可以通过手机App或图书馆终端查看图书在书架上的具体位置，甚至通过AR导航直接找到图书。

虚拟现实设备：采购和维护虚拟现实（VR）头盔、手柄等设备，为用户提供沉浸式的阅读和学习体验。

其他智能设备：自助借还机、智能门禁、环境监测系统等，共同构建智慧图书馆的硬件基础。

（2）数字化与智慧化资源建设与管理。

①数字资源采购与整合：广泛采购电子图书、电子期刊、学位论文等数字化资源，并利用智慧图书馆系统进行有效整合和管理。

②智慧资源库建设：结合大数据和人工智能技术，构建智慧资源库，实现资源的智能分类、推荐和关联，提升资源的利用率和用户满意度。

③元宇宙图书馆资源：探索元宇宙技术在图书馆资源建设中的应用，如创建虚拟图书馆空间、数字化展品等，结合虚拟现实设备为用户提供独特的阅读和学习体验。

（3）智慧服务系统建设。

①智慧图书馆管理系统（LMS）：引入或开发先进的智慧图书馆管理系统，实现图书借阅、归还、预约、查询等功能的智能化处理，提高服务效率。

②在线检索与推荐系统：建立智能在线检索系统，支持多种检索方式，并结合用户行为数据提供个性化的资源推荐。

③智能导航与虚拟参考咨询：结合智能书架、智能图书定位系统和虚拟现实技术，提供精确的图书导航和虚拟参考咨询服务，帮助用户快速找到所需资源并解答疑问。

（4）元宇宙图书馆技术应用与创新。

①虚拟现实阅读体验：利用虚拟现实设备，创建逼真的虚拟阅读空间，让用户身临其境地体验阅读过程，与书籍内容深度互动。

②沉浸式学习环境：在元宇宙图书馆中构建沉浸式学习环境，支持用户进行角色扮演、场景模拟等学习活动，增强学习体验，提高学习效果。

③个性化学习路径：结合用户的学习情况和需求，利用元宇宙技术提供个性化的学习路径和反馈机制，帮助用户更好地掌握知识和技能。

（5）信息安全与隐私保护。

①信息安全策略：制定严格的信息安全策略，确保数字化资源和元宇宙图书馆中的敏感数据在存储、传输和使用过程中的安全性。

②数据加密与备份：对重要数据进行加密处理，并定期进行数据备份，以防止数据丢失或损坏。

③用户隐私保护：加强用户隐私保护意识，严格遵守相关法律法规，确保用户的个人隐私信息不被泄露或滥用。

（6）用户培训与支持。

①信息素养与元宇宙技术培训：开展信息素养教育和元宇宙技术培训活动，提升师生的信息素养和元宇宙技术应用能力。

②智能设备操作指导：提供智能书架、智能图书定位系统、虚拟现实设备等智能设备的操作指导和演示，帮助用户快速掌握设备的使用方法。

③用户支持服务：建立多渠道的用户支持服务体系，包括在线帮助、电话咨询、现场指导等，解答用户在使用过程中遇到的问题。

（7）制度建设与监督评估。

智慧图书馆与元宇宙图书馆制度建设：制定和完善智慧图书馆和元宇宙图书馆的相关规章制度和标准规范，确保信息技术的应用有章可循、有据可查。

监督评估机制：建立智慧图书馆和元宇宙图书馆应用的监督评估机制，定期对其应用效果进行评估和反馈，及时发现问题并采取措施加以改进和优化。

（六）其他专项制度

高校图书馆的其他专项制度是指除了基本的借阅、阅览制度外，为了更好地管理和服务读者，保障图书馆的正常运行和图书资源的有效利用而制定的一系列特定领域的规章制度。这些制度通常包括但不限于以下方面。

（1）紧急事件应对制度。包括火灾、地震等自然灾害的应对预案和突发事件的处理流程，这些制度有助于图书馆在紧急情况下迅速、有序地应对和处理问题。

（2）学科馆员制度。一些高校图书馆设立了学科馆员制度，由具有深厚学科背景和专业知识的馆员为相关学科的师生提供专业化的信息服务和支持。

（3）预约系统制度。为提高馆藏资源利用率和读者满意度，高校图书馆可能引入预约系统。读者可以通过预约系统提前预约自己需要的图书或资源。

第二节　高校图书馆制度文化建设

一、高校图书馆制度文化的重要性

高校图书馆制度文化的重要性体现在多个方面，这些方面共同构成了图书馆稳健运行与持续发展的基石。

（一）组织架构与管理制度的基石作用

合理的组织架构是图书馆高效运作的先决条件。明确的管理层级和职责划分，确保了各项任务能够有条不紊地执行。同时，科学的管理制度不仅规范了员工的行为，还提升了管理效率，为图书馆的日常运营提供了坚实的制度保障。

（二）职业资格与人事制度的驱动力

高素质的专业人才是图书馆发展的核心动力。通过建立严格的职业资格准入制度和完善的人事管理制度，图书馆能够吸引并留住具备专业素养和创新能力的人才。这些制度不仅提升了图书馆的服务水平，还激发了员工的积极性和创造力，为图书馆的长远发展注入了新的活力。

（三）读者管理与服务制度的核心价值

读者是图书馆服务的核心对象。完善的读者管理与服务制度，旨在保障读者的合法权益，提升读者的满意度和忠诚度。通过提供个性化、便捷的服务，图书馆能够满足读者的多样化需求，进而增强图书馆的吸引力和影响力。这些制度体现了图书馆以读者为中心的服务理念，是图书馆核心价值的重要体现。

（四）资源建设与管理制度的保障作用

资源是图书馆生存和发展的基础，合理的资源建设与管理制度，确保了图书馆资源的丰富性、系统性和时效性。通过科学的采购、分类、编目和保存策略，图书馆能够优化资源配置，提高资源利用效率。同时，加强资源的数字化和共享化建设，拓宽了资源的获取渠道，提升了资源的可访问性和可用性，为教学和科研提供了有力支持。

（五）信息技术与数字化服务制度的创新动力

随着信息技术的飞速发展，信息技术与数字化服务已成为高校图书馆不可或缺的一部分。建立完善的信息技术与数字化服务制度，是推动图书馆服务创新的关键。通过引入先进的技术手段和设备，图书馆能够提升服务能力和水平；通过开发数字化资源和平台，图书馆能够拓宽服务范围，提高服务效率；同时，加强信息安全和隐私保护，也保障了读者的信息安全和隐私权。

（六）其他专项制度的综合保障

除了上述核心制度外，高校图书馆还需要根据自身特点和实际情况制定其他专项制度。这些制度可能涉及财务管理、安全管理、环境管理等多个方面，它们共同构成了图书馆制度文化的完整体系。这些专项制度为图书馆的全面、协调、可持续发展提供了综合保障，确保图书馆在各个方面都能够达到高效、有序、安全的状态。

二、高校图书馆制度文化的作用

高校图书馆作为大学校园不可或缺的关键组成部分，其制度文化在多个维度上不仅为核心价值的实现提供了坚实的保障和支撑，还与现代化建设、高质量发展以及推进新质生产力发展的目标紧密相连，具体体现在以下几个方面。

（一）制度文化在大学图书馆现代化建设中的作用

1. 技术融合与制度保障

在图书馆现代化建设中，技术更新与智能化设备的引入是重要一环。制度文化通过制定技术引入、设备维护、数据安全等方面的规章制度，确保了新技术与现有系统的无缝对接和稳定运行，为师生提供了高效、便捷的现代化服务体验。

2. 数字化资源管理与服务

随着数字化资源的快速增长，制度文化在资源采购、版权管理、访问权限控制等方面发挥了关键作用。通过制定完善的数字化资源管理制度，图书馆能够确保资源的合法性和安全性，同时优化资源利用，满足师生多样化的学术需求。

（二）制度文化在高校图书馆高质量发展中的作用

1. 服务品质提升

高质量发展要求图书馆不断提升服务质量。制度文化通过制定服务标准、服务流程、服务评价等制度，规范了馆员的服务行为，提高了服务的专业性和针对性。同时，通过激励机制和考核机制，激发了馆员的工作积极性和创造力，推动了服务品质的持续提升。

2. 持续创新与优化

制度文化鼓励图书馆在发展过程中不断创新和优化。通过制定科研奖励、创新项目支持等政策，图书馆能够激发师生和馆员的创新活力，推动服务模式、管理方式等方面的创新，为高质量发展注入新的动力。

（三）制度文化在推进新质生产力发展中的作用

1. 促进知识创新与转化

图书馆作为知识资源的聚集地，通过制度文化促进了知识的创新与转化。通过制定学术交流、科研合作等制度，图书馆为师生搭建了知识共享和创新的平台，推动了学术成果的产出和转化，为新质生产力的发展提供了知识支撑。

2. 培养创新型人才

制度文化在培养创新型人才方面发挥着重要作用。通过制定创新人才培养计划、创新创业支持政策等，图书馆鼓励学生参与科研项目、创新创业活动，培养他们的创新思维和实践能力。同时，通过提供丰富的学习资源和良好的学习环境，图书馆为创新型人才的成长提供了有力支持。

三、高校图书馆制度文化、校园文化与人文文化

（一）高校图书馆制度文化

图书馆制度文化是指图书馆在运营和管理过程中形成的一系列规章制度、行为准则和价值取向，它是图书馆内部管理和服务规范化的体现。这些制度不仅规范了图书馆员的行为，也影响了读者的使用体验，是图书馆正常运行和持续发展的基础。

（二）校园文化

校园文化是大学在长期办学过程中形成的一种独特的文化现象，它包括物质文化、精神文化、制度文化和行为文化等多个方面。校园文化是高校师生共同创造的精神财富，

它反映了学校的办学理念、价值取向和精神风貌，对师生的思想、行为和价值观念产生深远影响。

（三）人文文化

人文文化是以人为中心的文化，关注人的价值、尊严、情感和精神需求，强调人的全面发展。在高校环境中，人文文化体现在对学生的人文关怀、对知识的尊重和对创新精神的鼓励等方面。它不仅是校园文化的重要组成部分，也是高校图书馆制度文化的重要价值导向之一。

（四）三者之间的辩证关系

1. 相互依存

高校图书馆制度文化是校园文化的重要组成部分，它通过一系列规章制度和行为准则，为校园文化提供了制度保障。

校园文化则为高校图书馆制度文化提供了精神支撑和价值导向，使得图书馆制度更加符合学校的办学理念和价值取向。

人文文化则贯穿于高校图书馆制度文化和校园文化之中，为两者注入了人文关怀和人文精神，使得它们更加关注人的需求和发展。

2. 相互促进

高校图书馆制度文化的不断完善和优化，能够推动校园文化的繁荣发展，为师生提供更加优质的学习环境和服务环境。

校园文化的繁荣和发展又能够激发师生对知识的渴望和追求，进一步促进高校图书馆制度文化的创新和发展。

人文文化的弘扬则能够提升图书馆和校园的整体文化氛围，使得师生在更加和谐、开放的环境中成长和发展。

3. 相互制约

在某些情况下，高校图书馆制度文化可能会过于僵化或滞后，难以适应校园文化的发展和变化，从而制约校园文化的创新和发展。

同时，如果校园文化过于注重形式或忽视人文精神的培养，也可能对高校图书馆制度文化的建设产生负面影响。

因此，在推动高校图书馆制度文化、校园文化与人文文化共同发展的过程中，需要保持三者之间的平衡和协调，避免相互制约和冲突。

第三节　高校图书馆制度文化守正与创新

一、守正与创新的提出

面对世界百年未有之大变局和中华民族伟大复兴的战略全局，我国正处于实现第一个百年奋斗目标并向第二个百年奋斗目标迈进的关键时期。在这一背景下，如何坚持和发展中国特色社会主义，如何推动党和国家事业不断向前发展，成为摆在我们面前的重大课题。习近平总书记正是在这样的历史背景下，提出了"守正创新"的重要理念。

守正与创新的内涵：

守正："正"即正道，是事物的本质和规律。守正，就是坚守正道，坚持按规律办事。守正体现为一种优势、一种自信、一种定力，是我们在复杂多变的国际国内形势下保持战略定力、坚定前进方向的重要保障。

创新：即改变旧的，创造新的，是对现状的突破与超越。它要求我们在遵循事物发展本质要求和客观规律的基础上，不断形成新认识、提出新理论、发明新技术、采用新方法、建立新制度、制定新政策等，以更有效地认识世界和改造世界。创新体现为一种胆识、一种责任、一种担当，是国家和民族发展进步的不竭动力。

二、高校图书馆的守正与创新

在高校图书馆的语境中，"守正创新"是一种重要的发展理念，它深刻体现了图书馆在传承与变革之间的平衡与追求。这一理念近年来被越来越多的高校图书馆所重视和实践。在2023年5月召开的全国林业院校图书情报工作委员会、中国林业教育学会图书馆工作委员会第29次会议上，与会者以"坚持守正创新，聚力提质增效——共谋涉林高校图书馆新时代高质量发展"为主题进行了深入的探讨和交流。

具体而言，高校图书馆的"守正创新"包含以下几个层面的含义。

（一）高校图书馆的守正创新

1. 基本职能与服务质量的坚守

"守正"意味着高校图书馆应坚定不移地履行其基本职能，包括文献资源的收集、整理、保存与提供利用，以及为读者提供学习、研究和知识交流的空间与环境。同时，图书馆还需确保服务质量，通过优化借阅流程、改善服务态度、完善服务设施等方式，为读者提供高效、便捷、舒适的服务体验。

2. 服务模式与技术手段的创新

在"守正"的基础上，"创新"则要求高校图书馆紧跟时代步伐，积极探索和采用新的服务模式和技术手段。这包括但不限于数字化资源的建设与共享、智能化服务系统的开发与应用、个性化服务方案的制定与实施等。通过创新，图书馆能够不断拓宽服务领域，提升服务效能，更好地满足读者多样化的需求。

（二）高校图书馆制度文化的守正创新

1. 制度文化的传承与坚守

高校图书馆的制度文化是其长期发展过程中形成的宝贵财富，包括管理制度、服务规范、价值观念等。在"守正"方面，图书馆应坚持和完善这些制度文化，确保其稳定性和连续性，为图书馆的健康发展提供有力保障。

2. 制度文化的创新与发展

同时，"创新"也要求图书馆在制度文化上不断寻求突破和发展。这可以通过引入现代管理理念和方法，对原有制度进行优化和完善，也可以根据读者需求的变化和图书馆发展的新趋势，制定新的制度规范和服务标准。通过制度文化的创新，图书馆能够激发内部活力，提升管理效能，推动图书馆事业的高质量发展。

高校图书馆的"守正创新"既是对传统优势的坚守与传承，也是对新时代挑战的积极应对与探索。在制度文化层面，它同样要求图书馆在保持制度稳定性和连续性的同时，不断推动制度文化的创新与发展。

三、高校图书馆在制度文化建设中如何做到守正与创新

（一）在制度文化建设中，高校图书馆应坚持的原则

1. 教育性原则

图书馆作为学校的教育资源中心，其制度文化建设应始终围绕教育目标展开。通过制度建设，引导学生树立正确的价值观和学习观，促进学生综合素质的全面提升。

2. 自主性原则

鼓励师生在遵守图书馆制度的前提下，积极参与图书馆的各项活动和服务，发挥主动性和创造性。同时，图书馆也应为师生提供自主学习和研究的空间和环境。

3. 服务性原则

图书馆制度文化建设的最终目的是更好地服务师生。因此，在制度建设中应始终坚持以师生为中心的服务理念，不断优化服务流程，提高服务质量，提高师生的满意度和获得感。

4. 规范性原则

制度建设应具有规范性和约束力，确保图书馆各项工作有序进行。通过制定科学合理的规章制度和操作流程，规范师生的行为举止和服务要求，维护图书馆的良好秩序和形象。

5. 创新性原则

在坚持传统制度的基础上，不断进行创新和完善。根据时代发展和学校特色，探索新的制度模式和服务方式，以适应新的需求和挑战。同时，注重制度文化的传承与发展，保持图书馆制度文化的活力和生命力。

（二）守正与创新的实践

1. 守正

守正即坚守图书馆制度文化的核心价值和基本原则，确保图书馆制度的稳定性和连续性。在守正方面，高校图书馆应：

（1）严格遵循国家法律法规与教育部门规范，强化法律制度的实施与应用，确保管理有章可循、有法可依。

法律：

①《中华人民共和国教育法》：作为教育领域的基本法律，它规定了我国教育的基本制度、任务、方针等，对高校图书馆的建设和管理具有宏观指导作用。

②《中华人民共和国高等教育法》：针对高等教育领域，明确了高校的基本任务、管理体制、教师和其他教育工作者、学生、高等教育投入与条件保障等方面的内容，为高校图书馆服务高等教育提供了法律依据。

③《中华人民共和国著作权法》：涉及图书馆在资源采集、使用和传播过程中必须遵守的著作权保护原则，要求图书馆在尊重知识产权的前提下，合理合法地利用文献资源。

④《中华人民共和国公共图书馆法》：该法规定了公共图书馆的设立、运行、服务、保障和监督等，高校图书馆可以借鉴其关于服务、资源建设、读者权益保护等方面的规定。

⑤《中华人民共和国教育法》：高校图书馆作为学校教育资源的一部分，应遵守教育法中关于教育资源管理、利用和保护的规定，为师生提供优质的教育服务。

⑥《中华人民共和国消防法》：高校图书馆作为公共场所，必须严格遵守消防法规，确保消防安全，定期进行消防检查和演练。

⑦《中华人民共和国安全生产法》：高校图书馆在日常运营中，应关注安全生产，确保读者和工作人员的人身安全，防止安全事故的发生。

⑧《中华人民共和国档案法》：虽然主要针对档案管理，但高校图书馆在处理珍贵文献、历史档案等方面，应参照档案法的原则，做好档案的收集、整理、保护和利用工作。

法规：

①《普通高等学校图书馆规程》：教育部发布的针对高校图书馆的专门性法规，详细规定了高校图书馆的性质、任务和职能，以及馆藏建设、读者服务、队伍建设、条件保障等方面的具体要求，是高校图书馆建设和管理的重要指南。

②《中华人民共和国公共图书馆法》：虽然主要面向公共图书馆，但其中的一些原则和精神对高校图书馆也具有一定的参考价值，如公共图书馆的设立、运行、服务、保障和监督等方面的规定。

章程：

①学校章程：各高校通常会制定自己的章程，其中会涉及图书馆的定位、职能、管理等方面的内容。这些章程是高校图书馆在学校内部管理和服务中必须遵守的基本规范。

②图书馆内部管理规章制度：图书馆应制定详细的管理制度，包括图书采购、编目、分类、借阅、归还、损坏赔偿等方面的规定，确保图书馆的正常运行和服务质量。

③读者服务章程：明确图书馆的服务宗旨、服务内容、服务方式和服务时间等，保障读者的合法权益，提高读者的满意度。

④知识产权保护章程：针对电子资源、数据库等数字化资源，图书馆应制定知识产权保护章程，确保在提供数字化服务时遵守相关法律法规，保护知识产权人的合法权益。

⑤应急处理预案：制定应对突发事件的应急处理预案，包括火灾、地震、网络安全事件等，确保在紧急情况下能够迅速、有效地采取措施保障读者和工作人员的安全。

（2）在制度建设中，避免频繁更改核心制度，确保师生对图书馆制度的认同感和信任感。

①增强制度的稳定性和权威性：频繁更改核心制度会削弱制度的稳定性和权威性，使师生对制度产生怀疑和不信任。稳定的制度环境有助于师生形成对制度的长期认同和遵守。

②降低师生的适应成本：制度的频繁变动要求师生不断学习和适应新的规则，从而增加了他们的适应成本。避免频繁更改制度可以减轻师生的负担，使他们能够更专注于学习和研究。

③促进制度文化的传承与发展：稳定的制度环境有利于制度文化的传承与发展。当师生对制度形成稳定的认同和信任后，他们会更加积极地参与图书馆的各项活动和服务，从而推动制度文化的不断完善和创新。

（3）传承优良传统。

继承图书馆长期形成的优良传统和作风，如严谨的学术氛围、优质的服务态度等。

①维护学术诚信：建立健全学术诚信体系，明确学术规范和道德标准，对学术不端行为零容忍，营造风清气正的学术环境。

②促进学术交流：定期举办学术讲座、研讨会、读书会等活动，搭建学术交流平台，鼓励师生参与讨论，激发学术灵感。

③资源建设与利用：持续投入资源建设，丰富馆藏资源，优化资源布局，同时提供便捷的资源检索和利用工具，支持师生的学术研究工作。

④以师生为中心：树立以师生为中心的服务理念，关注师生的需求和反馈，不断改进服务方式和服务内容。

⑤提升服务质量：加强图书馆工作人员的培训和教育，提高他们的专业素养和服务水平，确保为师生提供高效、专业、热情的服务。

⑥完善规章制度：根据时代发展和社会需求的变化，及时修订和完善图书馆的规章制度，确保其科学性、合理性和可操作性。

⑦严格制度执行：加强规章制度的执行力度，确保各项制度得到有效落实，对违反制度的行为进行严肃处理。

⑧制度文化建设：将制度文化建设纳入图书馆的整体发展规划中，通过制度宣传、教育等方式，增强师生对制度的认同感和遵守意识。

2. 创新

创新，即根据时代发展和学校特色，对图书馆制度文化进行改进和完善，以适应新的需求和挑战。在创新方面，高校图书馆应做到：

一是紧跟时代步伐：关注教育技术的发展和师生需求的变化，及时调整和优化图书馆服务，如引入数字化服务、开展在线阅读推广等。

二是鼓励师生参与：建立师生参与图书馆制度建设的机制，听取师生的意见和建议，增强制度的针对性和实效性。

三是探索新模式：勇于尝试新的管理模式和服务模式，如建立学科馆员制度、开展阅读疗法服务等，以提供更加个性化、专业化的服务。

高校图书馆制度文化的创新研究，是一个多维度、深层次的探索过程，它全面涵盖了从组织架构与管理模式的革新，到职业发展与人事管理的优化，再到读者服务与资源管理的创新，以及信息技术与数字化服务的转型升级，并延伸至多项特色与专项制度的完善与拓展。这一过程旨在通过制度创新，不断提升图书馆的服务效能与学术价值，以更好地满足师生需求并推动学术发展。具体包括以下方面：

（1）组织架构与管理制度。

①组织架构创新。

扁平化管理：减少管理层级，提高决策效率，使管理层能够更快地响应师生需求和市场变化。

跨部门协作：建立跨部门协作机制，打破部门壁垒，促进资源共享和信息流通，提升整体服务效能。

灵活的团队设置：根据项目需求设立灵活的项目团队，实现资源的优化配置和高效利用。

②管理制度创新。

绩效管理制度：建立科学的绩效管理体系，将工作业绩与激励措施挂钩，激发员工的工作积极性和创造力。

标准化管理：制定和完善各项管理标准，确保各项工作有章可循、有据可查，提高管理效率和质量。

持续改进机制：建立持续改进机制，鼓励员工提出改进建议，不断优化管理流程和服务流程。

（2）职业资格与人事制度。

①职业资格认证。

推行图书馆员职业资格认证制度，确保图书馆员具备专业知识和技能，提高整体服务水平。

鼓励图书馆员参加专业培训和学习，不断提升自身素质和能力。

②人事制度创新。

多元化用工制度：引入劳动合同制、劳务派遣制等多种用工形式，灵活配置人力资源。

人才激励机制：建立健全人才激励机制，为优秀人才提供广阔的发展空间和晋升机会。

团队建设与培训：加强团队建设，提升团队凝聚力和战斗力；定期开展培训活动，提高员工的专业素养和服务能力。

（3）读者管理与服务制度。

①读者管理创新。

个性化服务：利用大数据和人工智能技术，为不同读者提供个性化的阅读推荐和服务。

读者参与机制：建立读者参与机制，鼓励读者参与图书馆管理和服务活动，增强读者的归属感和责任感。

②服务制度创新。

一站式服务：整合各项服务功能，提供一站式服务，方便读者快速办理各项业务。

无障碍服务：为特殊群体提供无障碍服务设施和服务项目，保障他们的阅读权益。

赋能服务：根据读者需求，提升自身的服务能力和影响力。

（4）资源建设与管理制度。

①资源建设创新。

多元化资源采购：根据学校学科特色和师生需求，采购多元化的图书、期刊、数据库等资源。

资源共享与合作：加强与其他图书馆的合作与交流，实现资源共享和优势互补。

②资源管理制度创新。

数字化管理：推进图书资源的数字化进程，建立数字资源管理系统，提高资源利用效率和管理水平。

定期评估与调整：定期对馆藏资源进行评估和调整，确保资源的时效性和适用性。

（5）信息技术与数字化服务制度。

①信息技术创新。

引入新技术：积极引入云计算、大数据、人工智能等新技术，提升图书馆的信息化水平和服务能力。

智能化设备：配备智能化设备，如自助借还机、电子阅读器等，提高服务效率和便捷性。

②数字化服务制度创新。

移动图书馆：开发移动图书馆 App 或小程序，提供便捷的移动阅读服务。

在线咨询服务：提供在线咨询服务，及时解答读者的疑问。

（6）其他专项制度。

①知识产权保护制度。

建立健全知识产权保护制度，加强对知识产权的宣传和教育，维护知识产权的合法权益。

②绿色环保制度。

推行绿色环保理念，采取节能减排措施，减少对环境的影响和破坏。

③应急管理制度。

建立完善的应急管理制度和预案体系，确保在突发事件发生时能够迅速响应并妥善处理。

高校图书馆的制度创新是一个全方位、多层次的过程。通过组织架构与管理制度的优化、职业资格与人事制度的完善、读者管理与服务制度的创新、资源建设与管理制度的加强、信息技术与数字化服务制度的推进，以及其他专项制度的建立与完善，可以不断提升高校图书馆的服务质量和水平，更好地满足师生的需求和服务社会的发展。

第六章

高校图书馆的网络文化建设

第一节 网络与网络文化

一、网络的产生

网络的产生是计算机技术与通信技术深度融合、相互促进的辉煌历程，凝聚了无数科学家、工程师的智慧与汗水。这一过程可以高度概括为：从初期的技术萌芽与初步探索，到关键技术的突破与创新，再到网络架构与协议的标准化与普及，最终实现了全球范围内的广泛互联与应用。

（一）计算机网络的萌芽

1. 早期探索

1951 年，美国麻省理工学院林肯实验室开始着手为美国空军设计名为 SAGE 的自动化地面防空系统，该系统于 1963 年建成，被认为是计算机和通信技术结合的先驱。这一系统通过计算机和通信技术实现了防空系统的自动化和远程监控。

2. 民用系统应用

20 世纪 50 年代初，美国航空公司与 IBM 公司开始联合研究计算机通信技术应用于民用系统方面，并于 20 世纪 60 年代初投入使用飞机订票系统 SABRE-I。这一系统的成功应用标志着计算机通信技术开始进入民用领域。

（二）计算机网络的初步形成

1. 阿帕网的建立

1969 年，美国国防部高级研究计划署（ARPA，后更名为 DARPA）资助建立了第一个网络，即 ARPANET（阿帕网）。这个网络最初连接了 4 台计算机，采用分组交换技术，实现了不同计算机之间的数据通信。ARPANET 被认为是现代计算机网络的雏形，是 Internet 的前身，其技术和设计理念对后来的计算机网络发展产生了深远影响。

2. 关键技术创新

在 ARPANET 的建设过程中，许多关键技术得到了创新和发展，如分组交换技术、接口报文处理器（IMP，相当于现在的路由器）等。这些技术的出现为计算机网络的进一步发展奠定了基础。

（三）TCP/IP 协议的产生与普及

1. 协议的产生

随着计算机网络的发展，不同网络之间的互联问题日益突出。1974 年，IP（互联网协议）和 TCP（传输控制协议）问世，合称 TCP/IP 协议。这两个协议定义了一种在电脑网络间传送报文（文件或命令）的方法，为实现不同网络之间的互联提供了可能。

2. 协议的普及

TCP/IP 协议的核心技术被美国国防部无条件地向全世界公布，这一举措极大地推动了 Internet 的发展。随着时间的推移，TCP/IP 协议逐渐成为计算机网络通信的标准协议。

（四）Internet 的形成与发展

1.NSFNET 的建立

20 世纪 80 年代，美国国家科学基金会（NSF）建立了 NSFNET，这是一个基于 TCP/IP 协议的广域网。NSFNET 的建立进一步推动了 Internet 的发展，使其成为覆盖全球的大规模计算机网络。

2. 商业化与普及

进入 20 世纪 90 年代后，Internet 进入高速发展时期，越来越多的国家、地区和组织加入 Internet，形成了覆盖全球的计算机信息网络。

（五）现代网络的发展

1. 网络技术的不断创新

随着技术的不断进步，现代网络已经发展出许多新的技术和应用，如无线网络、云计算、大数据、物联网等，这些新技术和应用进一步推动了网络的发展和应用范围的扩大。

2. 网络社会的形成

网络已经成为现代社会不可或缺的一部分，它改变了人们的生活方式、工作方式和学习方式。人们通过网络进行信息交流、资源共享、在线购物、远程办公等活动，形成了一个全新的网络社会。

二、中国网络的发展

中国互联网的发展是一个逐步发展、逐步与国际接轨的过程。

（一）早期探索与初步连接

1. 第一封电子邮件的发送

1987 年 9 月 20 日，中国从北京的兵器工业计算机应用研究所向德国的卡尔斯鲁厄大学发送了第一封电子邮件，这标志着中国与互联网的第一次"亲密接触"。这封邮件是通过一个与德国合作的国际联网项目——中国学术网（CANET）发送的，虽然它使用的不是中国自主建设的互联网，但为后续的互联网发展奠定了基础。

2. 国内互联网项目的启动

1988 年，中国邮电部建成了国内第一个 X.25 分组交换网——CNPAC，覆盖了多个城市。同年，中国科学院高能物理研究所实现了计算机国际远程联网，并开通了电子邮件服务。这些项目为中国互联网的初步发展提供了技术和基础设施支持。

（二）教育与科研网络的建设

1.NCFC 工程的启动

1989 年 10 月，中关村地区教育与科研示范网络项目（NCFC）正式启动。该项目由世界银行提供贷款，国家计委（现已更名为国家发展和改革委员会）、国家教委（现已更名为国家发展和改革委员会）、中国科学院等共同参与投资和支持。NCFC 的目标是建立一个示范性的超级计算中心，并用高速网络将中国科学院院网、清华大学校园网、北京大学校园网等互联。这一工程为中国互联网的进一步发展奠定了基础。

2. 重要里程碑

1994 年 4 月 20 日，NCFC 接入 Internet 的 64K 国际卫星专线正式开通（通过美国

Sprint 公司），实现了与 Internet 的全功能连接。这一天标志着中国正式成为国际上第 77 个真正拥有全功能 Internet 的国家。

3. 互联网服务兴起

1995 年，中国第一批互联网接入服务提供商如瀛海威、瑞得在线等开始创立，为公众提供互联网接入服务。

（三）互联网的发展与普及

1. 全国范围接入

1997 年起，中国互联网开始面向全国接入 Internet，进入快速发展阶段。此阶段上网计算机数和互联网用户规模迅速增长。

2. 关键事件与成就

1997 年，《人民日报》主办的人民网进入国际互联网，成为中国开通的第一家中央重点新闻宣传网站。

2000 年前后，中国互联网开始崛起，众多标志性企业，如阿里巴巴、百度、腾讯等相继成立，推动了中国电子商务、搜索引擎和社交网络等领域的发展。

2008 年，中国网民数量首次超过美国，跃居世界第一。同年，微博上线，成为中国社交媒体的重要平台之一。

2010 年后，移动互联网开始崛起，智能手机和移动互联网应用的普及极大地推动了互联网的普及和发展。

2014 年，中国移动互联网用户规模超过 8 亿，互联网金融开始兴起。同年，共享单车在中国迅速发展，成为全球共享单车市场的重要一员。

2016 年，中国互联网经济规模超过 10 万亿元，中国成为全球第一。

2020 年，中国互联网经济规模达到 41.2 万亿元，中国成为全球最大的数字经济市场。同年，中国成功实现了 5G 商用，开启了互联网时代的新篇章。

3. 技术创新与应用

硬件、软件、云计算、人工智能、区块链及虚拟现实等技术的持续创新，与电子商务、在线教育、医疗健康、智能家居、网络媒体等领域的广泛应用深度融合，共同推动了互联网行业的蓬勃发展，不断开拓新的应用边界，促进了社会的全面数字化转型。

三、网络文化

随着互联网的普及和技术的不断进步，网络空间逐渐成了人们获取信息、交流思想、娱乐休闲的重要场所。在这个过程中，网络文化作为一种独特的文化现象，逐渐在网络上兴起并繁荣发展。

（一）网络和网络文化之间的关系

网络和网络文化之间的关系是紧密且相互依存的，它们之间的互动构成了当今数字时代的重要特征。

1. 网络是网络文化产生的物质基础和技术支撑

①物质基础：网络作为一种通信基础设施，为信息的传输和共享提供了物理平台。互联网的普及和发展，使得人们能够跨越地域限制，实现全球范围内的即时通信和资源共享。这种物质基础为网络文化的形成和发展提供了必要的条件。

②技术支撑：网络技术的不断进步，如云计算、大数据、人工智能等，为网络文化的传播和创新提供了强大的技术支持。这些技术使得网络文化能够以更加丰富多彩的形式呈现，同时也提高了网络文化的传播效率和影响力。

2. 网络文化是网络技术的产物和表现形式

①文化产物：在网络技术向社会文化全面渗透的过程中，催生了一种新的技术文化——网络文化。网络文化依托于网络技术而产生，是网络技术与现实文化的联姻，具有不同于传统文化以及网络技术本身的系统新质。

②表现形式：网络文化通过文字、图片、音频、视频等多种形式在网络空间中传播和展示。这些表现形式不仅丰富了网络文化的内涵，也增强了网络文化的吸引力和感染力。例如，社交媒体上的短视频、网络直播、在线游戏等都是网络文化的重要表现形式。

3. 网络与网络文化相互促进、共同发展

①相互促进：网络技术的发展为网络文化的传播和创新提供了更加广阔的空间和可能性。同时，网络文化的繁荣也推动了网络技术的进一步发展和完善。例如，社交媒体和在线教育的兴起促进了云计算和大数据技术的广泛应用，而网络游戏的兴起则推动了图形处理技术和虚拟现实技术的发展。

②共同发展：网络和网络文化在相互促进中实现了共同发展。随着网络技术的不断进步和网络文化的不断繁荣，人们越来越离不开网络这个虚拟世界。网络已经成为人们获取信息、交流思想、娱乐休闲的重要平台之一。同时，网络文化也成了现代社会文化

的重要组成部分之一，对人们的思想观念、生活方式和价值观念产生了深远的影响。

（二）网络文化产生的背景

网络文化的产生是一个复杂而多元的过程，其背后有多重因素的推动和影响，其主要因素包括以下方面：

1. 技术基础

①计算机技术与网络技术的发展：网络文化的形成和发展离不开计算机技术和网络技术的飞速进步。自 20 世纪 40 年代计算机诞生以来，特别是 20 世纪 60 年代末互联网的初步形成，为网络文化的孕育提供了坚实的物质基础。现代信息技术的高速度、大容量、综合化、数字化、个性化等特点，为网络文化的出现奠定了技术基础。

②互联网的普及与普及率的提升：随着互联网技术的不断发展和普及，越来越多的用户能够接入互联网，这为网络文化的形成提供了庞大的用户群体和广阔的市场空间。特别是在 21 世纪初，随着网络基础设施建设的加强和互联网用户数量的激增，网络文化逐渐从边缘走向主流。

2. 社会需求

①信息获取与交流的需求：在信息化时代，人们对信息获取和交流的需求日益增长。互联网以其独特的优势满足了这一需求，使得人们能够跨越地域限制，实现全球范围内的即时通信和资源共享。这种需求推动了网络文化的形成和发展。

②娱乐与休闲的需求：随着生活节奏的加快和工作压力的增大，人们越来越需要寻找一种便捷、高效的娱乐和休闲方式。网络文化以其丰富多彩的内容和形式满足了这一需求，如网络游戏、网络音乐、网络视频等娱乐形式逐渐成为人们日常生活中不可或缺的一部分。

3. 文化交融与创新

①多元文化的交融：互联网打破了地域和文化的界限，使得不同地域、不同文化背景的人们能够自由交流。这种交流促进了多元文化的交融和碰撞，为网络文化的形成和发展提供了丰富的素材和灵感。

②文化创新的需求：在全球化背景下，文化创新成为推动社会发展的重要动力。网络文化以其独特的创造力和活力成为文化创新的重要领域之一。在互联网上，人们可以自由地表达自己的观点和情感，进行文化创作和传播，从而推动网络文化的不断创新和发展。

4.个体与群体的互动

①个体需求的多样性：每个个体都有自己独特的认知、情感和社交需求。在互联网上，这些需求得到了极大的满足。个体通过参与网络文化活动表达自己的观点和情感、寻求认同和归属感等，从而推动了网络文化的形成和发展。

②群体互动的力量：群体互动是网络文化形成和发展的重要推动力之一。在互联网上，人们通过社交媒体、论坛等平台进行群体互动和交流，形成了各种网络社群和圈子。这些社群和圈子不仅为个体提供了交流和分享的空间和平台，还通过集体智慧和力量推动了网络文化的不断创新和发展。

（三）网络文化的含义

网络文化的含义是多元的，可以从多个角度进行阐述，主要包括以下方面。

1.广义角度

从广义上讲，网络文化是指在网络时代的背景下，依托网络通信技术和各种新媒体而产生的新的文化形式。它是人类文化发展到网络时代的产物，是人类传统文化、传统道德的延伸和多样化的展现。这种文化形式涵盖了人们在互联网这个特殊世界中进行工作、学习、交往、休闲、娱乐等所形成的活动方式及其所反映的价值观念和社会心态等方面的内容。它不仅包括物质文化（如计算机、网络、虚拟现实等构成的网络环境），还包括精神文化（如网络文学、网络艺术、网络思想观念等），以及制度文化等多个方面。

2.狭义角度

从狭义上讲，网络文化则更侧重于精神层面的创造活动及其成果。它是指建立在计算机技术和信息网络技术以及网络经济基础上的精神创造活动及其成果，如网络文学、网络艺术、网络新闻、网络社区等。这些文化形态通过互联网的媒介技术传输和人际双向交流形成，具有虚拟性、交互性、共享性和时效性等特征。

3.技术层面

从技术层面看，网络文化是以计算机技术和通信技术的融合为物质基础，以发送和接收信息为核心的一种崭新文化。它利用互联网作为信息传播的主要渠道，实现了信息的快速传递和广泛共享。这种技术特性使得网络文化具有内容丰富、传播迅速、影响广泛等特点。

4.精神层面

从精神层面看，网络文化体现了文化的价值取向和追求。它具有开放性、平等性、多元性、自由性等特征。在互联网上，人们可以自由地表达自己的观点和想法，不受地域和时间的限制。这种自由和平等的交流方式促进了文化的多样性和包容性。同时，网络文化也反映了人们对新知识、新技术和新思想的追求和向往。

5.主要特点

网络文化作为一种新兴的文化形态，具有以下几个显著特点。

①开放性：网络文化打破了传统文化的地域和时空限制，实现了全球范围内的信息共享和交流。

②平等性：在互联网上，人们可以平等地参与文化创造和传播活动，不受身份和地位的限制。

③互动性：网络文化强调用户之间的交流和互动，通过评论、点赞、分享等方式形成了一种全新的社交方式。

④虚拟性：网络文化依托于虚拟的网络空间而存在，具有高度的虚拟性和超现实性。

⑤共享性：网络文化鼓励资源的共享和利用，使得优秀的文化成果能够迅速传播并惠及广大网民。

第二节 网络文化与高校图书馆

一、网络及网络文化对高校图书馆的影响

网络和互联网技术及网络文化极大地改变了高校图书馆的发展，主要体现在以下几个方面。

（一）服务模式的转变

1.数字化服务

互联网和网络技术使得高校图书馆能够提供电子书、有声书、视频资源等多种形式的数字化资源，读者可以通过网络随时随地访问这些资源，极大地拓宽了获取知识的渠道。

2. 个性化服务

通过大数据分析和人工智能技术，图书馆能够分析读者的阅读记录、兴趣偏好和搜索行为，从而提供个性化的图书推荐和服务，提高读者的满意度和阅读体验。

（二）资源管理的优化

1. 数字化管理

图书馆利用网络技术实现了资源的数字化管理，包括图书的采购、编目、存储、检索和借阅等各个环节，提高了工作效率和管理水平。

2. 资源共享

互联网打破了地域限制，使得高校图书馆能够与其他图书馆和学术机构共享资源，实现资源的优化配置和高效利用。

（三）服务环境的改善

1. 虚拟空间建设

图书馆不仅提供实体空间，还通过互联网技术构建了虚拟图书馆，读者可以在线浏览图书、参与学术讨论和社交活动，丰富了服务的形式和内容。

2. 舒适的阅读环境

高校图书馆在实体空间的设计上也更加注重舒适性和便利性，通过合理的布局和设施配备，为读者营造良好的阅读环境。

（四）服务观念的更新

1. 主动服务

"互联网＋图书馆"使得图书馆能够主动了解读者的需求，提供更加贴心和个性化的服务，改变了过去被动服务的局面。

2. 多元化服务

图书馆不再局限于传统的借阅服务，而是向多元化方向发展，包括信息咨询、学术指导、技能培训等多种服务形式。

（五）技术应用与创新

1.智能技术

图书馆引入了智能推荐系统、自动化借还书系统等智能技术，从而提高了服务的便捷性和效率。

2.新技术探索

图书馆还积极探索虚拟现实、增强现实等新技术在图书馆服务中的应用，为读者提供更加富有趣味性和互动性的学习体验。

二、高校图书馆面临的机遇与挑战

随着信息技术的迅猛发展，网络及其孕育的网络文化正以前所未有的力度渗透并重塑着高校图书馆的生态环境，为其带来了前所未有的机遇与挑战。

（一）机遇

1.服务范围扩展

①数字化阅读：互联网使得图书数字化处理成为可能，高校图书馆不再受实体建设规模的限制，可以通过网络传播资源和服务，吸引更多读者。读者可以根据自己的喜好和需求，选择电子书、有声书和视频资源等多种形式的阅读和学习材料，极大地丰富了阅读体验。

②远程服务：互联网提供了便捷的数字阅读环境和读者服务机制，高校图书馆可以加强自身的数字阅读资源和服务建设，提升服务质量和水平。例如，通过在线借阅、数字资源访问和远程咨询等多样化的服务方式，满足不同读者的需求。

2.服务精准化

①数据分析与个性化推荐：互联网技术和大数据分析为图书馆提供了更精准和个性化的服务。通过分析读者的阅读记录、兴趣偏好和搜索行为，图书馆可以推荐更符合读者需求的图书和资源，提高读者的满意度和资源的利用率。

②智能化服务：智能化服务，如自动化借还书系统、智能推荐系统和智能问答系统，提高了图书馆的服务效率，使读者能够更便捷地获取所需资源。

3.资源管理与共享

①数字化管理：互联网技术使得图书馆能够更好地管理和组织资源。通过数字化的

图书馆系统和数据库，图书馆可以更高效地存储、检索和共享资源，提高了工作效率。

②合作与共享：图书馆可以与其他机构或平台合作，共享资源和服务，提高资源的利用效率，扩大其覆盖面。

（二）挑战

1.信息资源的快速更新与多样化

（1）信息更新与资源完善。

在互联网时代，信息爆炸与知识变迁的速度显著加快，这迫使高校图书馆必须持续不断地更新和完善自身的服务与资源。为了紧跟时代步伐，图书馆需积极适应并引领这一变革，确保为读者提供最新、最全面的学术信息。此外，信息资源的形式也日益多样化，涵盖了电子书、数据库、在线课程以及社交媒体内容等，这种多样性不仅丰富了读者的知识获取渠道，也对图书馆的资源整合和分类管理能力提出了更高要求。

（2）资源更新成本与用户需求的演变。

数字化资源的更新与维护伴随着高昂的成本，高校图书馆需精心规划预算，以确保资源的持续更新与服务的稳定性。随着互联网与移动设备的广泛普及，读者的阅读习惯与学习方式经历了显著的变迁。他们愈发倾向于利用碎片化时间进行在线阅读与学习，这对信息的即时性与获取的便捷性提出了更高要求。同时，用户需求的多样化进一步加大了图书馆服务的挑战，促使图书馆不断探索并提供更加个性化、精准化的服务策略，以满足不同读者的独特需求。

2.用户行为和需求的变化

（1）纸质书借阅量下降。

随着移动互联网和电子资源的普及，学生的阅读方式经历了深刻变革，他们日益倾向于利用数字化平台随时随地获取所需知识，更倾向于使用电子资源、文献传递等"远距离"图书馆服务，如有声读物和网络信息素养教育等。同时，这一变化也促使学生对"近距离"图书馆服务，如阅览室环境、座位预约的公平性等方面提出了更高的期待，期望图书馆能提供更加舒适、便捷且公平的学习空间与服务体验。

（2）由被动服务向主动服务的转变。

在"互联网＋"时代背景下，高校图书馆的传统服务模式已难以满足现代学生的需求。为了提升服务质量，图书馆必须实现从被动服务向主动服务的转变。这意味着图书馆需要利用互联网技术和数据分析手段，深入了解读者的阅读习惯、兴趣偏好和学习需求，为他们提供定制化的服务方案。例如，图书馆可以根据读者的借阅历史和浏览记录，主动推送相关书籍和学术资源。同时，图书馆还可以开展在线咨询服务、建立读者社群等，加强与读者的互动与交流，更好地满足他们的个性化需求。通过这种主动服务的方式，图书馆不仅能够提升读者的满意度和忠诚度，还能够促进学术资源的有效传播和利用。

3. 数字化与信息化的挑战

（1）资源数字化与管理的复杂性及成本。

一方面，为了将馆藏资源转化为数字格式并实现信息化管理，图书馆必须投入大量的人力、物力和财力，这包括购置先进的数字化设备、培训专业人员以及支付版权费用等。另一方面，版权问题的复杂性不容忽视，图书馆需与版权持有者协商授权事宜，并支付相应的版权费用，这一过程既耗时又烦琐。此外，技术标准的多样性也给资源的整合与管理带来了巨大困难。更为严峻的是，数字化资源的安全问题日益凸显，数据泄露、篡改等风险时刻威胁着资源的安全性和用户隐私的保护，这要求图书馆在推进数字化的同时，必须建立健全的数据安全保护机制。

（2）专业人才短缺。

新技术的引入与应用，要求与现有系统深度整合，涵盖技术架构重构、数据格式转换、接口对接等复杂环节，急需一批既精通图书馆业务又掌握信息技术的复合型人才。然而，此类复合型人才相对稀缺，难以满足图书馆迫切的需求。加之高校图书馆在薪酬竞争力、职业晋升路径及工作环境等方面与高科技企业相比存在明显差距，导致其难以有效吸引并留住优秀人才。同时，图书馆内部的人才培养机制尚不健全，培训体系不完善，职业发展路径模糊，进一步加剧了人才短缺的困境。随着互联网浪潮的席卷和信息技术的飞速发展，众多年轻人更倾向于投身互联网企业或科技公司，追求更为优厚的待遇与广阔的发展平台，使得高校图书馆在人才市场的竞争中处于不利地位。核心人才的流失，无疑会对图书馆的数字化转型进程和服务质量提升构成重大威胁。

4. 信息素养教育亟须加强

（1）信息素养教育的需求日益迫切。

随着互联网的普及和信息的爆炸式增长，信息素养已成为现代人不可或缺的基本能力。高校图书馆作为知识与信息的集散地，肩负着提升读者信息素养的重任。这不仅关乎读者如何高效、准确地获取所需信息，更涉及如何批判性地评价信息的真实性和可靠性，从而避免被误导或传播错误信息。

（2）高校图书馆正面临数字素养培训方面的显著挑战。

随着电子资源，如数据库、在线期刊和电子图书等，在学术研究领域中占据越来越重要的地位，为学者和学生提供了前所未有的知识获取的便利性和内容的丰富性。然而，这种便利性的全面实现并非自然而然，它强烈依赖于用户是否具备相应的数字素养，即有效使用、管理和评估这些电子资源的能力。这种能力对于提升学术研究的效率、深化知识获取的深度以及保证研究成果的质量都至关重要。因此，高校图书馆必须正视这一挑战，通过加强数字素养培训，帮助用户充分掌握这些技能，从而最大限度地发挥电子资源的价值，推动学术研究不断进步。

5. 合作与共享机制扩大

（1）提高资源利用效率，实现社会效益最大化。

避免资源浪费：高校图书馆拥有丰富的藏书和文献资源，但各馆之间往往存在资源的重复购买和浪费情况。通过合作与共享机制，可以有效整合各馆资源，避免重复建设，提高资源利用效率。

资源互补：不同高校图书馆的藏书特色和重点可能不同，通过合作与共享，可以实现资源的互补，为用户提供更全面的资源服务。

服务社会公众：高校图书馆通过合作与共享机制，可以向社会公众开放资源，满足社会公众的信息需求，提升图书馆的社会服务能力。

促进产学研合作：高校图书馆与地方共建图书馆后，可以通过合作与共享机制，促进产学研合作，为地方经济社会发展提供有力支持。

（2）促进学术交流与合作，推动图书馆现代化建设。

学术交流平台：合作与共享机制为高校图书馆提供了一个学术交流的平台，不同学校的学者和学生可以通过该平台交流学术思想、分享研究成果，促进学术研究的深入发展。

联合研究项目：高校图书馆可以联合开展研究项目，共同承担研究任务，共享研究成果，提高研究水平和效率。

数字化建设：在数字化时代，高校图书馆需要加快数字化建设步伐，实现资源的数字化、网络化和智能化。合作与共享机制有助于推动各馆之间的数字化建设合作，共同开发数字化资源，提升服务质量。

技术创新与应用：通过合作与共享，高校图书馆可以共同探索新技术在图书馆领域的应用，如人工智能、大数据等，以提升图书馆的智能化水平和用户体验。图书馆建立联合机制包括松散型联合和紧密型联合，通过统一选拔领导、制定相关制度、实施进展的方法，大力推广馆际合作，共同建设合理高效的操作规程。

建立联盟机制：在网络化时代，图书馆联盟是促进图书情报机构合作、进行资源共建共享最有效的方式。通过创建联盟理事会，出台相关规章，为图书资源共建开辟新的途径。

建立统一的文献信息资源数据库和共享平台：通过整合各馆的文献资源，建立统一的数据库和共享平台，实现资源的互联互通和有序共享。

制定共享机制的规范和标准：为文献信息资源的共享提供清晰的方向和指导，确保各高校图书馆在共享过程中能够按照统一的要求进行操作，保障文献信息资源的质量和安全。

三、网络文化对高校图书馆的冲击：技术、资源和服务的探讨

（一）网络文化和技术影响下对图书馆未来发展的不同看法

在网络文化和技术的影响下，关于图书馆未来的讨论中确实出现了几种不同的观点，包括"图书馆消亡论""技术为王""资源不重要"以及"服务最重要"。

1.图书馆消亡论

这一观点主要基于网络资源的广泛可获得性和信息获取方式的便捷性。支持者认为，随着互联网技术的普及，人们可以通过搜索引擎、在线数据库、电子书平台等渠道轻松获取所需信息，无须再到图书馆查阅实体书籍或资料。因此，他们预测实体图书馆将逐渐失去其存在价值，最终走向消亡。然而，这种观点忽略了图书馆作为学习空间、文化交流中心以及促进知识共享的重要作用。

2.技术为王

这一观点强调技术在图书馆发展中的核心地位。支持者认为，技术是推动图书馆转型和创新的关键因素，只有不断引入和应用新技术，如大数据、人工智能、物联网等，才能提升图书馆的服务水平和竞争力。他们主张在技术投入上加大力度，以技术驱动图书馆的发展。然而，这种观点也需注意技术应用的适度性和人性化，避免过度依赖技术而忽略了人的需求和体验。

3.资源不重要

这一观点较为极端，认为在数字化时代，传统意义上的图书馆资源（如纸质图书、期刊等）已经不再重要。支持者认为，数字化资源具有易获取、易存储、易共享等优点，能够满足用户的大部分需求。然而，这种观点忽视了纸质资源在学术研究、文化传承等方面的独特价值，以及用户对于实体阅读体验的偏好和需求。

4.服务最重要

这一观点强调图书馆服务的重要性。支持者认为，图书馆的核心价值在于其提供的服务，包括信息咨询、阅读推广、学术交流等。在网络文化和技术的影响下，图书馆应更加注重提升服务质量，创新服务模式，以满足用户日益多样化的需求。他们主张图书

馆应成为用户获取知识的重要场所、文化交流的中心和终身学习的平台。

然而,在实际操作中,图书馆的发展需要综合考虑技术、资源和服务因素,实现三者的有机结合和相互促进。技术为图书馆提供了强大的支撑和动力,资源是图书馆服务的基础和保障,服务则是图书馆实现其社会价值和使命的关键所在。因此,图书馆应不断创新和发展,以适应时代的变化和用户的需求。

(二)正确看待技术、资源、服务三者的关系

技术、资源和服务是高校图书馆服务的三个重要基石。技术提供了先进的工具和手段,资源是服务的基础和支撑,而服务则是技术和资源价值的最终体现。

1.正确认识三者的关系

(1)技术。

是高校图书馆实现数字化转型和创新服务的重要支撑。技术能够提升信息处理的效率,优化用户体验,为资源的整合和服务的创新提供可能。

(2)资源。

是图书馆服务的核心和基础。资源不仅包括传统的纸质图书、期刊等,还包括数字化资源、在线数据库、开放获取资源等。丰富的资源是吸引用户、满足用户需求的关键。

(3)服务。

是图书馆价值的直接体现。服务包括信息咨询、阅读推广、学术交流、学习支持等。优质的服务能够提升用户满意度,增强图书馆的吸引力和影响力。

三者之间是相互依存、相互促进的关系。技术为资源和服务的优化提供了可能,资源是服务的基础,而服务则是技术和资源价值的最终体现。

2.平衡技术、资源和服务的关系

(1)技术引领,但不唯技术论。

高校图书馆应紧跟技术发展潮流,积极引入和应用新技术,但同时也要避免盲目追求技术先进性而忽略用户需求和体验。技术的选择和应用应以提升服务质量、提高用户满意度为导向。

(2)资源建设与服务需求相结合。

在资源建设过程中,高校图书馆应充分考虑用户需求和服务需求,优化资源结构,提升资源质量。同时,通过用户反馈和数据分析等手段,不断调整和完善资源建设策略,确保资源能够满足用户的实际需求。

(3)服务创新,以用户为中心。

高校图书馆应不断创新服务模式和服务内容,以用户为中心,提供个性化、便捷化、

智能化的服务。通过线上线下结合、跨界合作等方式，拓展服务领域，提升服务品质，满足用户多样化的需求。

（4）注重人文关怀。

在追求技术先进性和资源丰富的同时，高校图书馆还应注重人文关怀。关注用户的阅读体验、学习需求和精神文化生活，营造温馨、舒适、充满文化氛围的学习环境，提升用户的归属感和满意度。

3. 融入网络技术、网络思维和网络文化

（1）积极拥抱网络技术。

高校图书馆应充分利用网络技术手段，提升信息处理的效率和服务的便捷性。通过建设数字化平台、移动应用等方式，实现资源的快速获取和共享。

（2）培养网络思维。

高校图书馆工作人员应具备网络思维，了解网络文化的特点和趋势，积极应对网络文化对图书馆服务的影响。通过数据分析、用户画像等手段，精准把握用户需求和服务方向。

（3）融入网络文化。

高校图书馆应积极参与网络文化建设，通过举办线上活动、参与社交媒体互动等方式，扩大图书馆在网络空间的影响力。同时，注重网络文化的引导和规范，营造健康、积极的网络文化氛围。

（三）高校图书馆的变革与发展趋势

网络文化丰富了高校图书馆技术、资源和服务的内涵，使图书馆多方面变革与发展，主要包括以下方面但不局限于以下方面。

1. 技术方面

（1）数字化技术。

高校图书馆正积极推动纸质资源的数字化，将传统的纸质图书、期刊等转化为电子资源，建立数字图书馆，提供在线阅读和下载服务。这种数字化技术不仅解决了传统图书馆空间与图书存储限制的问题，还使得图书馆的资源更加广泛和便捷地为读者所利用。

（2）新兴技术的应用。

随着人工智能、大数据、云计算等新兴技术的发展，高校图书馆开始探索这些技术在图书馆服务中的应用。例如，利用人工智能技术提供智能图书推荐、学术导航、文献检索等功能，以提升用户体验和满足个性化需求。

在"科技赋能知识创新"高校智慧图书馆新技术应用交流会上，与会嘉宾深入探讨

了视觉感知技术在智慧图书馆建设中的应用，展示了 AI 视觉盘点系统等前沿技术在图书馆中的部署情况，这些技术提升了图书管理效率和服务质量。

2. 资源方面

（1）资源建设的多样化。

高校图书馆的资源建设不再局限于纸质文献，而是向数字化、多媒体化方向发展。电子书籍、数据库、期刊以及音视频资料、网络课程等多媒体资源得到了迅速的发展和普及，丰富了图书馆的服务内容。

（2）开放获取运动。

开放获取运动的兴起使得高校图书馆能够获取到更多的学术资源，同时也提高了图书馆资源的使用率和共享度。通过开放获取平台，读者可以更加便捷地获取所需的学术资源。

（3）资源整合与共享。

高校图书馆注重内部资源的整合，实现资源的互通共享。同时，加强与其他高校图书馆和公共图书馆的合作交流，实现外部资源的共享，为读者提供更加全面的学术资源。

3. 服务方面

（1）服务形式的创新。

高校图书馆正积极探索新的服务形式，以满足用户对于便捷、高效、多样化服务的需求。例如，建设数字图书馆和虚拟阅览室、举办在线讲座等，为用户提供更加便捷的信息获取渠道和交流平台。

（2）个性化服务。

随着互联网技术的发展，高校图书馆开始注重提供个性化服务。通过大数据分析用户偏好和需求，提供个性化的资源推荐、学术咨询等服务，提高服务满意度和用户黏性。

（3）教学科研支持。

高校图书馆在教学科研支持方面的服务也得到了加强。除了提供资源获取服务外，还提供学术出版支持、科研咨询等服务，为高校的教学科研工作提供有力支持。

（4）信息素养教育。

高校图书馆还注重信息素养教育，帮助读者提高信息检索和评估的能力。图书馆通过开设信息素养课程、举办讲座和研讨会等方式，提升读者的信息素养水平，使他们能够更好地利用图书馆资源。

高校图书馆在以互联网为代表的技术、资源和服务方面，正积极应对变革与挑战，通过技术创新、资源建设和服务优化等措施，不断提升自身的服务水平和竞争力，以更好地满足用户的需求和支持高校的教学科研工作。

第三节　高校图书馆的创新与转型

一、网络背景下高校图书馆发展的主要特点

在数字化与智能化交织的网络背景下，高校图书馆的发展呈现出四大鲜明特点，深刻重塑了其服务形态与功能定位。

首先，资源优势的深化与拓展成为显著标志。随着数智时代的到来，高校图书馆不再仅仅满足于信息资源的广泛收集，而是转而聚焦于资源的深度挖掘与价值利用。通过云计算、大数据等前沿技术的赋能，图书馆能够精准分析数据，挖掘信息资源的潜在价值，从而构建起更加丰富、深入且个性化的数字化资源库。这一过程不仅增强了图书馆作为知识宝库的核心竞争力，也为信息文化的深度传播与建设奠定了坚实基础。

其次，传播模式的创新与增值引领了图书馆服务的新风尚。在数智技术的推动下，图书馆的传播优势不再局限于简单的资源共享，而是向价值增值的方向迈进。人机融合的智慧化转型，使得图书馆能够多维度拓展服务边界，创新信息传播方式，为用户提供更加精准、高效、增值的信息服务。这种转变不仅提升了图书馆在信息文化传播领域的引领力，也促进了信息资源的最大化利用和价值创造。

再者，管理模式的转型与治理能力的提升是高校图书馆适应数智时代的必然选择。面对海量且复杂的数据资源，图书馆必须引入新一代信息技术，如人工智能等，以科学高效的方式管理这些数据。同时，图书馆还需融合治理理念，完善数据管理规范，提升馆藏信息的保存质量和使用价值。这一转变不仅促进了图书馆服务和管理水平的专业化、科学化，也推动了信息文化建设在制度层面的深刻变革，实现了从管理向治理的跨越。

最后，素质培育方式的立体化与创新彰显了图书馆在文化教育领域的独特魅力。借助虚拟现实、增强现实等智能技术，图书馆能够打造虚实结合的智慧服务场景，为用户提供沉浸式的服务体验。这种创新的服务模式不仅丰富了图书馆的文化素质培育形式，也形成了更加立体、全面的素养培养资源和教育优势。在数字化与智能化的双重驱动下，高校图书馆正逐步成为推动社会文化素质提升的重要力量。

二、新型图书馆模式

网络文化的发展极大地推动了图书馆模式的创新，催生了一系列新型图书馆模式，如数字图书馆、移动图书馆、智慧图书馆、社交图书馆、元宇宙图书馆、大数据驱动的图书馆以及基于 ChatGPT 的图书馆知识服务系统等。

（一）数字图书馆

1. 定义与特点

在中国，数字图书馆概念的正式引入与推广可追溯至 1996 年的一个标志性事件——第 62 届国际图书馆协会联合会（IFLA）大会在北京召开。此次大会将数字图书馆设立为一项专门的讨论议题，预示着这一新兴图书馆形态在全球范围内的兴起。紧随其后，IBM 公司与清华大学图书馆携手合作，展示了"IBM 数字图书馆方案"，这一创举不仅彰显了国际技术巨头与学术机构在数字图书馆领域的深度合作，也极大地加速了数字图书馆概念在中国的传播与普及。

1997 年，中国数字图书馆建设进程迎来了里程碑式的节点。7 月，由文化部牵头，向国家计划委员会（现已更名为国家发展和改革委员会）成功立项了"中国试验型数字式图书馆项目"，该项目迅速被确立为国家重点科技项目。这一举措不仅标志着我国数字图书馆建设工作的正式启动，也彰显了国家对数字化时代信息服务的重视与前瞻布局。

数字图书馆是用数字技术处理和存储各种图文并茂文献的图书馆，实质上是一种多媒体的分布式信息系统。它把各种不同载体、不同地理位置的信息资源用数字技术存储，以便于跨越区域、面向对象的网络查询和传播。数字图书馆不仅包含了传统图书馆的功能，还融合了其他信息资源（如博物馆、档案馆等）的一些功能，提供综合的公共信息访问服务。简而言之，数字图书馆是一种拥有多种媒体内容的数字化信息资源图书馆，能够为用户提供方便、快捷、高水平的信息化服务。

特点：

大规模性：数字图书馆能够存储和处理海量的数字化信息资源，包括图书、期刊、论文、图像、音频、视频等多种类型的数据。

分布式：数字图书馆的信息资源分布在不同的地理位置和载体上，通过网络技术实现跨区域的资源共享和访问。

便于使用：数字图书馆提供了便捷的检索和查询手段，用户可以通过网络随时随地访问所需的数字化信息资源。

无时空限制：数字图书馆打破了传统图书馆的时间和空间限制，用户可以在任何时间、任何地点访问数字图书馆的资源。

智能化：数字图书馆借助先进的信息技术，如自然语言处理、数据挖掘等，实现了智能化的信息检索和推荐服务。

可扩展性：数字图书馆的系统架构和存储技术具有高度的可扩展性，能够随着信息资源的不断增加而灵活扩展。

2. 主要技术与应用

数字化技术：包括扫描、OCR 识别、数据压缩等技术，用于将纸质文献转化为电子文档。

互联网技术：提供网络访问接口，使用户能够在线浏览、检索和下载电子资源。

多媒体技术：支持音频、视频等多媒体资源的数字化和在线播放。

3. 实例

国家数字图书馆、中国知网等平台提供了海量的电子图书、期刊、论文等资源，供用户免费或付费使用。

（二）移动图书馆

1. 定义与特点

最初，移动图书馆主要指"汽车图书馆"，这是一种通过汽车等交通工具将图书资料直接运送到农村、偏远地区或不便前往图书馆的地方，为那里的读者提供图书借阅、信息咨询等服务的模式。这种模式显著扩大了图书馆服务的地理覆盖范围，使得更多无法轻易到达图书馆的人也能享受到图书资源。

随着信息技术的飞速发展，移动图书馆的概念得到了极大的拓展。现代移动图书馆不再局限于物理上的移动，而是指利用智能手机、Kindle、iPad、Mp3/Mp4、PSP 等移动终端设备，通过无线网络或移动通信技术，使用户能够随时随地访问图书馆的电子资源，进行阅读、查询等。这种服务模式极大地提高了图书馆资源的利用效率，增强了服务的便捷性和灵活性。

现代移动图书馆的最大特点在于其便携性和即时性。用户不再受限于图书馆的物理位置，只需拥有支持上网的移动设备，就能在任何时间、任何地点访问图书馆的资源和服务，极大地提高了信息获取的效率和便捷性。移动图书馆通常提供丰富的电子资源，包括但不限于电子书、期刊论文、视频资料、音频文件等，覆盖了多个学科领域，满足了用户多样化的学习需求。许多移动图书馆平台支持用户与图书馆员进行在线交流，解答疑问，提供个性化服务。同时，通过用户行为分析，移动图书馆还能为用户推荐感兴趣的书籍或资源，实现服务的个性化和智能化。现代移动图书馆高度依赖于无线通信技术和移动设备的发展。随着 5G、物联网等技术的普及，移动图书馆的服务将更加高效、稳定，用户体验也将得到进一步提升。移动图书馆不仅提供了传统的图书借阅服务，还扩展到了信息查询、在线学习、参考咨询等多个领域，实现了图书馆服务的全面延伸和拓展。

2. 移动图书馆服务模式

目前，已广泛应用的移动图书馆服务平台主要涵盖了以下五种服务模式。

（1）短信服务模式。

短信服务模式（Short Message Service，SMS）是指图书馆利用手机短信方式向用户发送相关信息，提供服务的模式。

特点：

用户覆盖广：几乎所有手机都支持短信功能，用户基数大。

技术门槛低：技术实现简单，运行稳定。

及时快捷：信息传递迅速，费用低廉。

缺点：

信息容量小，内容形式单一（仅限于文本），交互性较差，无法传输图像、音频、视频等多媒体信息。

（2）彩信服务模式。

彩信服务模式（Multimedia Messaging Service，MMS）是图书馆通过电信运营商的彩信通道向用户提供包含图片、音频、视频等多媒体内容的信息服务模式。

特点：

内容形式丰富：支持多种媒体格式，提升用户体验。

用户覆盖较广：多数智能手机支持彩信功能。

缺点：

用户发送成本较高，不适用于频繁的信息交互操作。

（3）网站服务模式。

网站服务模式是指通过构建适应手机、平板电脑等移动设备访问的网站来提供移动图书馆服务的模式，主要包括 WAP 网站和移动优化（Mobile-optimized）的 Web 网站。

特点：

功能丰富：能够提供目录检索、电子资源访问、开馆时间查询等多种服务。

交互便捷：用户界面友好，支持复杂的交互操作。

应用广泛：是目前应用最广泛的服务模式之一。

（4）App 服务模式。

App 服务模式是指图书馆发布专用的第三方应用程序（Application，App），供读者在移动设备中安装，并通过该 App 提供信息服务。

特点：

高度定制：可根据用户需求定制功能和服务。

用户体验佳：提供更为流畅和直观的用户界面。

功能强大：支持离线阅读、个性化推荐等多种高级功能。

（5）微信服务模式。

微信服务模式是指基于腾讯公司的微信平台，构建移动图书馆服务系统，通过微信的快速通信功能（如语音、视频、图片、文字等）提供信息服务。

特点：

灵活开放：支持多种信息格式，用户体验灵活。

功能强大：集合了短信、彩信、网站的多种优点，具备强大的交互性和信息展示能力。

多语种、多平台支持：适应不同用户群体的需求。

建设成本低：利用现有微信平台，降低开发和维护成本。

这五种服务模式各有优劣，图书馆可根据自身条件和用户需求选择合适的模式或组合，以提供更为全面、高效的移动图书馆服务。主要技术与应用包括：

移动应用开发：开发适用于各种移动操作系统的图书馆应用程序，提供图书检索、借阅、续借等功能。

无线通信技术：如 Wi-Fi、4G/5G 等，支持用户与图书馆服务器之间的数据传输。

移动支付：支持用户通过移动支付方式缴纳借阅费用或购买电子资源。

3. 实例

许多高校图书馆都推出了自己的移动图书馆应用程序，如超星移动图书馆、中国知网手机客户端等。

（三）智慧图书馆

1. 定义与特点

2003 年，芬兰奥卢大学图书馆的 Aittola 及其研究团队，在人机交互与移动设备技术的国际盛会上，发表了题为《智慧图书馆：探索基于位置感知的移动服务新纪元》的开创性论文，率先将"智慧图书馆"的概念引入学术视野。这一概念的提出，迅速激发了全球范围内对智慧图书馆研究与发展的浓厚兴趣，使之成为图书馆领域普遍关注的焦点与热点议题，持续推动着图书馆服务与管理模式的智能化转型。

智慧图书馆是一种集物联网、云计算、大数据、人工智能等现代信息技术于一体的新型图书馆形态。它通过数字化、网络化、智能化的服务管理模式，实现对图书馆资源的全面感知、智能分析和高效管理，从而为读者提供更加便捷、个性化、高效的信息服务体验。智慧图书馆不仅是对传统图书馆功能的扩展与升级，更是对图书馆服务与管理模式的深刻变革。

智慧图书馆的特点主要包括以下几个方面。

技术集成性：智慧图书馆综合运用物联网、云计算、大数据、人工智能等现代信息技术，实现图书馆服务与管理的高度智能化。

资源智慧化：智慧图书馆的资源不仅包括传统图书馆和数字图书馆的所有资源，还涵盖了原生数字资源和创新型数字资源。这些资源通过智能技术得到深度挖掘、整合与利用，实现了资源的智慧化呈现和增值。

服务个性化：基于大数据和人工智能技术，智慧图书馆能够精准分析读者的阅读习惯、兴趣偏好等信息，为读者提供个性化的信息推送和定制化的服务体验。

管理智能化：智慧图书馆通过物联网技术实现对图书馆物理空间、设备设施、馆藏资源的全面感知和智能控制，提高管理效率和服务水平。同时，利用大数据分析优化资源配置和服务流程，实现管理决策的智能化。

资源开放共享：智慧图书馆强调资源的开放性和共享性，通过构建全国乃至全球的智慧图书馆体系，实现图书馆资源的互联互通和共建共享，打破信息孤岛，提升信息资源的整体利用价值。

持续创新与发展：智慧图书馆是一个不断演进和发展的概念，随着信息技术的不断进步和应用场景的不断拓展，智慧图书馆将不断引入新技术、新方法，推动图书馆服务与管理模式的持续创新与发展。

2. 主要技术与应用

物联网技术：用于实现图书的自动借还、智能书架的图书定位与盘点等功能。

云计算：提供强大的数据存储和处理能力，支持图书馆的海量数据管理和分析。

大数据技术：用于分析读者的借阅行为、阅读习惯等，为图书馆的资源采购、服务优化提供数据支持。

人工智能技术：如智能推荐系统，根据读者的阅读历史和兴趣，推荐合适的图书和资源。

当前，智慧服务在图书馆领域的核心体现，在于广泛采纳并深度融合 RFID 技术、远程支持、移动与无线访问、语义网、人工智能、物联网、机器翻译、语音与图像识别、自然语言处理以及增强现实（AR）等前沿技术，旨在极大地丰富并优化读者的使用体验。部分学术研究成果聚焦于构建基于信息通信技术（ICT）的图书馆平台，这些平台不仅提高了文档搜索、信息检索的效率，还促进了馆藏资源的协同管理与利用，展现了图书馆智慧服务的多维度价值。

"智慧"一词在此背景下的核心，在于通过持续评估服务使用情况，灵活开发并引入新工具与服务，赋予用户定义图书馆功能的能力。智慧服务的实际成效评估，涵盖了从移动用户行为分析以支撑智能导航，到图书馆空间利用率监测、设施访问便捷性提升、管理敏捷性增强、用户体验（UX）设计优化，乃至基于先进算法的个性化信息推送等多个方面。然而，这些创新手段与服务的真正"智慧"，在于它们能否以用户友好和以用户为中心为设计原则，确保技术服务于人而非人服务于技术。

因此，智慧图书馆的发展导向，不再是简单地要求用户去适应既定的服务模式，而是强调图书馆自身应具备高度的灵活性与适应性，主动感知并响应每一位用户的独特需求，从而构建一个更加人性化、智能化的知识服务环境。

3. 实例

杭州图书馆的"一键借阅"服务，通过数字平台将借书流程简化为"登录平台—选择图书—下单借阅"三个环节，实现送书到家。

江西省图书馆的"无感借还"智慧流通服务系统，采用红外光幕技术、人脸识别技术等，实现读者入馆就能还书、出馆就能借书的无感化借阅功能。

（四）社交图书馆

1. 定义与特点

社交图书馆是一种将社交媒体元素融入图书馆服务的新型图书馆模式。它鼓励用户之间的互动交流，分享阅读心得和推荐好书，从而形成一个基于共同兴趣爱好的社交圈子。

2. 主要技术与应用

社交媒体平台：如微博、微信、豆瓣等，用于发布阅读动态、组织读书会等活动。用户生成内容（UGC）：鼓励用户创作书评、读书笔记等内容，并与其他用户分享。社群管理：通过社群管理工具，对读者群体进行细分和管理，提供个性化的服务。

3. 实例

一些图书馆会利用微信公众号或小程序等平台发布阅读活动信息，推送好书推荐等内容，并鼓励读者在评论区留言互动。

（五）元宇宙图书馆

1. 定义与特点

元宇宙图书馆是利用虚拟现实（VR）、增强现实（AR）等元宇宙技术，打破传统阅读的空间限制，为读者提供沉浸式阅读体验的新型图书馆。它通过将图书内容转化为虚拟世界的元素，使读者能够身临其境地感受阅读的乐趣。

张磊主张，元宇宙图书馆将深度融合元宇宙的核心特性，即超越现实的物理空间与资源约束，为读者带来前所未有的即时互动、动态交流以及虚实交融的沉浸式阅读环境。这种创新不仅将彻底革新图书馆的服务模式，推动整个行业向更加现代化、智能化的方向转型升级，而且将极大地拓宽图书馆的服务范畴，无论在服务领域、边界，还是服务模式和效果上，都将实现质的飞跃。

而李默则认为，图书馆元宇宙可以被视为元宇宙技术在图书馆领域的一个具体应用场景。在这个虚拟的图书馆世界里，每位用户都将被赋予独特的数字身份，使他们能够自由穿梭于虚拟的书架之间，进行知识的探索、学习与分享。这种全新的交流方式，不仅增强了用户的参与感和归属感，也为图书馆构建了一个充满活力与创新的虚拟社区。

2. 主要技术与应用

（1）虚拟现实（VR）技术。

虚拟现实（VR）技术能构建沉浸式虚拟图书馆环境，使用户能够自由行走、浏览书架、阅读书籍，并与其他虚拟读者互动。

（2）增强现实（AR）技术。

增强现实（AR）技术将虚拟信息与真实世界结合，提供丰富的视觉体验，如叠加虚拟书架、书籍标签等信息到真实场景中。

（3）区块链技术。

数据去中心化存储：确保图书信息、用户数据等不被单一机构控制，提高数据安全性。

数字资产确权和交易：支持数字图书、虚拟资产等的唯一标识和确权，实现安全交易。

提高信任度和透明度：通过不可篡改性和可追溯性，增强用户信任和系统透明度。

（4）人工智能（AI）技术。

人工智能（AI）技术提能供智能化服务和个性化推荐，如分析用户阅读习惯，实现自动问答、语音识别等。

（5）云计算技术。

云计算技术能提供强大的计算和存储能力，用于存储和管理电子图书、学术论文等，并支持在线服务和用户数据分析。

（6）全息投影技术。

全息投影技术能创建三维立体虚拟影像，用于展示虚拟书架、书籍封面等，营造阅读氛围。

（7）5G/6G 通信技术。

5G/6G 通信技术能提供实时、流畅的数据传输能力，支持高清视频流、实时交互等功能。

（8）传感器技术。

传感器技术能捕捉用户动作、位置等信息，实现更精准的交互体验，如配合 VR/AR 设备使用。

（9）可追溯技术。

图书来源追溯：记录数字图书的来源、创作过程、修改历史等信息。

用户行为追溯：记录用户借阅、购买、评论等行为，形成数字足迹。

版权保护：追踪和打击侵权行为，保护图书作者的版权。

3. 实例

（1）上海外国语大学元宇宙图书馆。

背景与亮点：上海外国语大学图书馆在元宇宙领域进行了前沿探索，成功举办了国内高校图书馆界首个以元宇宙形式举办的"元宇宙与智慧图书馆"高端学术论坛。这一举措不仅展示了元宇宙技术在图书馆领域的应用潜力，也为后续元宇宙图书馆的建设积累了宝贵经验。

技术应用：论坛通过元宇宙会场实现了高还原度、体验感完整的场景设置，包括会议室、培训室、贵宾厅等，同时支持数字与人的互动与交流。这种技术应用展示了元宇宙图书馆在虚拟会议、学术交流等方面的独特优势。

（2）上海临港数字科技图书馆。

背景与规划：上海临港数字科技图书馆作为具有元宇宙特性的数字图书馆，计划于近年正式开馆营业。该图书馆以大数据和人工智能为核心载体，全面集成 AR、VR、MR 和 5G 等前沿技术，旨在实现实景与虚拟现实的无缝对接。

技术应用：通过数字孪生、三维重建、数字资产确认等元宇宙技术，该图书馆将全面对接"元宇宙"场景，为用户提供沉浸式互动阅读体验。这种技术的应用将极大地丰富图书馆的服务内容和形式，提升用户的阅读体验。

（3）西安医学院元宇宙云图书馆。

应用实践：西安医学院图书馆通过微信公众号等平台提供了元宇宙云图书馆的访问入口。用户可以通过移动设备轻松进入虚拟图书馆空间，体验在线阅读、资源检索等服务。

特点与优势：虽然西安医学院的元宇宙云图书馆在技术应用上可能不如前两个实例全面和深入，但它展示了元宇宙图书馆在普及和推广方面的可行性。通过便捷的访问方式和丰富的在线资源，该图书馆为用户提供了更加灵活和个性化的阅读体验。

（六）大数据驱动的图书馆

1. 定义与特点

大数据驱动的图书馆是指利用大数据技术对图书馆的海量信息资源进行收集、存储、处理和分析，以优化图书馆的资源配置和服务质量的新型图书馆。

2. 主要技术与应用

（1）大数据分析。

大数据分析用于分析读者的借阅行为、阅读习惯等，为图书馆的资源采购、服务优化提供数据支持。

（2）数据可视化。

数据可视化将复杂的数据转化为直观的图表，帮助管理者更好地了解图书馆的运营情况。

（3）个性化推荐。

个性化推荐基于大数据分析的结果，为读者提供个性化的图书推荐服务。

3. 实例

（1）北京大学图书馆。

北京大学图书馆积极挖掘数据库信息资源，建立信息资源数据库和大数据信息资源查询系统，为读者提供全面、精准的知识查询服务。同时，图书馆还利用大数据技术优化资源配置，提升服务效率和质量。

（2）兰州理工大学图书馆。

兰州理工大学图书馆与重庆维普智图数据科技有限公司合作，连续多年推进智慧图书馆平台的建设，并完成了多次升级。该平台整合了图书馆的馆藏资源数据，提供资源管理、读者数据管理、统一认证、空间管理等功能，为实现精细化、个性化的读者服务奠定了基础。

图书馆规范治理了共约 5.49 亿条文献元数据，实现了纸电统一检索，为读者提供一站式检索服务，大幅提升了检索效率。同时，基于海量文献数据，图书馆还建立了 14 个学院分馆，提升了学科服务能力。

（3）华中科技大学图书馆。

智慧化探索与实践：华中科技大学图书馆在智慧图书馆建设方面也有显著成效。图书馆副馆长肖芳曾发表关于智慧图书馆规划与实践的演讲，强调利用大数据技术筑基新业务、引入互联网思维升级运营模式、培养智慧馆员提升服务能力的重要性。

学术成果管理：华中科技大学图书馆还实践了"学术成果一张表"的管理模式，通过大数据技术整合学术资源，为学者提供便捷的学术成果管理服务。

（4）其他高校大数据图书馆。

清华大学图书馆、上海交通大学图书馆等也在大数据环境下进行了积极的探索和实践。这些图书馆通过大数据技术优化馆藏资源、提升服务质量、创新服务模式，为读者提供了更加便捷、高效、个性化的阅读体验。

（七）基于 ChatGPT 的图书馆知识服务系统

1. 定义与特点

基于 ChatGPT 的图书馆知识服务系统是利用 ChatGPT 等生成式对话模型，为读者提供智能咨询、文献检索、图书推荐等服务的新型图书馆系统。ChatGPT 通过理解和分析读者的提问，提供准确、客观的答案。

2. 主要技术与应用

ChatGPT 模型：用于实现智能咨询和对话服务。

自然语言处理：使系统能够理解和处理人类语言。

知识库：为 ChatGPT 提供丰富的知识资源，以支持其回答问题和推荐图书。

3. 实例

（1）复旦大学图书馆。

复旦大学图书馆与复旦 – 阿法迪共建智慧图书馆学研究中心，并联合主办了"2024中国图书馆数字化转型论坛"。在论坛上，多位专家探讨了 ChatGPT 等人工智能技术对图书馆数字化转型的影响和展望，显示了复旦大学图书馆在 ChatGPT 技术应用方面的前瞻性和积极性。

复旦大学图书馆在数字化转型方面有着明确的规划和展望，包括建设专题数据库、服务课程、共享数据以及开发垂直领域大模型等，这些举措都体现了 ChatGPT 技术在图书馆服务中的应用潜力。

（2）香港科技大学图书馆。

香港科技大学图书馆已经在其服务中集成了 AI 工具，如"辩证思源 Knowledge Works（KW）"平台，该平台是基于朱熹教授研究工作中开发使用的 AI 工具集成而来的。这表明香港科技大学图书馆在将 ChatGPT 等 AI 技术应用于图书馆服务方面已经取得了实质性的进展。

通过 AI 工具的应用，香港科技大学图书馆在科研评价、知识管理、研究支持服务等方面都进行了创新，为科研人员提供了更加高效、个性化的服务。

（八）绿色图书馆

1. 定义与特点

绿色图书馆是一种注重环保和可持续发展的图书馆模式。它采用环保材料装修、节能设备运营，并倡导读者使用电子资源以减少纸张浪费。同时，绿色图书馆还注重图书的循环利用和捐赠回收工作。

2. 主要技术与应用

环保材料：如低 VOC 涂料、可再生木材等，用于图书馆的装修和家具制作。

节能设备：如 LED 照明、太阳能供电系统等，降低图书馆的能耗。

电子资源：推广电子图书、电子期刊等电子资源的使用，减少纸张浪费。

3. 实例

（1）浙江大学国际校区图书馆。

该图书馆是绿色图书馆建筑的典范，充分融入了绿色生态理念。其设计不仅美观大方，而且注重节能减排和环境保护。例如，图书馆充分利用自然光，减少照明能耗；同时设置集水槽收集雨水，用于灌溉周边植物等。

浙江大学国际校区图书馆因其绿色建筑设计获得了国际图联的认可，并被选为绿色图书馆奖全球海报展示案例之一。

（2）山东交通学院图书馆。

由清华大学建筑学院设计的山东交通学院图书馆，成为中国第一座生态图书馆。该项目旨在建成集环保、节能、健康于一体的绿色生态建筑，为广大师生提供健康、美观、高效的学习和工作环境。

该项目获得了第二届全国绿色建筑创新奖综合奖（公建类）一等奖，成为大学图书馆建筑的新方向。

（3）台湾地区高校图书馆。

台湾大学社科院辜振甫先生纪念图书馆采用绿色椭圆屋顶和草皮覆盖设计，不仅美观而且节能；台东大学知本校区图书馆则采用地景式建筑，将大楼与环境紧密结合；台北大学图书资讯大楼则融入了新北市三峡地区山峦起伏、心湖水波映像等自然元素，体现了绿色设计理念。

这些图书馆在设计中充分考虑了节能降耗和环境保护的因素，通过采用自然采光、通风等手段减少能耗，同时注重绿化和植被覆盖，提升环境质量。

（4）其他高校绿色图书馆。

除了上述典型案例外，还有许多高校图书馆也在积极探索和实践绿色图书馆建设。

这些图书馆可能通过采用节能设备、优化能源管理、推广绿色阅读等方式来实现绿色发展目标。

三、"互联网 + 驱动"下高校图书馆的创新与赋能

高校图书馆积极拥抱信息技术革命，以其为核心驱动力，全面深化服务与管理模式的转型升级。数字图书馆的建设与完善成为基石，通过数字化手段彻底重塑了图书馆的业务链条，使得信息服务步入了一个高效、便捷、个性化的成熟阶段。这一过程中，数字技术的广泛应用不仅极大地丰富了馆藏资源，还实现了资源的快速检索、远程访问及跨平台共享，为师生提供了前所未有的学习与研究体验。

随着知识经济与知识社会的兴起，高校图书馆进一步向知识管理转型，图书馆知识管理成为研究的焦点，知识服务因此得以迅猛发展。通过运用知识管理技术，图书馆能够更有效地组织、整合与传递知识资源，促进知识的创新与应用，从而在知识社会中扮演更加核心与积极的角色。

更为显著的是，在大数据、人工智能、物联网、区块链、5G 等前沿技术的推动下，图书馆正步入智慧化发展的新阶段。这些新技术不仅为图书馆营造了全新的智慧环境，还催生了智慧图书馆这一新兴形态，使得智慧服务成为图书馆发展的新亮点。智慧图书馆通过智能化手段优化资源配置、提升服务效率、增强用户体验，为高校图书馆的高质量发展开辟了新路径。

面对这样的技术环境与发展趋势，国内外高校图书馆纷纷探索通过"互联网 +"赋能实现高质量发展的路径，旨在以更加开放、智能、高效的服务模式，满足师生及社会公众日益增长的信息与知识需求。

"互联网 +"驱动下高校图书馆的创新与赋能主要体现在：

1. 数字化与信息化赋能

（1）数字资源建设。

高校图书馆通过数字化手段，将纸质图书、期刊、报纸等传统资源转化为数字格式，存储在数据库中，供读者在线访问和下载。这极大地丰富了图书馆的馆藏资源，提高了资源的可获取性和利用率。

（2）信息化管理。

利用信息技术手段，图书馆实现了对馆藏资源、读者信息、借阅记录等数据的全面管理和分析。通过信息化管理系统，图书馆可以更加高效地管理资源，了解读者需求，优化服务流程。

2. 智能化服务赋能

（1）智能检索系统。

借助人工智能技术，图书馆可以开发智能检索系统，帮助读者快速准、确地找到所需资源。智能检索系统能够根据读者的查询意图和上下文信息，提供相关的资源推荐和导航。

（2）个性化推荐。

通过分析读者的借阅历史、阅读偏好等数据，图书馆可以为用户提供个性化的资源推荐服务。这种服务能够提高读者的阅读体验，满足其个性化需求。

（3）智能问答系统。

图书馆还可以引入智能问答系统，为读者提供在线咨询服务。智能问答系统能够自动回答常见问题，减轻图书馆员的工作压力，提高服务效率。

3. 资源共享与协同合作赋能

（1）馆际互借与资源共享。

在"互联网+"背景下，高校图书馆可以与其他图书馆建立合作关系，实现馆际互借和资源共享。这有助于扩大图书馆的馆藏资源范围，提高资源的利用效率。

（2）协同合作与资源共建。

高校图书馆可以与其他学术机构、企业等开展协同合作，共同开发和利用信息资源。通过协同合作，图书馆可以获取更多的外部资源支持，从而提升自身的服务能力和服务水平。

4. 信息素养教育赋能

（1）信息素养教育课程。

高校图书馆可以开设信息素养教育课程，帮助读者提高信息获取、评价和利用的能力。这些课程可以包括信息检索技巧、信息分析方法、知识产权保护等内容。

（2）在线学习资源。

图书馆还可以提供丰富的在线学习资源，如电子书、在线课程、教学视频等，供读者自主学习和提升信息素养。

5. 跨界融合与创新发展赋能

（1）跨界合作。

高校图书馆可以与互联网企业、出版商、科研机构等开展跨界合作，共同推动图书馆的创新发展。通过跨界合作，图书馆可以引入更多的新技术、新方法和新理念，提升服务质量和水平。

（2）服务创新。

在"互联网＋"背景下，高校图书馆需要不断创新服务模式和服务内容，以满足读者日益增长的需求。例如，可以开展移动图书馆服务、虚拟现实阅读体验、社交媒体互动等服务创新项目。

第七章

高校图书馆的环境文化建设

第一节　高校图书馆环境文化的理论基础与重要性

一、高校图书馆环境文化的理论基础

（一）文化内涵与图书馆文化建设理论

文化内涵指的是图书馆的文化价值、文化历史、文化传统和文化品位等方面所体现的内涵。高校图书馆作为学术资源中心，其环境文化体现了学校的精神风貌和文化底蕴。

图书馆文化建设理论：主要研究如何通过文化内涵的传承和创新，提升图书馆服务的品质和价值。这一理论强调图书馆应成为学校文化传承和创新的重要平台，通过营造良好的环境文化，促进师生学术素养和文化修养的提升。

（二）社会学视角

从社会学角度来看，高校图书馆环境文化的建设应紧密结合学校的社会环境和特点。通过考查学生和教师的文化需求和行为，制定有针对性的环境文化建设策略，提升图书馆的文化影响力和社会认可度。

（三）环境心理学理论

环境心理学关注人与环境之间的相互作用。高校图书馆环境文化的建设需要考虑到读者的心理需求，如光线、色彩、温度、湿度等因素对读者阅读体验的影响，从而创造出一个舒适、宁静、富有文化氛围的阅读环境。

二、高校图书馆环境文化的内涵

高校图书馆环境文化的内涵丰富而多元，它不仅关乎物理空间的设计与布局，更涉

及文化氛围的营造与学术精神的传承。具体包括以下内容。

（一）物理环境的舒适度与功能性

高校图书馆的物理环境是环境文化的基础，包括建筑的外观与内部结构、阅读空间的布局、家具的选择与摆放、光线与通风等。这些因素共同构成了一个舒适、宜人的阅读环境，使读者能够在其中专注于学习与研究。

（二）学术资源的丰富性与多样性

图书馆作为学术资源的聚集地，其藏书量、期刊订阅、电子资源等学术资源的丰富性与多样性是环境文化的重要组成部分。这些资源为师生提供了丰富的学习与研究材料，支持着他们的学术探索与创新。

（三）服务文化的专业性与人性化

图书馆的服务文化体现在工作人员的专业素养、服务态度以及为读者提供的个性化服务上。一个优秀的图书馆应该注重培养工作人员的专业技能和服务意识，使他们能够为读者提供高效、贴心的服务。

（四）学术氛围浓厚与活跃

高校图书馆是学术交流的重要场所，其环境文化应该体现出浓厚的学术氛围。这包括定期举办的学术讲座、研讨会、读书会等活动，以及营造师生进行学术讨论与合作的氛围。

（五）文化活动的多样性与创新性

除了学术活动外，图书馆还应该举办多样化的文化活动，如艺术展览、音乐会、电影放映等，以丰富师生的文化生活并激发他们的创新思维。

（六）历史传统与现代科技的融合

高校图书馆的环境文化还应该体现出对历史传统的尊重与传承，同时融入现代科技元素。这可以通过展示图书馆的历史沿革、珍贵藏书以及利用现代技术手段提升服务体验等方式来实现。

三、高校图书馆环境文化的重要性

高校图书馆作为知识交流与创新的核心阵地，其环境文化对教师、学生及科研主体均具有不可或缺的重要性。对教师而言，它是备课与教学研究的理想空间，丰富的资源与静谧的环境助力教师深化专业知识，激发教学灵感；对学生而言，图书馆不仅是获取知识的宝库，更是培养自主学习能力、开展项目研究与小组讨论的绝佳场所，其独特的环境文化能够激发学生的探索欲与创造力；对于科研主体而言，图书馆则是追踪学术前沿、开展跨学科合作的平台，其完善的设施与浓厚的学术氛围为科研工作的顺利进行提供了有力保障，促进了科研成果的产出与转化。

（一）提升学术氛围

高校图书馆作为学术资源的中心，其环境文化对于提升学术氛围具有至关重要的作用。优美的阅读环境、丰富的学术资源以及良好的服务设施，能够激发学生的学术兴趣，促进学术交流与合作，从而推动整个校园的学术氛围的提升。

（二）促进知识传承与创新

图书馆作为知识的仓库和传播中心，承载着大量珍贵的文献资料和学术资源。良好的环境文化有助于读者更好地利用这些资源，开展前沿科研工作，推动学术领域的创新和进步。同时，图书馆也是学生自主学习和独立思考的重要场所，有助于培养他们的创新精神和批判性思维。

（三）培养学生独立学习能力

图书馆环境文化对于培养学生的独立学习能力具有重要意义。在图书馆中，学生可以根据自己的需求选择适合的学习资源，自主安排学习时间和学习步骤。这种自主的学习方式有助于培养学生的自律性和主动性，提高他们的学习效率和学习效果。

（四）丰富校园文化活动

高校图书馆不仅是学术研究的场所，也是校园文化活动的重要阵地。通过举办各类展览、讲座、读书会等活动，图书馆可以丰富校园文化生活，拓宽师生的文化视野，激发他们的创新和发展潜力。这些活动有助于促进校园文化的多元发展，增强师生的凝聚力和归属感。

（五）传承人类文明

高校图书馆是传承人类文明的宝库。其藏书涵盖了古今中外的经典著作和珍贵文献，记录了人类文明的发展历程和智慧传承。通过阅读这些书籍，学生可以了解不同时代和文化背景下的思想、艺术和科学成就，开阔自己的视野和知识面。这种跨文化的交流和理解有助于培养学生的全球视野和跨文化交流能力。

四、高校图书馆环境文化的构成要素

高校图书馆环境文化是一个综合性的概念，它涵盖了多个方面的构成要素，这些要素共同营造了一个独特而富有学术氛围的学习环境。以下是高校图书馆环境文化的主要构成要素。

（一）建筑文化

建筑风格与布局：高校图书馆的建筑风格往往体现了学校的文化底蕴和学术追求，如古典与现代相结合、中西合璧等。布局上则注重功能性与美观性的统一，如合理的分区、便捷的交通流线等。

选址与环境：图书馆的选址应考虑其与教学区、生活区的距离，以及周边环境的安静程度。同时，图书馆周边环境的绿化、景观设置等也是建筑文化的重要组成部分。

（二）馆藏文化

资源建设：馆藏资源是图书馆的核心，包括纸质图书、电子资源、期刊、报纸等多种类型。图书馆应不断丰富和优化馆藏资源，以满足师生的多元化需求。

特色馆藏：许多高校图书馆都拥有自己独特的馆藏资源，如古籍善本、地方文献、特色数据库等，这些特色馆藏不仅丰富了图书馆的馆藏体系，也提升了图书馆的文化品位。

（三）服务文化

服务理念：高校图书馆应秉承"以人为本"的服务理念，为师生提供便捷、高效、个性化的服务。这包括开放时间的延长、服务方式的创新、服务质量的提升等。

服务设施：为了提升服务质量，图书馆需要配备完善的服务设施，如自助借还机、电子阅览室、研讨室、休息区等。这些设施不仅方便了师生的学习和研究，也提高了图书馆的使用效率。

（四）环境氛围

内部环境：图书馆内部环境的营造应注重舒适性和宁静性。合理的光线设计、适宜的温湿度控制、舒适的座椅和桌子等都是营造良好内部环境的关键因素。

装饰与展示：图书馆内可以通过悬挂名人肖像、名言警句、艺术作品等方式进行装饰和展示，以增加文化氛围和艺术气息。同时，定期举办展览、讲座等活动也可以丰富师生的文化生活。

（五）技术与文化融合

信息技术应用：随着信息技术的不断发展，高校图书馆应充分利用现代信息技术手段提升服务质量和服务效率。如建设数字图书馆、推广移动图书馆服务、开展远程教育等。

智能化管理：智能化管理是现代图书馆发展的重要趋势之一。通过引入智能系统实现图书借阅、座位预约、信息咨询等功能的自动化和智能化管理，可以大大提升图书馆的管理水平和服务效率。

高校图书馆环境文化是一个由建筑文化、馆藏文化、服务文化、环境氛围以及技术与文化融合等多个方面构成的综合性体系。这些要素相互关联、相互促进，共同营造了一个充满学术氛围和文化底蕴的学习环境。

五、高校图书馆作为特殊文化环境的定位

高校图书馆作为特殊文化环境的定位，主要体现在以下几个方面。

（一）校园物质文化的重要部门

标志性建筑与文化象征：高校图书馆通常是学校的标志性建筑，其独特的建筑风格、丰富的馆藏资源、宽敞明亮的馆舍以及现代化的技术服务手段，共同构成了校园高品位的物质文化。这些设施不仅为师生提供了良好的学习和研究环境，还成了校园文化的重要载体。

学习与研究环境：图书馆内部通常设计有安静舒适的阅览区、丰富的图书资源和电子资源、先进的检索系统等，这些都为学生和教师提供了一个高效、便捷的学习和研究环境。

（二）校园精神文化的重要阵地

精神文化资源中心：高校图书馆拥有丰富的文献信息资源，这些资源涵盖了多个学科领域，是校园最主要的精神文化资源。通过对这些资源的筛选、加工，图书馆能够向读者提供高质量的文献信息服务，满足师生的多样化需求。

文化传承与创新：图书馆不仅是知识的宝库，更是文化传承与创新的重要场所。在这里，师生可以接触到各种学术思想和文化成果，激发创新思维和灵感，为校园文化的发展注入新的活力。

（三）校园制度文化的重要机构

规范与引导：高校图书馆在制度建设方面发挥着重要作用。它制定了一系列规章制度和管理办法，如借阅规则、阅览制度、安全管理制度等，这些制度为图书馆的正常运行提供了有力保障，同时也对师生的行为起到了规范和引导作用。

服务意识与责任感：图书馆工作人员通常具备高度的服务意识和责任感，他们致力于为师生提供优质的服务体验，通过不断学习和提升专业素养，为校园文化的发展贡献自己的力量。

（四）地方现代公共文化服务体系的重要组成部分

资源共享与服务延伸：高校图书馆不仅服务于校内师生，还逐渐向社会开放，成为地方现代公共文化服务体系的重要组成部分。通过提供图书借阅、信息咨询、文化活动等服务，高校图书馆为社区居民和公众提供了丰富的文化资源和精神食粮。

文化辐射与引领：高校图书馆凭借其独特的文化资源和良好的文化氛围，对周边地区产生了积极的辐射作用。它通过举办各种文化活动、展览和讲座等形式，传播先进文化理念和价值观念，引领地方文化的健康发展。

总之，高校图书馆作为特殊文化环境的定位是多方面的，它不仅是校园物质文化的重要部门和精神文化的重要阵地，还是校园制度文化的重要机构以及地方现代公共文化服务体系的重要组成部分。这些定位共同赋予了高校图书馆在校园文化建设和社会发展中不可替代的重要作用。

第二节　高校图书馆物质环境文化的构建

一、建筑设计理念与风格

高校图书馆作为学术与文化的交汇点，其建筑设计理念始终围绕着"以人为本"这一核心展开。这意味着在设计过程中，不仅要考虑建筑的功能性，如藏书量、阅读座位数等，更要关注读者的实际需求和体验，如光线、通风、噪声控制等细节，以营造一个既舒适又高效的学习与研究环境。同时，图书馆也被视为学术交流和文化活动的中心，因此其设计还需具备足够的灵活性和开放性，以适应未来可能的服务模式变化，促进读者之间的交流与互动。

在风格上，高校图书馆的建筑设计展现出了极大的多样性和包容性。现代简约风格以其简洁的线条、明快的色彩和实用的功能布局，赢得了许多学校的青睐，它代表了现代教育的简洁与高效。而传统古典风格则通过运用历史元素和经典建筑语言，展现了学校的深厚文化底蕴和历史传承。工业风格以其独特的粗犷美感和原始质感，为图书馆注入了前卫与创新的元素。自然风格则强调与周围环境的和谐共生，通过引入自然光、绿植等元素，营造出一种宁静致远的氛围。此外，还有一些图书馆选择结合地域特色进行设计，使建筑成为展示当地文化和风貌的窗口。

这些不同的设计风格不仅满足了不同学校的审美需求和文化定位，更在一定程度上影响了读者的学习体验和情感认同。一个与校园环境相协调、充满文化气息的图书馆建筑，能够激发读者的学习热情和探索欲望，促进学术研究的深入发展。

（一）绿色建筑理念的融入

高校图书馆作为学术研究与知识传播的重要场所，近年来越来越注重将绿色建筑理念融入其建筑设计中。首先，在选址与规划阶段，图书馆会精心挑选校内阳光充足、通风良好的位置，以最大化地利用自然资源，减少能源消耗。同时，规划时会充分考虑图书馆与周围环境的协调性，确保图书馆成为校园内一道亮丽的绿色风景线。

其次，在建筑设计上，高校图书馆会采用一系列节能环保的建筑材料和技术。比如，使用低辐射玻璃来减少太阳辐射对室内的影响，同时保证良好的自然采光；采用高效的保温隔热材料，提高建筑的保温性能，减少冬季供暖和夏季制冷的能耗。此外，合理的建筑体型设计也是节能的关键，通过减少外墙面积、控制层高、优化平面布局等方式，达到节能降耗的目的。

环境绿化也是绿色建筑理念不可或缺的一部分。高校图书馆会在其周边和屋顶种植大量的树木和花草，提高植被覆盖率，改善空气质量，为师生创造一个宜人的学习环境。同时，这些绿色植物还能起到调节微气候、缓解热岛效应等作用，对改善校园生态环境具有重要意义。

除了上述措施外，高校图书馆还会注重节能与水资源管理。通过安装高效的节能设备和系统，如 LED 照明、智能温控系统等，降低日常运行的能耗。同时，实施雨水收集和利用系统，将雨水用于绿化灌溉、清洁等，减少水资源的浪费。

在可再生能源利用方面，一些先进的高校图书馆还会考虑安装太阳能光伏板等设备，将太阳能转化为电能供图书馆使用。这种方式不仅降低了对化石能源的依赖，还减少了温室气体排放，对推动校园绿色可持续发展具有重要意义。

最后，值得一提的是，一些高校图书馆已经成功地将绿色建筑理念付诸实践，并取得了显著成效。比如南京工程学院逸夫图书信息中心和山东交通学院图书馆等，它们通过采用一系列绿色生态技术策略，不仅提升了建筑的环保性能和能效水平，还为师生创造了更加健康、舒适的学习和研究环境。这些成功案例为其他高校图书馆提供了宝贵的经验和启示，也为推动绿色建筑的普及和发展做出了积极贡献。

（二）功能性与美观性的平衡

高校图书馆作为知识与文化的殿堂，其设计既要满足广泛的功能需求，又要追求视觉上的美感，以实现功能性与美观性的和谐统一。首先，高校图书馆强调以人为本的设计理念，确保每个空间都能满足不同读者的阅读、学习和研究需求。通过合理划分功能区域，如借阅区、阅读区、自习区等，为读者提供一个高效、舒适的学习环境。

在空间布局上，高校图书馆注重优化，确保各个功能区既相互独立又紧密相连，方便读者在不同场合下灵活切换。同时，开放性与私密性的结合也是设计的关键，既满足集体学习和讨论的需求，也为个人阅读和研究提供足够的私密空间。

除了空间布局，设施设备的完善也是高校图书馆保持功能性的重要一环。从自助借还书机到电子阅览室，再到智能化安全系统，这些先进的设施设备不仅提高了管理效率，也极大地提升了读者的使用体验。而这些设施设备的选择和设计，也同样注重与整体环境的美观性相协调。

绿色生态的融入是现代高校图书馆设计的又一亮点。通过使用环保材料、设置绿化带、引入自然光等方式，图书馆不仅降低了能耗，还为读者创造了一个清新自然的学习环境。绿色生态元素的应用，也赋予了图书馆更加独特的视觉效果和艺术美感。

文化与艺术的结合更是高校图书馆不可或缺的一部分。通过展示学生作品、当地艺术家的作品等方式，图书馆不仅丰富了自身的文化内涵，也为读者提供了一个感受艺术气息的平台。同时，艺术手法的运用也为图书馆的空间装饰和布置增添了更多的色彩和层次。

例如，复旦大学医科馆作为大学图书馆的一个典范，充分展示了如何在保持功能性与美观性之间取得完美平衡。该馆不仅集藏书、借阅、研究、讨论等多功能于一体，还通过"作为场所而存在"的设计理念，巧妙地将密集书库与多样化的活动空间相结合，满足了不同读者的需求。医科馆在功能上提供了预约取书区、自助服务区、电脑角、新技术体验区等现代化服务空间，确保了图书馆的高效运作与读者的便捷体验。同时，在美观性上，医科馆的整体设计风格现代简约、大气磅礴，且富含文化底蕴，与复旦大学的校园文化紧密相连、相得益彰，为师生营造了一个既实用又美观的学习与研究环境。

（三）体现学校特色与文化底蕴

高校图书馆，作为大学的灵魂与心脏，既是知识的海洋，也是学校特色与文化底蕴的璀璨展现。为了在这两个维度上均达到卓越，各高校图书馆纷纷采取了多种创新策略与具体做法。

首先，高校图书馆深谙空间布局与资源配置对学科发展的重要性。它们会根据学校的学科特色精心规划，如医学类院校图书馆会设立专门的医学文献区，配备尖端医学数据库和实验设备，确保医学研究与教学的需求得到充分满足。这种定制化布局不仅提升了资源利用效率，也强化了学校在该领域的学术优势。

其次，特色馆藏建设是高校图书馆体现学校特色的又一重要途径。图书馆致力于收集与学校特色学科紧密相关的各类文献，包括珍贵的学术著作、期刊论文乃至古籍善本，构建起独具特色的馆藏体系。这些资源不仅丰富了图书馆的学术宝库，更为师生们的学术探索提供了坚实的支撑。

再者，特色阅读空间的打造也是高校图书馆的一大亮点。它们会依据学校的特色文化，设计出风格各异、功能多样的阅读空间，如主题阅览室、学术沙龙区等。这些空间不仅满足了读者多样化的阅读需求，更通过其独特的文化氛围，激发了读者的学习热情与创造力。

在彰显文化底蕴方面，高校图书馆同样不遗余力。它们巧妙地将传统文化元素融入设计与装饰之中，如古典建筑风格的应用、书法绘画作品的展示以及传统家具的布置等。这些元素不仅美化了图书馆的环境，更让读者在潜移默化中感受到了中华文化的博大精深与源远流长。

此外，图书馆还定期举办丰富多彩的文化活动，如学术讲座、文化展览、读书沙龙等。这些活动不仅为师生们提供了交流与学习的平台，更促进了传统文化的传播与弘扬，加深了师生对传统文化的理解与认同。

值得一提的是，高校图书馆还积极寻求与其他文化机构的交流与合作。它们与博物馆、档案馆、艺术团体等携手举办文化活动或展览，通过跨界合作的方式丰富了图书馆的文化内涵，提升了学校的文化影响力。

以北京大学图书馆大钊阅览室和南京大学杜厦图书馆为例，它们分别通过复原李大钊先生办公室场景、展示革命文献以及独特的建筑风格和丰富的藏书资源等方式，彰显了各自学校的红色文化底蕴和深厚的学术特色。这些典型案例不仅展示了高校图书馆在体现学校特色与彰显文化底蕴方面的努力与成就，也为其他高校图书馆提供了宝贵的借鉴与启示。

二、内部空间布局与规划

在高校图书馆中，优化服务措施是提升读者满意度和学术支持力度的关键。以下是一些具体的优化服务措施。

（一）优化空间布局与功能分区

1.科学划分阅读与学习区域

根据学科特点，设立专门的学科文献区域，方便读者快速找到所需资料。同时，设置不同功能的学习空间，如安静学习区、小组讨论区、多媒体学习区等，以满足不同读者的学习需求。

2.设置休息区与社交空间

在图书馆内设置舒适的休息区，配备座椅、茶几等设施，供读者在阅读间隙放松身心。同时，设置社交空间，如咖啡吧、讨论室等，鼓励读者之间的交流与互动。

（二）提升设施设备水平

1.引入数字化与智能化服务设备

通过引入自助借还机、电子阅读器、智能检索系统等现代化设备，提高服务效率，简化借阅流程。同时，利用大数据和人工智能技术，为读者提供个性化的阅读推荐和学术支持。

2.改善阅读与学习环境

优化图书馆的照明、通风和温度控制系统，确保室内光线柔和、空气流通、温度适宜。此外，注重图书馆的装饰与氛围营造，提升读者的阅读体验和学习舒适度。

（三）丰富馆藏资源与服务

1.加强特色馆藏建设

根据学校的学科特色和研究方向，积极收集相关领域的学术著作、期刊论文、古籍善本等特色文献资源，形成具有学校特色的馆藏体系。

2.拓展文献获取渠道

除了传统的馆藏资源外，还可以通过与数据库商家合作、购买电子资源等方式，丰富图书馆的文献资源种类和数量。同时，加强与其他图书馆和学术机构的资源共享与合作，拓宽读者的文献获取渠道。

（四）加强读者服务与引导

1. 提高图书管理人员的服务意识

图书馆工作人员应当树立以读者为主的服务意识，了解不同读者的需求情况，从馆藏内容、馆藏类型和馆藏形式等方面出发，构建符合读者需求的高校图书馆馆藏资源体系。同时，掌握提高服务质量的手段和方法，如微笑服务、礼貌用语等，拉近与读者之间的距离。

2. 加强读者教育与培训

图书馆定期开展入馆教育培训活动，帮助新生快速了解图书馆的服务内容和使用方法。同时，图书馆通过举办信息素养教育课程、学术讲座等活动，提升读者的信息素养和学术能力。

（五）强化环保理念与资源循环利用

1. 使用环保材料

在设施设备的建设和装修中，注重选择环保材料，以减少对环境的污染和破坏。

2. 推广资源循环利用

图书馆鼓励读者参与废旧图书回收、电子资源使用等活动，减少资源浪费。同时，图书馆自身也应加强资源循环利用的管理与实践，如定期清理和整理馆藏资源、优化文献资源配置等。

三、从创客空间到未来学习中心

高校图书馆的发展是一个丰富多彩且不断演变的过程，它伴随着教育、科技和社会的变革而不断前进。

高校图书馆的历史可以追溯到早期的图书室或藏书楼，这些简单的藏书空间是图书馆的前身。随着高等教育体系的逐渐形成，图书室逐渐发展成为独立的图书馆，并配备了专业的管理人员和基本的服务设施。这一时期，图书馆的主要功能是收藏和借阅书籍，为师生提供基本的学习资源。

随着教育需求的增加和科技的进步，高校图书馆开始经历显著的扩展。物理空间逐渐扩大，藏书量迅速增长，从几千册发展到数百万册。同时，图书馆的功能也日益多样化，除了传统的借阅服务外，还增加了信息咨询、学术交流、文化沙龙等多种形式的服务。这些变化使得图书馆成为学术研究和文化传播的重要场所。

进入 21 世纪，信息技术的飞速发展彻底改变了高校图书馆的面貌。图书馆开始大力推进信息化建设，引入自动化管理系统、数字图书馆等现代技术，极大地提高了管理效率和服务质量。同时，智能化服务也逐渐兴起，自助借还机、智能导航、个性化推荐等智能化设备和服务的出现，让图书馆的服务更加便捷、高效。

高校图书馆为适应新时代的变化，越来越重视空间建设，这一趋势直接推动了创客空间的兴起。

（一）创客空间

1. 创客空间在中国的兴起

自 2012 年起，我国图书馆界敏锐捕捉到了创客空间的潜力与价值，开始积极探索将其引入国内图书馆的实践路径。与美国的发展轨迹相似，这一进程首先在公共图书馆领域拉开帷幕。2013 年 5 月，上海图书馆率先推出的"创·新空间"，标志着我国图书馆界正式迈出了创客空间建设的第一步。随后，高校图书馆也紧跟时代步伐，纷纷加入这一创新行列。从天津大学北洋园校区图书馆的"长荣健豪文化创客空间"，到上海交大与京东携手打造的创客空间创意集装箱，再到武汉大学图书馆工学分馆的创客空间试运行，高校图书馆创客空间如雨后春笋般涌现，展现出强劲的发展势头。它们依托高校丰富的学科资源和优越的教育环境，致力于促进知识转化，培育师生的创新创业能力，成为高校知识创新的重要孵化器。

2. 高校图书馆创客空间的独特定位

高校图书馆创客空间作为集创意想法、新技术与信息资源于一体的开放性场所，其独特之处在于能够将三者有机融合，为学生提供一个全方位、多角度的创新实践平台。在这里，学生不仅能够自由表达创意想法，还能够借助先进的技术设备将想法转化为现实。同时，图书馆丰富的信息资源也为他们的创新之路提供了坚实的支撑。这种独特的定位使得高校图书馆创客空间在推动高校创新教育、培养创新型人才方面发挥着不可替代的作用。

3. 创客空间的经营模式与发展趋势

经过 30 余年的探索与发展，图书馆创客空间逐渐形成了多种经营模式，主要包括创业型、协作型和集中分布型。其中，创业型创客空间注重创客的自发实践与创新，但受限于资源的有限性；协作型创客空间则通过图书馆与外部机构的深度合作，实现资源共享与互利共赢；集中分布型创客空间则强调图书馆对资源的独立调配与管理权。针对高校图书馆而言，由于其以辅助教学、营造创新氛围、培养创新精神为主要目标，因此集中分布型和协作型经营模式更为常见。未来，随着技术的不断进步和社会的持续发展，高校图书馆创客空间有望在模式创新、资源优化、服务升级等方面取得更加显著的成效，为高校创新教育和人才培养贡献更大力量。

（二）未来学习支持中心

随着教育理念和技术的发展，高校图书馆正实现从创客空间向未来学习支持中心的转变。在保留激发创新与实践的创客空间功能基础上，图书馆增设了自习室、研讨室等多样化学习空间，配备先进设施，并举办学术讲座、研讨会等活动，同时利用现代信息技术提供在线学习资源，满足学生多样化需求。此外，图书馆还注重资源整合，加强与校内部门及外部机构的合作，共同为学生提供全方位、多层次的学习支持服务，构建开放、协同、创新的未来学习中心。

1. 概念提出

2021 年底，教育部高等教育司司长吴岩在一场以"继承与创新：大学图书馆现代化新征程"为主题的学术研讨会上，高瞻远瞩地提出了一个具有划时代意义的构想——鼓励高校依托图书馆试点建设一批"未来学习中心"。这一倡议不仅为大学图书馆的角色定位与功能升级指明了方向，更为我国高等教育人才培养模式的创新探索开辟了新的路径。

未来学习中心的提出，标志着我国高等教育在人才培养模式上的又一次重大创新。它不仅有助于提升学生的学习体验和学习成效，还有助于推动高校教育教学改革的深入发展。通过构建智慧学习空间、探索新型学习模式等措施，未来学习中心将成为高校师生共同成长的摇篮和创新思维的源泉。同时，这一举措也将对全球高等教育的发展产生积极的影响和示范效应，推动全球教育向着更加开放、包容、创新的方向发展。

2. 教育实践

在我国，"未来学习中心"的实践探索首先从基础教育领域起步，如 2013 年上海市长宁区天山路小学以创新教学环境融合信息技术，打造了以个性化、生活化、活动化为特色的英语学习平台，涵盖特色教室与功能区，推动表演式、体验式及个别化学习模式，同时促进跨学科交流与教师教学研究，开启了基础教育阶段"未来学习中心"的先河。

而在高等教育领域，中国科学技术大学图书馆则率先于 2016 年建立了集教学、学习、创新于一体的"未来学习中心"，通过构建网络课程中心、语言学习与国际交流中心及 iGEM 培训基地，不仅为师生提供了丰富的教学资源与语言学习机会，还激发了创新实践活动。这些实践表明，无论基础教育还是高等教育，都在积极探索适应时代需求的知识服务模式变革，尽管当前实践在目标定位、内涵深度及技术支撑等方面仍有待拓展与优化，但已初步显示出对未来学习环境的积极构建与前瞻布局。

3. 未来学习中心内涵特征

未来学习中心是一个集多元化学习、信息化教学、知识与技能并重、开放融合环境，以及实践导向产学研融合为一体的综合性教育平台，旨在通过教育创新加速教育现代化进程，培养适应未来社会发展的全面发展型人才。其内涵特征可以概括为以下几点。

（1）多元化与个性化学习。

强调探究式学习、项目制学习等多元化教学模式，利用人工智能、大数据、云计算等技术，为学生提供个性化、智能化的学习路径和资源，以满足其多样化的学习需求和兴趣，激发其探索精神。

（2）信息化与数字化教学。

充分利用多媒体教学、远程教学和虚拟实验等现代信息技术手段，提升教学效率和互动性，同时构建信息管理和资源共享平台，促进教育资源的优化配置和学术交流。

（3）知识与技能并重。

注重学生信息素养、协作能力、创新能力和实践能力的培养，通过跨学科教育，提升学生的综合素质和解决问题的能力，以适应未来社会的需求。

（4）开放性与融合性学习环境。

鼓励课程间的交叉融合与创新，打破学科壁垒，拓宽学生的知识视野和思维边界，促进不同学科间的交流与合作，营造开放包容的学习氛围。

（5）实践导向与产学研融合。

强调将研究成果转化为实际应用和创新产业，通过产学研合作，为学生提供实践机会和真实工作场景，培养其创新精神和工作技能，同时推动学校和产业的共同发展，构建良性互动的生态系统。

（三）从创客空间到未来学习中心

高校图书馆的环境文化建设历程，深刻体现了从无目的到目标明确的建设转变，其中"创客空间"理念的融入以及"未来学习支持中心"的建设目标成为关键驱动力。

起初，高校图书馆主要聚焦于基础设施建设，为师生提供基本的阅读与学习空间。然而，随着教育理念的更新和技术的发展，图书馆开始意识到仅仅提供物理空间已无法满足师生的多元化需求。于是，"创客空间"理念应运而生，图书馆不仅成为藏书的宝库，更成为创新实践的摇篮。通过引入 3D 打印机、电子制作平台等高科技设备，图书馆鼓励师生动手实践，将创意转化为现实，从而激发了无限的创新潜能。

在这一过程中，高校图书馆逐渐明确了其建设目标——成为"未来学习中心"。这一目标不仅要求图书馆继续优化服务设施、提升环境舒适度，更重要的是要利用大数据、人工智能等先进技术，为师生提供更加个性化、精准化的学习支持。通过智能分析师生的阅读习惯和兴趣偏好，图书馆能够为他们推荐合适的书籍和资源。同时，通过创新空间功能的探索，如设置学习共享空间、虚拟实验室等，图书馆为师生提供了更加灵活多样的学习场景和互动平台。

随着科技的飞速发展，高校图书馆正逐步深化"创客空间"理念，从传统服务模式向更加多元、智能、互动的新型图书馆模式转变，这预示着图书馆未来的无限可能。

未来的图书馆将无缝衔接数字图书馆与移动图书馆的优势，实现全球知识资源的即时访问与个性化推送，让用户无论身处何地都能便捷地获取所需信息。

智慧图书馆将借助物联网、人工智能等技术，实现图书馆环境的智能调控与服务的自动化、个性化，如智能推荐系统根据用户行为推送资源，智能助手解答疑问，提升学习效率和体验。

社交图书馆通过在线论坛、虚拟研讨会等平台，鼓励师生间、学生间的互动与交流，构建知识共享社群，让学习不再孤单，促进思想碰撞与知识共享。

元宇宙技术的引入将为用户打造一个沉浸式、交互式的虚拟学习环境。用户可以身临其境地参与历史场景、科学实验等，通过 VR/AR 技术增强学习体验，实现知识与体验的深度融合。

大数据和 ChatGPT 等先进技术的应用，使图书馆能够精准分析用户需求，提供定制化的学习路径和资源推荐。用户可通过自然语言与 AI 模型交互，获得即时、准确的知识解答和学习建议。

未来学习中心将成为终身学习的重要平台，它集科技、人性、智慧于一体，提供丰富的学习资源和先进的技术支持。这里鼓励自由探索、持续学习，为每个人提供实现自我价值、不断成长的舞台。

总之，高校图书馆正经历着前所未有的变革，从传统的知识存储中心转变为集学习、创新、交流于一体的未来学习中心。这些变革不仅拓宽了学习的边界，更提升了学习的质量和效率，为培养适应未来社会需求的全面发展型人才奠定了坚实基础。

第三节　高校图书馆精神环境文化的培育

一、营造学习氛围

高校图书馆致力于构建一个充满活力、积极鼓励创新并深度促进学术交流的学习氛围，这一环境不仅为师生们打造了一个高效专注的学习空间，更成了滋养他们精神成长的沃土。在这里，师生们被深深激发出对知识的无限渴望。图书馆不仅满足了他们探索未知的渴望，还通过丰富的资源和多元的活动，培养了他们独立思考、勇于质疑和解决问题的能力。这一切努力，都为师生们未来的学术探索与职业生涯铺设了坚实的基石，助力他们在知识的海洋中扬帆远航。

（一）倡导学术诚信与规范

1. 开展的工作

（1）教育资源整合与提供。

高校图书馆通过整合丰富的学术资源，包括纸质图书、电子期刊、数据库等，为师生提供了全面、权威的学术信息来源，有助于他们了解学术诚信的重要性和规范要求。

图书馆还通过开设文献信息检索等课程，教授学生如何合理获取和使用信息资源，避免学术不端行为的发生。

（2）学术诚信教育融入日常。

高校图书馆将学术诚信教育贯穿于新生入馆教育、文献检索课、专题讲座等多个环节，通过课程讲解、案例分析、签署诚信承诺书等方式，提高学生对学术诚信的认知和重视程度。

图书馆还利用自身平台，如网站、社交媒体等，发布与学术诚信相关的政策、条例和案例，扩大宣传范围，增强教育效果。

（3）营造诚信学术氛围。

高校图书馆通过营造浓厚的学术氛围和文明优雅的学习环境，鼓励学生积极参与学术活动，树立正确的科研价值观，从而推动学术诚信和学术道德水平的提高。

图书馆还通过组织学术诚信周、文化读书月等活动，加深学生对学术诚信的理解和认同，形成诚信为本的学术风气。

（4）支持学术诚信监督与查处。

高校图书馆在配合学校进行学术不端行为的监督和查处方面发挥着重要作用。通过提供学术资源鉴定、协助调查取证等服务，支持学校对学术不端行为进行严肃处理。

2. 取得的效果

（1）学生学术诚信意识提升。

经过高校图书馆的持续努力，学生的学术诚信意识得到显著提升。他们更加了解学术诚信的重要性，能够自觉遵守学术规范，减少学术不端行为。

（2）学术风气明显改善。

随着学术诚信教育的深入开展，高校内的学术风气得到了明显改善。师生们更加注重学术道德和学术规范，形成了良好的学术氛围和科研环境。

（3）学术成果质量提高。

学术诚信教育的加强促进了学术成果质量的提高。学生在进行学术研究时更加注重数据的真实性、方法的科学性和结论的可靠性，从而提高了学术成果的整体质量。

（4）学校声誉提升。

高校图书馆在学术诚信与规范倡导方面的努力不仅提升了学校的学术声誉，还增强了学校的社会影响力。一个注重学术诚信和学术规范的高校更容易获得社会各界的认可和尊重。

（二）维护安静有序的学习环境

1. 开展的工作

首先，通过科学合理的空间布局和设施优化，如明确划分阅读、学习与讨论区域，并配备舒适的座椅、柔和的照明及控制适宜的温湿度，确保了学习环境的安静与舒适。

其次，图书馆制定了严格的规章制度，并通过监督与巡查确保执行，有效维护了图书馆内的秩序与安静。同时采取噪声控制措施和注重通风换气，进一步提升了学习环境的品质。

最后，高校图书馆积极采用信息化手段，如自助借还系统、在线预约座位及电子图书资源等，提高了管理效率和服务质量，不仅减少了学生的等待时间，还通过读者信息系统收集反馈，不断优化学习环境以满足学生需求。

2. 取得的效果

首先，高校图书馆营造的安静有序的学习环境为学生们提供了宝贵的专注空间。在这样的环境中，学生们不再受到外界噪声和其他因素的干扰，能够全神贯注地投入到学习中去。他们可以迅速进入学习状态，保持长时间的注意力集中，从而更高效地吸收和理解知识。这种学习效率的提升，不仅有助于学生在学术上取得更好的成绩，也培养了他们良好的学习习惯和自律能力。

其次，图书馆的学术氛围对学生产生了深远的影响。作为学术资源的宝库，图书馆不仅提供了丰富的书籍和资料，还营造了一种追求知识、尊重学术的氛围。在这种氛围的熏陶下，学生们的学术兴趣和探索精神被充分激发。他们在这里不仅可以获取知识，还可以与他人进行学术交流和讨论，碰撞出新的思想火花。这种浓厚的学术氛围，不仅促进了学生们学术能力的提升，也增强了他们的创新意识和团队合作精神。

最后，高校图书馆通过不断优化学习环境和服务质量，极大地提升了学生的满意度和归属感。学生们在图书馆中感受到了家一般的温暖和关怀，他们在这里找到了学习的乐趣和动力。图书馆提供的舒适座椅、柔和照明、便捷的借阅服务等，让学生们在学习过程中得到了良好的身心支持。同时，图书馆还通过收集学生的反馈意见，不断调整和优化服务，以满足学生的多样化需求。这种以学生为中心的服务理念，让学生们更加愿意在图书馆中度过他们的学习时光，也为他们的个人成长和发展奠定了坚实的基础。

（三）激发学习动力与创造力的策略

1. 开展的工作

（1）丰富的活动组织。

高校图书馆作为学术与文化交流的重要平台，定期策划并举办丰富多彩的学术活动。从权威学者的讲座到深入探讨的研讨会，再到实操性强的工作坊，每一场活动都旨在拓宽学生的学术视野，激发他们对知识的渴望。此外，读书俱乐部与学术沙龙的成立，更是为学生们搭建了一个自由交流思想、碰撞智慧火花的空间，有效促进了批判性思维和创造力的培养。

（2）多元化的资源建设。

在资源建设方面，高校图书馆紧跟时代步伐，不断丰富和优化馆藏资源。除了传统的纸质图书外，图书馆还大力发展电子图书、数据库及多媒体资源，以满足学生日益多样化的学习需求。更令人瞩目的是，图书馆还积极引入创新课程和互动体验设备，如虚拟现实（VR）、增强现实（AR）等前沿技术，为学生提供沉浸式的学习体验，进一步激发他们的探索欲和创造力。

（3）个性化服务与支持

高校图书馆深知每位学生都有其独特的学习路径和目标，因此致力于提供个性化的服务与支持。通过为学生提供定制化的学习建议和职业规划指导，图书馆帮助学生明确学习方向，增强学习动力。同时，学术咨询与研究支持等服务的设立，更为学生在论文写作、科研项目等关键环节提供了强有力的专业指导和帮助。

（4）创新能力培养。

为了响应国家对创新人才培养的号召，高校图书馆还积极投身于创新能力培养的工作中。通过举办科技创新竞赛、创意设计大赛等实践活动，图书馆为学生搭建了一个展示自我、挑战自我的舞台，有效激发了他们的创新思维和实践能力。此外，创新实验室和创意空间的设立，更为学生提供了动手实践的机会，鼓励他们将理论知识应用于实际问题的解决中，在实践中不断成长和进步。

2. 取得的效果

（1）学习动力显著增强。

高校图书馆的多样化活动和资源极大地激发了学生的学术热情。他们不仅更加主动地投身于各类学习活动，还形成了浓厚的学习氛围，这种积极向上的态度推动了整体学习环境的优化。通过参与图书馆精心策划的活动，学生们不仅拓宽了知识领域，还结识了众多志同道合的朋友，共同促进了学习的进步与成长。

（2）创新能力有效提升。

在多元化的学习资源和实践活动中，学生们逐渐展现出独立思考和解决问题的能力。他们敢于挑战传统观念，勇于创新探索，在学术研究和实践项目中取得了令人瞩目的成果。特别是通过参与创新竞赛和实践活动，学生们的创新思维和实践能力得到了充分锻炼，为他们未来的学术研究和职业生涯奠定了坚实的基础。

（3）综合素质全面提高。

高校图书馆在激发学习动力与创造力的同时，也注重对学生综合素质的培养。通过提供丰富的活动和服务，学生们在团队合作、沟通表达、自我管理等方面都得到了显著提升。这些能力的提升不仅有助于他们在学术领域取得更好的成绩，而且为他们未来的发展奠定了更加坚实的基础。

二、丰富的校园文化活动

（一）举办学术讲座与研讨会

首先，高校图书馆通过精心策划与组织高质量的学术讲座与研讨会，为高校师生搭建了一个直接接触学术前沿、拓宽知识边界的宝贵平台。这些活动不仅邀请了校内外知名专家学者分享他们的最新研究成果和学术见解，还通过深入探讨与交流，促进了不同学科之间的交叉融合与碰撞。这种学术氛围的营造，不仅提升了学校的整体学术水平，还增强了学校的学术影响力和吸引力，为高校的高质量发展奠定了坚实的学术基础。

其次，高校图书馆在举办学术讲座与研讨会的过程中，注重激发师生的学术热情与创新精神。他们通过创新活动形式，如线上直播、圆桌讨论、工作坊等，为师生提供了更多元化的参与方式和更广阔的交流空间。这些活动不仅让师生有机会与专家学者面对面交流，还鼓励他们积极提出自己的观点和疑问，促进了思维的碰撞与灵感的激发。同时，通过参与这些活动，师生们能够不断提升自己的学术素养和科研能力，为未来的学术研究和职业生涯打下坚实的基础。

最后，高校图书馆还注重活动的后续跟踪与反馈机制建设。在活动结束后，他们会及时收集师生的反馈意见，了解活动的实际效果和存在的问题，并根据反馈意见进行改进和优化。这种持续改进的态度和行动，不仅确保了学术讲座与研讨会的持续高质量运行，还为未来的活动提供了宝贵的经验和参考。通过不断总结和完善，高校图书馆将能够更好地服务于高校的高质量发展和师生成长需求，为培养具有创新精神和实践能力的人才贡献自己的力量。

（二）组织读书会与文化沙龙

首先，高校图书馆通过组织读书会，为师生提供了一个深度阅读与交流的平台。不同于学术讲座的专业性，读书会更加侧重于经典著作、热门书籍或特定主题的分享与讨论。师生们围绕共同的兴趣点，分享阅读感悟，探讨书中思想，这种深度的阅读体验不仅拓宽了知识视野，还培养了师生的批判性思维和人文素养。随着阅读氛围的日益浓厚，学校的文化底蕴和学术氛围也得到了显著提升，为学校的高质量发展提供了精神动力。

其次，文化沙龙的开展进一步丰富了校园文化的多样性。这类活动往往以轻松愉悦的氛围为主，邀请校内外文化名人、艺术家或学者，就文学、艺术、历史等广泛议题进行对话与交流。师生们在轻松的环境中，既能感受到文化的魅力，又能与专业人士面对面互动，激发创新思维和灵感火花。文化沙龙不仅促进了师生对多元文化的理解和尊重，还为他们提供了展示自我、锻炼表达能力的舞台，有助于培养具有国际视野和跨文化交流能力的人才。

最后，高校图书馆注重读书会与文化沙龙的后续效应与反馈机制。他们通过问卷调查、座谈会等方式，收集师生的意见和建议，了解活动的实际效果和改进空间。同时，鼓励师生将活动中学到的知识和感悟应用到日常学习和生活中，形成良性循环。此外，图书馆还会定期回顾和总结活动成果，提炼出好的经验和做法，为未来的活动提供借鉴和参考。通过这种持续改进和优化的方式，高校图书馆能够确保读书会与文化沙龙始终保持高质量运行，为学校的高质量发展和师生成长提供持续的动力和支持。

（三）搭建跨学科交流与合作平台

首先，高校图书馆通过搭建跨学科交流与合作平台，为师生创造了一个跨越传统学科界限的交流空间。在这个平台上，来自不同学科背景的师生可以围绕共同的研究兴趣或项目需求进行自由组合，形成跨学科的研究团队。这种跨学科的合作模式不仅有助于拓宽研究视野，还能引入不同学科的研究方法和视角，从而推动研究的深入和创新。通过平台上的交流互动，师生们能够共同探索新的学术领域，发现新的研究问题，为学校的高质量发展注入新的活力。

其次，跨学科交流与合作平台的搭建还促进了教学资源的共享与整合。在这个平台上，各学科的优质教学资源得以汇聚，包括图书资料、数据库、实验设备等。师生可以根据自己的研究需求，灵活选择并整合这些资源，从而提高研究效率和质量。同时，平台还鼓励不同学科的教师进行联合授课，通过跨学科的教学设计，帮助学生构建更加全面和系统的知识体系。这种教学模式不仅提升了学生的综合素质，还为他们未来的职业发展打下了坚实的基础。

最后，高校图书馆通过跨学科交流与合作平台的搭建，促进了学校与社会各界的紧密联系。平台不仅吸引了校内外专家学者、企业界人士等多元主体的参与，还为他们提供了合作交流的渠道。通过平台上的项目合作、技术转化等活动，学校能够更好地服务社会，推动科技成果的转化和应用。同时，这些合作也为师生提供了实践锻炼的机会，帮助他们将所学知识应用于实际问题的解决中，提升了他们的实践能力和创新能力。这种"产学研相"结合的发展模式，为学校的高质量发展和师生的成长提供了强有力的支撑。

三、引导价值观与行为规范

（一）树立与传播图书馆服务理念

首先，高校图书馆通过明确并树立"以读者为中心"的服务理念，将师生的需求置于服务工作的核心。这意味着图书馆在资源建设、服务提供、环境营造等各方面都充分考虑并满足师生的实际需求。通过不断优化服务流程、提升服务质量，图书馆努力为师生创造一个便捷、舒适、高效的学习空间。这种服务理念的确立，不仅提升了师生的学习满意度和幸福感，还激发了他们的学习热情和创造力，为学校的高质量发展提供了强大的内在动力。

其次，高校图书馆注重服务理念的传播与普及，通过多种渠道和方式，让这一理念深入人心。图书馆利用官方网站、社交媒体、宣传册等多种媒介，向师生介绍图书馆的服务理念、服务内容和服务方式，增强师生对图书馆的认同感和归属感。同时，图书馆还积极组织各类培训、讲座和交流活动，引导师生了解并充分利用图书馆的资源和服务。通过这些努力，图书馆服务理念得以广泛传播，并在师生中形成了良好的口碑和影响力，为图书馆服务的持续优化和升级奠定了坚实的基础。

最后，高校图书馆将服务理念的树立与传播融入日常工作的每一个环节，形成了一种持续推动学校高质量发展和师生成长的强大力量。图书馆工作人员始终秉持着"以读者为中心"的服务理念，以高度的责任心和敬业精神，为师生提供着周到、细致、专业的服务。同时，图书馆还注重与师生之间的沟通与反馈，及时了解他们的需求和意见，不断优化服务策略和改进服务方式。这种以服务理念为引领的工作模式，不仅提升了图书馆的整体服务水平，还为学校的高质量发展和师生的成长提供了有力的保障和支持。

（二）制定与执行师生行为规范

首先，高校图书馆通过制定科学合理的师生行为规范，为师生在图书馆内的行为提供了明确的指导和约束。这些规范涵盖了借阅流程、阅读环境、使用设施等多个方面，旨在确保图书馆资源的有效利用和环境的和谐有序。明确的行为规范使师生能够清晰地了解自己在图书馆中的权利与义务，减少因不当行为引发的冲突和纠纷。这种规范性的管理不仅提升了图书馆的整体运营效率，还为师生营造了一个更加宁静、专注的学习氛围，有助于提高他们的学习效率。

其次，高校图书馆注重师生行为规范的执行与监督，确保规范的有效落实。图书馆通过设立专门的管理岗位或利用技术手段，对师生的行为进行日常巡查和记录。对于违反规范的行为，图书馆会采取适当的措施进行干预和纠正，如提醒、警告乃至处罚等。这种严格的执行机制不仅维护了图书馆的权威性和公正性，还通过实际行动向师生传递了遵守规则的重要性。同时，图书馆还鼓励师生相互监督、共同维护良好的阅读环境，形成了积极向上的行为风尚。

最后，高校图书馆将师生行为规范的制定与执行视为促进学校高质量发展和师生成长的重要途径。通过不断完善和优化行为规范体系，图书馆努力构建一个既严谨又富有活力的学习环境。在这个过程中，师生不仅能够享受到图书馆提供的优质服务和资源支持，还能在潜移默化中养成良好的行为习惯和道德品质。这种全方位、多层次的成长支持不仅有助于提升师生的综合素质和竞争力，还为学校的高质量发展注入了源源不断的动力。

（三）培养文明礼仪与公共意识

首先，高校图书馆作为知识的殿堂和文化的传承地，将文明礼仪教育融入日常服务之中。通过设置礼仪提示牌、举办文明礼仪讲座、展示优秀礼仪典范等方式，图书馆引导师生在借阅、阅读、交流等各个环节中展现良好的礼仪风貌。这种潜移默化的影响，不仅让师生在图书馆内形成了尊重知识、尊重他人的良好风尚，还促使他们将这种文明礼仪带入校园生活的方方面面，提升了整个校园的文化氛围和文明程度。

其次，图书馆注重培养师生的公共意识，强调个人行为对集体环境的影响。通过组织公共意识教育活动、开展环保主题展览、实施图书馆资源共建共享计划等举措，图书馆引导师生认识到自己是图书馆乃至学校这个大家庭中的一员，有责任和义务维护公共环境的整洁、安静和有序。这种公共意识的觉醒，促使师生在日常行为中更加注重自我约束和相互尊重，减少了不文明现象的发生，为学校的和谐稳定和高质量发展提供了有力保障。

最后，高校图书馆将文明礼仪与公共意识的培养视为一项长期而系统的工程，不断探索和创新教育方法。通过引入案例教学、情景模拟、互动体验等现代教学手段，图书馆使文明礼仪和公共意识教育更加生动、有趣且富有成效。同时，图书馆还注重与校内外相关机构合作与交流，共同构建全方位、多层次的文明礼仪与公共意识教育体系。这种开放包容、合作共进的教育理念，不仅促进了师生个人素质的全面提升，还为学校的高质量发展注入了新的活力和动力。

高校图书馆精神环境文化的培育是一个多维度、综合性的过程，其核心在于营造积极向上的学习氛围、丰富多彩的校园文化活动以及明确而富有引导性的价值观与行为规范。这三者相辅相成，共同构成了高校图书馆独特的精神风貌和文化底蕴。

学习氛围的营造是高校图书馆精神环境文化的基石。通过优化阅读环境，提供丰富的学习资源和便捷的服务设施，图书馆为师生创造了一个宁静、专注、高效的学习空间。这种氛围的营造不仅激发了师生的学习热情和创造力，还促进了知识的传播与共享，为学校的学术研究和人才培养提供了有力支持。

校园文化活动的丰富是高校图书馆精神环境文化的重要体现。图书馆不仅是知识的宝库，更是文化交流与碰撞的平台。通过举办各类讲座、展览、读书会、文化沙龙等活动，图书馆不仅丰富了师生的课余生活，还拓宽了他们的视野和思维，提高了他们的文化素养和综合能力。这些活动不仅促进了师生之间的交流与互动，还加深了他们对学校文化的认同感和归属感。

价值观与行为规范的引导则是高校图书馆精神环境文化的灵魂所在。图书馆通过制定并执行科学合理的行为规范，引导师生养成良好的行为习惯和道德品质。同时，图书馆还积极传播正能量，弘扬社会主义核心价值观，引导师生树立正确的世界观、人生观和价值观。这种价值观的引导不仅有助于提升师生的个人素质和社会责任感，还为学校的和谐稳定和高质量发展提供了坚实的思想保障。

总之，高校图书馆精神环境文化的培育是一个系统工程，需要图书馆管理者和全体师生的共同努力。通过营造浓厚的学习氛围、丰富校园文化活动以及引导正确的价值观与行为规范，高校图书馆将不断推动学校的高质量发展和师生的全面进步。

第八章

高校图书馆文化建设案例分析

　　高校图书馆作为学校的知识中心、学习中心和文化中心，是汇集人类知识和文明的宝库，是高校教学科研的重要组成部分，其所能提供的丰富的学术资源在辅助教育教学、构建学生知识体系、助力高水平科研等方面起到重要的作用。随着图书馆事业的发展，图书馆功能也在发生转变，从最开始的藏书到借阅，再到交流和知识共享，图书馆的文化传承功能愈加凸显。

　　党的二十大报告强调，"全面建设社会主义现代化国家，必须坚持中国特色社会主义文化发展道路，增强文化自信，围绕举旗帜、聚民心、育新人、兴文化、展形象，建设社会主义文化强国"，为我们在新时代新征程上推进文化建设提供了根本遵循、指明了目标方向、明确了方法路径。高校在文化强国建设中肩负着立德树人、培育高素质人才的重任，在传承和弘扬传统文化、引领文化创新发展中发挥着重要作用，同时也为促进国际文化交流与合作提供了广阔的平台。图书馆作为高校的文化阵地，是校园文化建设的重要组成部分，通过为师生读者提供安静舒适的阅读环境和丰富多样的文化活动，有助于营造书香校园的文化氛围，提升读者的文化底蕴和审美情趣。

　　吉林大学图书馆是学校校园文化建设的重要阵地，坚持"读者第一，服务至上"的宗旨，为师生读者提供优质的文献资料和服务，向读者传递正确的思想观念和价值取向，通过各种各样的文化活动加强校园文化的交流与传播，积极发挥文化育人和服务育人功效。同时，吉林大学图书馆也在持续推进文化建设进程，担负好新的文化使命，持续推进空间文化、制度文化、服务文化和网络文化建设等，为师生读者提供更为优质的环境、资源、信息服务和知识，也通过积极健康的文化活动推动校园文化的繁荣发展，营造风清气正的育人环境和文化氛围，为学校"文化荣校"战略助力，为增强文化自信，在传承中华优秀传统文化基础上发展社会主义先进文化，加快建设社会主义文化强国做出应有贡献。

<h1>第一节　空间文化</h1>

图书馆的空间文化是包含馆舍建筑在内的图书馆外观所蕴含的文化特点，是图书馆文化建设的基础，也是重要组成部分。图书馆空间文化包含建筑本身、建筑与其周围自然环境的呼应、馆内空间设计、功能分区和标识系统等诸多要素，其中蕴含了丰富的文化内容和元素。强化图书馆空间文化建设能够对文化环境进行构想和建设，实现空间与读者的有效交互，从而达到利用环境和文化氛围育人的功用。随着图书馆功能的逐渐变化，图书馆已经打破原有"藏书楼"的传统定位，向以读者需求为中心的复合式空间转变。2015年康奈尔大学图书馆发展报告指出，馆舍空间的重塑转型是图书馆未来面临的创新和挑战，未来的图书馆应实现空间与资源、馆员技能的高度匹配，激发读者对知识探索的热情，加强空间利用，以改变单一的空间阅读行为。

吉林大学图书馆空间建设在满足图书馆学习、阅览、研讨、展出、典藏等功能的同时，兼顾建筑的专业性、适用性和艺术性，兼顾服务效能和文化职能，对馆舍及馆内空间设计不断更新，契合"以人为本"的服务宗旨，合理规划布局、有效利用空间，为馆舍本身赋予浓厚的文化内涵，使其符合校园文化整体氛围和先进文化的发展方向，实现建筑本身与文化载体的有效连接。

一、基本情况

吉林大学图书馆由六个校区八个图书馆组成，分别为中心校区中心馆、鼎新馆和法学馆、南岭校区工学馆、新民校区医学馆、朝阳校区地学馆、南湖校区信息学馆、和平校区农学馆。馆舍总面积10.32万平方米，为校内读者提供阅览座位7003个，形成了"六区八馆"的完整体系。八所图书馆在资源配置和服务功能上既各具特点、各有所长，又相辅相成、相得益彰，搭建了系统完备的信息服务中心，凝聚了厚重的吉大精神和文化底蕴。

吉林大学中心校区的三个图书馆中，中心图书馆建设时间最早，是校区地标性建筑，是师生在校园最重要的知识交流场所之一。馆舍总面积3万平方米，楼体方正、庄重大方，外立面是巨大通透的玻璃外墙，极具现代感和艺术美学。玻璃外墙的设计在增强建筑物外观通透、轻盈效果的同时，其良好的透光性可利用室外自然光改善室内阅览环境的光照效果，阳光照进图书馆形成不同的光影效果，为读者营造了独特的意趣。此外，透明的玻璃外墙实现了交互，让自然风光融入建筑，也使在建筑和室内学习、阅览的读者成为校园内的风景，将节能环保与建筑艺术有效统一。

鼎新馆于2016年建成投入使用，位于中心校区西北部，同行政办公分区使用同一栋楼宇，总建筑面积2.6万平方米，共9层，在设计风格上遵循"现代、舒适"的原则。

鼎新图书馆外观遵循楼体的整体风格，以砖红色为主，建筑线条简洁、庄重，整体配色和设计展现出图书馆典雅、知性的氛围。图书馆外侧仍然采用大面积玻璃外墙设计，在保障室内自然采光的同时，也与中心馆的楼梯相呼应。入口处采用全通透玻璃门和旋转门结合的形式，门口小广场处种有果树、灌木，与红色楼梯形成对比，为沉稳的馆舍增添了勃勃生机。

法学图书馆于 2024 年 9 月建成投入使用，地点位于校内法学楼内，共计三层空间，面积约为 2200 平方米，力求在功能空间、服务咨询、设备配置等方面，为读者打造有独特学科特点的舒适、便捷、智能的阅读环境，在环境装修、物品陈设、宣传展示等方面都力求彰显学校文化、学科文化。

其他各校区分别有一个单体建筑的图书馆，为各校区建设时统一建造的。建筑风格与各校区建筑风格相统一，整体均为沉稳大气的风格，以展现图书馆的书香气息。各馆在建设和后期修缮过程中，均充分考虑读者的需求和习惯，设置多样化的空间和区域，以满足不同读者的需求。

二、内部设计

吉林大学图书馆六区八馆的功能分区满足现代图书馆资源服务、参考咨询服务、文化建设服务和其他智慧化服务的功能需求，对于馆内的书刊架位、阅览桌椅、电脑设备、花草绿叶、墙体背景装饰等都进行了科学、合理的规划和布局，让读者在享受文献资源的同时，也身处于简洁舒适、朴实素雅、明亮大方的阅读环境，起到启智润心的育人功效。

以读者需求为导向的功能分区。高校图书馆服务的读者群体以在校师生为主，尤其以学生读者为首。高校师生读者对图书馆的需求主要集中在自习、阅览、交流、知识获取、休息活动等。按照需求，吉林大学图书馆各馆主要分为书刊阅览区、自习区、休闲区、馆员办公区，为读者提供安静的学习空间、轻松的交流空间和提供信息咨询服务的专业空间。针对不同读者的个性化活动需求，部分图书馆还单独设置了文化沙龙、新媒体空间、影音教室等特殊功能空间。如中心校区鼎新图书馆各楼层的功能分区为文化沙龙、密集书库、可以阅览书刊的图书阅读空间和期刊阅读空间，用于读者自习的开放式学习空间和用于交流研讨的交互式阅读空间。同时每个楼层还设有单独提供小型学生团队交流研讨的研修间，配备有智能屏幕等智能化设备，支持小范围授课、小组讨论、数字阅读等多种应用场景，为师生提供便捷的、智慧的学习空间，助力教学科研工作的发展。鼎新馆设计定位为理工科图书馆，因此在设计风格上偏向现代、简约、色彩明快，桌椅造型更为变化多样，材质轻量化，突出现代化、未来化的构想，营造科技化的氛围。而馆藏人文社科类文献的中心图书馆从色彩、桌椅选材等方面都更倾向于厚重感和历史感，营造浓郁的人文氛围。

三、以智慧化为导向的设备设施

为满足智慧化图书馆的建设需要，吉林大学图书馆广泛运用物联网、云计算、大数据、人工智能等先进技术，实现了图书馆资源的高效管理、便捷获取和个性化服务。吉林大学图书馆各分馆均设有自助借还书机，运用 RFID 技术实现读者自助服务，减少人工干预和成本投入，极大地提升了服务的便捷性。通过智能门禁系统，读者可凭借校园一卡通刷卡入馆、离馆、借阅等。为了满足读者需求，吉林大学图书馆内设置了自助文印机，学生可通过校内联网系统或外置 U 盘进行打印，满足了读者的文印需求。此外，为了方便读者随时随地获取电子资源，馆内阅览空间还设有电子阅读机，如博看期刊、超星电子书等书刊电子阅读机，读者可凭借下载客户端或微信扫码等方式实现资源获取，有效打破空间和时间壁垒，实现随时随地阅读。

四、标识和导视系统

图书馆标识是指帮助读者快速熟悉图书馆环境、了解资源布局并顺利找到所需资源而设计的一系列视觉和信息引导工具。吉林大学图书馆的标识主要采用简明的风格，藏书指引、功能区域、楼层房号、行动方向等信息指示类标识清晰明了，规章制度等介绍类标识严肃简洁。各馆也通过制作易拉宝、宣传展板等方式对特色空间、特色活动进行预告和指引。此外，新建设的馆舍中还应用数字化、电子化设备辅助导视，如各馆入馆处设有的 LED 屏幕，可通过投放内容进行辅助导视，在新生入馆期间导览效果明显。

标识和导视系统的设计体现了图书馆的整体风格，展现了各具特色的文化内容，它以不同的形式、颜色、元素呈现不同的图书馆学科风格，承载着图书馆的文化育人理念。这些系统的标识也有助于增强图书馆的文化氛围，起到文化育人的作用。如图书馆内较为多见的文明提示，能引导读者自觉遵规守纪，养成良好的行为习惯；充满启发性的行动标识和导视系统能传递正确的价值导向，对读者行为起到潜移默化的影响。

图书馆空间文化建设是图书馆文化建设中最基础、最表象化的展现方式，但却是其中不可或缺的重要环节。空间文化建设中从建筑物本身到内在设计理念、格局布置和设施设备的投入都是有机的统一整体，不能割裂开来。空间文化建设是图书馆文化建设的第一步，通过空间文化建设营造适宜读者使用的学习、阅读和休息的环境，将文化元素融入空间建设，既能较为直观地营造文化氛围，也能在风景、陈列等无声之处营造良好的育人环境。

第二节　精神文化建设

图书馆精神文化建设是一种无形的力量，是高校图书馆文化建设的深层次工作，主要是指高校图书馆的办馆理念、管理理念、馆员道德素养塑造及读者价值观念塑造等方面，体现了图书馆独特的价值观和追求。图书馆精神文化建设包含馆员对读者的服务、对知识文化的尊重与传承、对馆员和读者道德修养和行为准则的塑造，是高校图书馆文化建设的核心工作，是高校图书馆发挥育人功效的核心。

一、目标和定位

吉林大学图书馆精神文化建设坚持以习近平新时代中国特色社会主义思想为指导，围绕高校立德树人根本任务，围绕学校发展规划和人才培养目标，以社会主义核心价值观为引领，立足于学校知识中心、文化中心的功能定位，坚持"以读者为中心"的服务宗旨，以党的建设为引领，以优质服务助力学校提高办学质量和综合实力为重点，以服务和满足师生读者教学科研的需求为出发点，以调动馆员、读者的积极性和创造性、增强馆员的归属感和使命感、提升师生满意度为落脚点，以馆藏和服务为切入点，发展社会主义先进文化、弘扬革命文化、传承中华优秀传统文化，涵养吉林大学"红"与"专"的精神内核，为更好更快推动中国特色、世界一流大学建设，提供强大的精神动力和文化支撑。

二、精神文化建设实践

吉林大学图书馆精神文化建设以完善馆藏体系为出发点，持续对馆藏结构进行优化与调整，基于读者的需求和所在校区的学科属性，结合馆藏现状，统筹规划馆藏结构布局，打造符合学校办学特色和学科专业优势的馆藏结构。在充分尊重当前在校生阅读偏好与习惯的基础之上，深入挖掘和揭示馆藏文献资源，把握涵育社会主义核心价值观的主线，综合运用先进信息技术和图书馆馆员知识背景，打造一系列主题突出的图书馆阅读推广、展览展出及文化体验活动等，打造具有吉林大学图书馆特色的精神文化。

（一）因地制宜的馆藏建设

作为学校的信息服务中心，吉林大学图书馆一直致力于用卓越的资源和信息为学校的教育教学、科研创新等提供支撑与服务。在资源采购中，始终遵循"突出特色、优化结构、注重实效"的文献资源建设原则。截至目前，图书馆逐步形成了以多种载体资源组成的复合馆藏体系，基本实现了全学科覆盖、特色馆藏突出的文献储备。馆藏文献总量已达到 693.75 万册，其中纸质图书 593.19 万册，期刊合订本 100.55 万册，电子图书总量达到 315.95 万册，共引进数据库 224 个，为学校的"双一流"学科建设和重点学科、潜力学科的教学科研提供了有力的信息保障。

因学校各校区专业门类不同，吉林大学图书馆在深入了解各校区读者对文献资源的需求方向的前提下，各专业馆的藏书也更向所在校区的学科倾斜。工学图书馆馆藏文献以工学学科建设为主，以机械、汽车、材料、交通等学科服务为重点；医学图书馆的藏书以生物、医学文献为主体，以基础医学、公共卫生、药学、护理、临床等学科服务为重点；地学图书馆馆藏文献以地球科学为主，以地球探测、建筑工程、新能源与环境、仪器等学科服务为重点；信息学图书馆馆藏文献以信息科学为主，以电子、通信、计算机、软件等学科服务为重点；农学图书馆馆藏文献以农业科学为主，以动物医学、植物科学、动物科学等学科服务为重点。合理地配置图书馆的资源，能够避免资源的浪费和重复建设，确保馆藏资源能够更有效地支持学校教学科研，使各校区读者能更便捷地获取所需文献资源，使得各个校区的学科氛围更加浓厚，各校区的图书馆馆藏各具特色。

此外，吉林大学图书馆向读者提供各馆间通借通还服务，读者可以在所在校区归还从其他校区图书馆借阅的图书。按照学科发展变化，图书馆也会根据馆藏建设计划，确保馆藏与学校学科的发展保持同步，并不断根据读者和教学科研需求适时调整馆藏结构，提高资源利用率和读者满意度。

吉林大学图书馆作为"全国古籍重点保护单位"，收藏线装古籍 40 万册，其中善本书 6000 余部，121 部善本古籍入选《国家珍贵古籍名录》，382 部入选《吉林省珍贵古籍名录》和《第二批吉林省珍贵古籍名录》；收藏碑帖 35000 余张，在文化的累累硕果中保留着对根脉的崇敬和探寻。中心图书馆还收藏满铁资料 47000 余册、民国文献 82000 余册。

（二）传统文化建设

近年来，国家对传承和弘扬中华优秀传统文化的重视程度不断提升，高校要在推动落实立德树人根本任务上，在铸魂育人、学术研究和文化交流等各项工作中深入融入中华优秀传统文化，不断增强青年学生的文化自信，进一步提升文化自信，助力文化强国建设。《关于实施中华优秀传统文化传承发展工程的意见》强调了高等学校在文化传承与创新、促进社会主义文化繁荣发展方面承担的重要责任和使命，提出高校应成为中华优秀传统文化传承发展的示范区。自 2014 年开始，高校定期开展"礼敬中华优秀传统文化"宣传教育活动。2024 年高校"礼敬中华优秀传统文化"宣传教育活动以"赓续文化血脉筑牢信仰根基谱写青春华章"为主题，引导广大高校师生坚定文化自信，推动中华优秀传统文化创造性转化和创新性发展。

图书馆是一所高校文化发展水平的重要标志，在弘扬优秀传统文化、提升学生人文素养方面应该有所担当。吉林大学图书馆始终结合中心工作，在传承和弘扬中华优秀传统文化的工作中不断探索尝试。在内容方面，吉林大学图书馆深入挖掘馆藏资源，特别是作为传统文化重要载体的古籍资源，深挖其中蕴含的丰富传统文化内涵进行宣传推广。在形式方面，吉林大学图书馆充分利用读书月、毕业季、迎新季及传统节日等重要时间节点，开展形式多样的高质量阅读推广和文化体验活动，搭建弘扬传统文化的平台，丰富校园文化活动的主题和形式，促进中外交流，扩大中华文化的影响力，进一步增强了青年学生的文化自信和价值观认同，让中华文明和优秀传统文化深入人心、走向世界。

1. 传统文化体验活动

作为全国古籍重点保护单位，学校重要的文献资源中心、知识服务中心和文化交流中心，近年来，吉林大学图书馆依托特色古籍、特藏资源，有规划、有主题、有侧重、有层次地组织开展各类文化体验活动，读者可通过雕版印刷、碑帖传拓、古训诵读等活动，持续推进古籍经典的研究、阐释和弘扬，提升中华优秀传统文化的国际影响力，讲好中国故事，促进文明交流互鉴，不断提升中华典籍文化的海外影响力。

2024 年 4 月，中华传统典籍文化传承创新中心揭牌成立，该中心是学校构建中华优秀传统文化育人新格局的重要组成部分，该中心将充分挖掘中华优秀传统文化的时代价值，促进古籍的有效利用，以交流互鉴推动文明繁荣发展。该中心旨在推进国际中文教育与传统典籍文化的融合创新发展，提升中华优秀传统文化的国际传播力和影响力。创新中心以"中文 + 典籍文化传承"的路径拓宽国际中文教育的外延，推动传统典籍文化的保护、传承与创新发展。自项目启动至今，吉林大学图书馆充分利用其丰富的典籍馆藏资源和学科专业优势，面向海内外师生开展一系列文化视频录制、实地参观学习和技艺实践体验活动，有效提升了传统文化的国际传播力和影响力。

图书馆举办的文化体验活动从最开始的由馆员展示、读者学习，逐渐发展为馆员与读者共同进行传统技艺的体验，如 2024 年举办的"书藏有象智化无穷——吉林大学图书馆举办中华传统晒书系列活动"中，图书馆充分利用数智设备，理论与实践相结合，共举办四个传统技艺体验活动：俄罗斯学生中华文化体验营、感受非遗魅力，体验拓印之美——中国传统技艺体验活动、行摄东北——海外青年学生中国语言文化暑期研习营、第五期志愿者岗前培训，接待来自世界各地的师生近 300 人。师生积极动手参与，通过学习、体验雕版印刷术、套印技术和碑帖传拓技术，展示古代领先世界的传统技艺，揭示古人与书籍的关系，在趣味和体验中品古籍、寻古技，近距离感受中华传统技艺的独特技法和无穷魅力。

2. 主题阅读推广活动

在全民阅读视域下，吉林大学图书馆馆员专门组建了阅读推广团队，团队要做好阅读活动的组织与优秀图书的推广宣传工作，推进在校学生阅读习惯的养成和阅读能力的提升。近年来，吉林大学图书馆充分利用线上线下资源，利用每年 4 月 23 日世界读书日及其他传统节日和特殊时间节点，通过微信公众号和馆舍空间举办了主题多元、形式多样的阅读推广活动，力求打造具有图书馆馆藏特色和吉林大学校园特色的品牌活动，在全校范围内营造多读书、好读书、读好书的良好氛围。

吉林大学图书馆古籍藏书数量颇丰，其中不乏流传稀少、校刻精良、颇具文物价值、学术价值和艺术价值的珍稀善本。吉林大学图书馆针对传统文化的线上阅读推广活动主要是依托图书馆微信公众号进行馆藏古籍纸质资源、电子书资源及数据库推荐，如微信公众号特辟"吉大珍藏"栏目对馆藏古籍进行阅读推广，这样做能更好地揭示馆藏特色文献，帮助读者了解馆藏古籍情况，现已通过该栏目发布馆藏介绍 20 篇。该馆对古籍修复等传统技艺进行线上宣传普及，如"古籍保护"栏目发布的"匠者匠心——古籍修复技术工艺流程简述""匠者匠心——古籍函套的传统制作工艺"等。该馆辅助线下实体展出进行线上宣传，如"中华文化奇迹——北京房山云居寺历史文化展"走进吉大展览的预告。线下活动主要包含名师讲座，鼓励在校生积极参加的阅读推广主题竞赛，与学生社团联合举办的书友会、读书会等，如吉林大学图书馆"传诵经典·声动吉大"校园朗诵大赛已成功举办 5 届，持续推进文化传播，践行立德树人使命，引导吉大学子从中华经典中汲取智慧，涵养品格，积淀民族精神追求，激荡炽热爱国情怀。

2024 年，吉林大学在中心校区图书馆开展"典籍中的劳动之光——古今印刷沉浸式体验系列劳动教育实践课程"第一期。该课程由吉林大学党委学生工作部、考古学院、图书馆联合开展，课程劳动教育共计 4 学时，面向全校学生开放。活动从碑刻文物的传承与保护入手，根据史实信息和合理构想，围绕图书馆馆藏文物——陈护墓志展开故事。课程中，由吉林大学图书馆和考古学院的相关教师介绍馆藏文物的背景故事和考古专业的相关知识。参与学生分成不同的角色组，穿着对应时代的服饰，化身故事中的人物，沉浸式体验拓印、雕版印刷、活字印刷以及 3D 打印等技术。课程将传统文化和现代科技紧密结合，通过沉浸式体验，让典籍文献走进青年学子心中，推动中华优秀传统文化创造性转化、创新性发展。

3. 专题展览

中华优秀传统文化是中华民族五千多年文明所孕育出的思想精华，也是中国特色社会主义文化的源头活水。为传承和弘扬中华优秀传统文化，解读典籍中所蕴含的传统文化内核，引领师生阅读经典，从中华文化中汲取力量。吉林大学图书馆举办了一系列以传统文化为主题的专题展览，如"典籍里的中国智慧——《中华传统文化百部经典》阅读推广展"，展览立足于中华民族几千年来积累的传统文化典籍，以"激活经典，熔古铸今，立足学术，面向大众"为宗旨，力求深入浅出，化繁为简，让大众读懂经典、理解经典。展览共展出 26 张展板，选取《周易》《尚书》《礼记》《论语》等 22 部典籍中的名句加以注解、点评，诠释典籍名句中的传统文化内涵，力图拉近典籍文献与读者之间的距离，让经典简明易懂。展览采用线上线下同步开展的形式，线下展览在中心图书馆和鼎新图书馆进行巡展，读者可通过展出的二维码同步观看具体内容。

4. 名家名师讲座

传统文化讲座是高校图书馆经常举办的弘扬传统文化的重要活动，讲座通常邀请校内外的专家学者作为主讲人，与图书馆馆藏资源相对应，围绕自身研究方向和时下热点，结合中华传统文化的各方面进行讲解和探讨，除了向读者提供知识服务之外，还起到凝聚图书馆人气和弘扬传统文化的作用。如 2022 年，为全面贯彻中共中央办公厅、国务院办公厅印发的《关于推进新时代古籍工作的意见》，推进甲骨文研究，扩大甲骨文与甲骨学知识在公众层面的认知度，吉林大学图书馆联合中华书局古联公司邀请到《殷墟甲骨文数据库》作者、浙江师范大学陈年福教授与吉林大学古籍研究所所长冯胜君教授，共同举办了讲座——"甲骨文材料整理与数字化漫谈"。为了更好地让广大师生读者了解甲骨文，开展相应研究工作，还配合推荐了甲骨文数据库——殷墟甲骨文数据库。

5. 古籍数字化：吉林大学图书馆古籍文献库

吉林大学图书馆是全国古籍重点保护单位，现藏古籍约 3.7 万部，共计约 40 万册（件），其中有 6000 余部善本。20 世纪 50 年代以来，该馆古籍修复工作从未间断，成功修复古籍已超千部。但尽管修复工作从未停歇，依然不能完全弥补珍贵古籍在保存过程中的损毁，因为要将珍贵的古籍文献转化为数字形式，及时减少原始文献的物理使用和磨损，让宝贵的文化遗产得以更好地留存，也更广泛地被公众知晓。古籍数字化已经列入吉林大学图书馆的重点工作，一期项目接近尾声，古籍在线阅读平台即将与读者见面，二期项目已进入招标采购阶段。随着数字化工作的不断深入，古籍整理研究工作也将步入数智化时代。

古籍数据库资源为学者和研究人员提供了丰富的文献资源和服务，还可以通过互联网等渠道向读者推广。古籍数字化建设可以使珍贵古籍资源得到有效保护和利用，使读者可以更加便捷地检索和使用珍贵的古籍资源，不仅对古籍的普及有所助益，更为有关学者开展学术研究工作提供了便利。吉林大学图书馆现已购买中国基本古籍库（全文在线版）、《四库全书》标题检索版和《四部丛刊》全文检索版（单机）等古籍数据库供校内读者使用，同时还先后开通书同文古籍数据库、中华书局"籍合网"古籍数据库、八十万卷国学古籍数据库等数据库的试用，并及时通过微信公众号告知读者。读者可在校园 IP 范围内直接访问相关网址，极大扩充了研究文献资源，大大提高了古籍的使用效率和学术研究的便利性。

（三）红色文化建设

红色文化也成为红色资源，通常指中国共产党领导中国人民在革命战争时期铸就的，具有中国特色的先进文化，其具有较强的政治性、时代性和稀缺性，是中华文化谱系的重要组成部分。红色文化中蕴含的家国情怀、艰苦奋斗、奉献精神等价值观念，对当代大学生的教化、凝聚、导向和激励作用显著。

2022 年 8 月，习近平总书记在辽宁考察时强调，中国式现代化是物质文明和精神文明相协调的现代化，要弘扬中华优秀传统文化，用好红色文化，发展社会主义先进文化，丰富人民精神文化生活。高校作为文化传播的重要阵地，做好红色文化的传承和弘扬工作，有助于在校生深入学习党的历史、革命历程和英雄事迹，增强青年一代的民族自豪感和文化自信。

吉林大学高校图书馆作为文化育人、服务育人的重要阵地，高度重视传承和弘扬红色文化，积极开展红色文化的传承和推广服务，助力红色文化的一体化开发、保护和传承，在红色空间建设和红色阅读文化推广方面不断深化、细化，在探索运用红色文化助力学校思想教育，培育时代新人方面做出了有益尝试。

1. 红色文化专区

红色文化空间是集参观、阅读、展览、典藏等于一身的红色主题空间，对红色文化载体的留存、资政和育人都具有重要意义。高校图书馆利用馆舍资源和馆藏资源建设红色文化空间，有助于馆藏红色文化的一体化开发、保护和传承，可以为学校思政育人集中提供专门的场所和文献资源，从而提升红色文化的价值和育人功用。

2021 年，为庆祝中国共产党成立 100 周年，吉林大学图书馆主动站稳红色文化的"主阵地"，改造鼎新图书馆特设的三楼天井走廊，挖掘馆藏数字资源，积极学好红色文化"活教材"，开设了党史学习教育数字阅读空间，面向校内师生读者开放。该空间集中为读者提供中国共产党成立 100 周年专题资源，包含图书、视频、专题三个部分。类目包括每月新书、建党 100 周年图书、党的建设、党建文学、党史研究、党员教育等。该空间提供电子图书推荐阅读资源，分为党建图书、党建期刊、党建报纸、党建视频四个模块，充分利用"瀑布流"电子借阅系统，提供数字资源下载阅读服务，内含党政专题图书 4350 册。该空间运用馆内可移动智能屏，进行党史学习教育图书馆推荐，通过电子书资源轮换展播的形式向读者荐书。此外，空间内还设有一面联网使用的电子大屏幕，日常播放《中国共产党百年述职》等教育视频，以数字化方式展示红色文化，赓续红色血脉，发扬党的光荣传统，传播中华文化。

2. 红色主题荐书

为了更好地传承和弘扬红色文化，提升图书馆红色文献的利用率，吉林大学图书馆积极发挥"第二课堂"协同育人功能，强化资源整合，全面开展红色资源阅读推广活动，精心打造红色教育阵地。图书馆积极通过微信公众号等途径进行红色文化主题荐书，帮助师生读者学懂弄通党的百年奋进的光辉历程、历史意义和实践经验，引导大学生深入学习红色文化，激发他们的爱国热情，激励他们坚定理想信念，勇于追求自己的梦想和目标。

吉林大学图书馆微信公众号在党史学习教育、学习习近平新时代中国特色社会主义思想主题教育等学习教育期间，积极挖掘馆藏及电子书资源进行专题图书推荐，先后发布"学习贯彻习近平新时代中国特色社会主义思想主题教育"电子图书推荐2期，"江山如此多娇"专题电子图书推介5期，"红星照耀中国"主题书单推荐1期，另发布延安时期文献档案数据库、国研网特别策划"建党百年专题——经济政策历史"、图书馆党史学习教育主题服务系列：红色资源数据库等专业数据库试用推荐通知。时至7月1日时间节点，还会发布"七一"专题：红色文化数字资源推荐，推荐建党主题的数据库、书刊库和视频资源，以书香赓续红色精神。

3. 红色文化展览

习近平总书记多次强调"要把红色资源利用好、把红色传统发扬好、把红色基因传承好"。主题深刻、庄严的红色文化主题展览是传播红色文化、红色精神的重要载体，可以让读者在参观中接受革命历史文化与爱国主义教育。

吉林大学图书馆以展览的教育意义和文化意义为首位，积极做好红色文化展览，将红色文化精神注入特色图文、视频展示之中，让传递的信息更加准确、多元，传播更高效，让读者以沉浸式的方式感受展览中蕴藏的革命精神，给读者带来情感的升华，使其进一步在心理认同和行为自觉上继承红色基因、弘扬红色精神、传承红色文化。结合中国共产党成立100周年、每年国庆、建党等重要时间节点，吉林大学图书馆以馆藏资源为基础，综合整理网络资源举办了多场主题鲜明的红色文化展览，如"忆光辉历程庆百年华诞——庆祝建党100周年"历次党代会专题报纸图片展，展览聚焦历次党代会，精心挑选了近百年间《人民日报》《解放日报》《光明日报》等报纸上的相关报道，让参观者在珍贵史料中重温峥嵘岁月，回顾党代会的历史，从一个特定的角度回顾党的历史。同时，结合党史学习教育工作，还举办了"光辉的足迹——庆祝中国共产党成立100周年"毛泽东、周恩来、刘少奇、朱德图片展，选取毛泽东、周恩来、刘少奇、朱德等为代表，展示他们的伟大事业，展现老一辈革命家的崇高思想和高尚品格，激励广大读者铭记历史、缅怀伟人，继承革命精神和优良传统，激发继续前行的精神力量。两个展览分别在中心校区中心图书馆和鼎新图书馆大厅显著位置通过展板组合的方式展出，吸引学校师生读者踊跃参观学习。

因为线下展览具有时间、地点的局限性，线上的数字展览成为当前红色展览的重要形式，也是对线下展览的补充和创新。吉林大学图书馆在举办线下实体展览的同时，也积极探索线上数字展览的方式。线上展览并不仅仅是线下展出内容的搬运，而是融入艺术设计和科技元素，对原有展览进行形式上的丰富。馆员将展览内容制作成精美的 H5，选择合适的微页设计风格，配合适当的动态效果和背景音乐，让展览内容更加吸引人。不能到现场参观学习的读者，可以通过手机扫描二维码的方式进行线上参观，打破了读者观展的时空界限，让更多读者能以多样的方式学习和感悟红色文化。

4. 特色活动

红色文化是中国共产党领导中国人民在艰苦卓绝的革命斗争中形成的精神文化结晶，在"三全育人"视域下，红色文化是高校思政教育的重要内容来源，也是高校实现立德树人根本任务的重要途径，可以深化思政教育的价值观引领，发挥文化育人作用。高校图书馆应充分发挥文献中心、知识阵地的作用，整合诸多类型、内涵丰富的红色资源，增强红色文化的传播力和影响力，提升图书馆红色文化氛围，提升馆员对红色文化建设的重视程度，在育人过程中厚植红色基因，以有机融合、协同育人持续增强教育实效。

推进图书馆红色文化建设，应该重点关注图书馆员的红色文化素养。吉林大学图书馆注重以党建为引领，通过专题讲座、培训、实地参观研学等途径，向馆员传授红色文化理论知识，以丰富的实践活动深化馆员对红色文化的认同感，提升馆员的红色文化素养和育人水平。2022 年，在党的二十大召开之际，吉林大学图书馆联合校工会、妇委会邀请校内知名学者，讲解《百年大党面对面》，引导图书馆及学校广大女教职工在学习、阅读中弘扬伟大建党精神，汲取政治营养，传承红色基因，赓续红色血脉，厚植家国情怀，展示立足新时代、担当新使命、展现新作为的巾帼风采。除了理论学习，吉林大学图书馆还开展以"喜迎二十大，建功新时代"为题的系列活动，"党的光辉照耀我——红歌手势舞"，图书馆党政班子成员带头参与，女馆员代表参与活动，以《唱支山歌给党听》《不忘初心》红歌为背景，通过手势舞的表演形式，完美地展现了图书馆人对党的忠诚、对祖国的热爱，同时也展现了图书馆人的巾帼风采。

面向馆员之外，吉林大学图书馆也针对读者群体挖掘资源，创新开展了形式多样的红色文化育人活动。例如，与学校读书社合作举办"都有一颗红亮的心"电影放映活动，围绕百年来不同时期共产党员或人民的生活，讲述平凡或不凡的独特奋斗史，播放红色影片《风声》《红岩》《于无声处》；组织观看电影《红岩》，重回血与火的岁月，见证英雄的传奇；举办"我和我的祖国"系列活动之"历史的祖国，文学的时代"读书会，邀请学校文学院教授通过《红岩》、金庸系列作品、《活着》以及《三体》，解读四个时代大众阅读的变迁。

（四）特色文化建设

吉林大学是我党亲手创建的一所综合性大学，是一所深具红色情怀、厚重历史底蕴、巨大发展潜力的大学。早在我校初创时期，大量优秀干部和教师响应党的号召，从延安"北上"来到东北，这为学校奠定了早期发展的人才基础。到了 20 世纪五六十年代，更有一大批文艺界、科学界、教育界和思想界的精英不计得失、不畏严寒奔赴东北，为吉林大学和吉林省的发展建设奉献青春、贡献才智。在学校教学科研持续发展的数十载，以这批名师大家为代表的几代吉大人，在黑土地上播撒下科学和人文的种子，其中蕴含的精神、品质成为吉大人代代传承的历史财富和精神财富，指引着新时代吉大人以奋斗承继血脉，以文化增强自信，以科技服务国家，踔厉奋发，勇毅前行，为实现中华民族伟大复兴的中国梦而不懈奋斗！

图书馆作为涵养校园文化的重要阵地，也是学校学术的保存中心和学科服务的重要平台，在汇集科研成果等方面有着先天优势和独特作用。图书馆的文化建设应紧紧围绕学校红色底蕴、紧紧依托学校历史开展，要注重对吉林大学特色文化的凝练和传承，加强对历史名人文献、著作的整理，加强对以"北上精神"为代表的吉大精神的传承和弘扬，展现吉林大学的学术积淀和人文风华，让广大师生、校友铭记学校悠久的历史，进一步增强对共同历史文化的认同感和崇敬感，让图书馆成为广大校友对母校的精神寄托，也激励在校师生传承先辈意志，不断创新超越。

1. 以校友文库传承文脉

立足吉林大学历史，以保存学术文献、展示学术成果为出发点，吉林大学图书馆在文献采集过程中不断注意收藏本校以及与本校相关的出版物和学术文献，建设校友文库和学者文库和博硕士学位论文库，既维护与发展了具有本校特色的出版物收藏体系，又展示了高校的悠久历史和独特风格，彰前贤以激后学，对学校进行教学科研和校园文化建设有着深远的意义。在校师生可以在文库和相关数据库资料的指引下，便捷高效精准地运用馆藏资源开展学术研究，在深入了解先辈学人精神品质和学术成果的基础上激励自身，树立科研报国的理想，脚踏实地奋斗。

位于中心校区鼎新图书馆六楼的"吉大人"阅读空间于 2017 年正式启用，占地面积约 300 平方米。该空间的设计以"彰显人文，化育桃李"为主线，整体风格庄重雅致，充满历史与文化的厚重感。"吉大人"阅读空间不仅是吉大人文脉的集结，也是美好时光的凝聚。空间藏书以人文社科类经典书籍为主，图书来源主要为吉大师生捐赠。空间现有校长荐书、馆藏经典、阅读分享三个版块，拥有图书千余册。"吉大人"阅读空间不仅是吉大人文脉的集结，也是美好时光的凝聚。与书架相呼应的墙面取意"青菁岁月"，一侧墙面上摆放同学们的毕业照，记录着历届吉大学子的书生意气、锦瑟年华；另一侧墙面上则悬挂写有同学们读书心得的明信片，雅言润泽、见字如面。

位于和平校区农学图书馆的和平文库筹建于 2012 年 3 月，文库共收藏农学部校友各类著作 1143 册，近 200 名校友捐赠了个人著作，接收校友捐赠书画作品 72 幅。这些专家、学者学识渊博、治学严谨，为学校的发展、学科的建设和人才的培养做出了重要贡献。和平文库内设立"学术著作""诗词书画""校史文献""校友来访"等相对独立的不同展示区域与收藏空间。

此外，吉林大学图书馆正在对馆藏资源进行深入挖掘和整理，单独建设吉林大学学人书库，整合校史先贤所编写的书籍、文献进行集中保护和展示，探寻和记录吉大人文脉的隆起和传承，为进一步凝练吉大精神，深入开展校史和地方历史研究提供有力依据。

除各馆单独开辟空间对师生校友著作进行收集展示外，吉林大学图书馆还通过举办展览的方式将先贤名师的著作、学科发展的历史、由学校师生编纂的名家名师传记等作品介绍给在校师生。"溯光"——吉林大学历史文化精神专题精选了由吉林大学出版社出版、吉大学人编撰的二十一部精品图书，深入揭示吉林大学筚路蓝缕、砥砺前行的发展史与吉大人初心如磐、笃行致远的北上精神、红白黄精神。所有展览所涉图书，均可在鼎新图书馆六楼"吉大人阅读空间"中阅览。希望通过展览，能让广大师生切实领略到吉大精神的独特魅力和深厚内涵，更加自觉地赓续砥砺奋进的精神血脉，传承吉大先贤卓越不凡的光辉伟业，为实现中华民族伟大复兴的中国梦汇聚磅礴力量。

在吉林大学地学学科暨原长春地质学院创建 70 周年之际，图书馆发挥资源优势，广泛收集、整理相关文献资料，举办"乘风而上踏歌前行——庆祝吉林大学地学学科创建 70 周年致敬地学大先生"主题展览，精选我校 10 位地学名家进行简要介绍，展现一代又一代的地学大先生，为学科教育、技术、文化的发展，为地学人才的成长壮大，筚路蓝缕，呕心沥血，开拓创新，桃李天涯。

2. 以先贤典藏铭记历史

当代中国优秀的无产阶级革命战士、马克思主义史学的创始人之一吕振羽同志曾任东北人民大学（今吉林大学）校长、党委书记，为学校教育与科研事业的发展奠定了坚实的基础，做出了卓越贡献。1985 年，吕振羽夫人江明遵照其遗愿，将他收藏的全部图书资料和他在北京市西皇城根南街 50 号的房产，赠予吉林大学。学校在北京老校长故居建立吕振羽纪念室，在吉大图书馆设立"吕振羽江明藏书纪念室"，专门保管这些图书。近年来，图书馆不断加强对纪念室图书的保护、整理和利用工作，其中《吕振羽江明藏书书目》即将出版发行。此外，图书馆还举办了"戎马倥偬笔耕不辍——吕振羽生平展"，分为夫夷少年报国志、风雨如晦苦寻救国路和筚路蓝缕探道歧等 7 个部分，以展板的形式图文并茂地从吕振羽先生的生平、成就、荣誉等方面全方位地再现了这位马克思主义史学大师伟大的一生，清晰勾勒出吕振羽为中国的共产主义伟大事业不懈奋斗的人生轨迹。

3. 以特色空间展现多样文化

吉林大学医学图书馆正厅有一幅巨型壁画——《医学的春天》。从左侧向中间呈现的是中国医学历史长河中家喻户晓的著名人物和事件，如神农氏尝百草、神医华佗刮骨疗毒、唐代医药学家孙思邈著《千金方》、被尊为"药圣"的明代李时珍的《本草纲目》、针灸铜人等。从右侧向中间展示的是西方医学杰出人物与成就，如阿拉伯医学家阿维森纳著《医典》、解剖学家维萨里建立人体解剖学、微生物学家巴斯德发现细菌、免疫学之父詹纳研制牛痘疫苗等。壁画中间部分有医学生上课的场面，有无影灯下的手术情景，更有医者和红裙女孩共同托起红十字白鸽的画面等。壁画创作于1985年，壁画展现了医学的发展历程，从左至中，描述了祖国中医学的发展轨迹；从右至中，描述了国外西医学发展轨迹；中间主体，描述了中西医结合发展的新医学。画面的两翼主要烘托中间画面，展现了医学学科生生不息、薪火相传的历史长卷。30余载过去，这幅壁画已成为学校医学文化的标志，引领着一届届医学学子肩负起"古为今用，洋为中用，中西结合以铸就中国新医学"的历史使命。

地学图书馆"文化-艺术长廊"是地学图书馆的文化符号，以"开拓文化空间、营造文明环境"为宗旨。在这里陈列着地质学家、教育家、中国地质力学创始人李四光先生的半身像。在宽敞明亮、静谧优雅的艺术长廊里展出的《踏遍青山》主题摄影作品选集展示了地学人的心灵、激情、胸襟、抱负，展现了曾经的山川、风光、人物、事件，映现了地学工作者宽阔的胸怀和坚韧不拔的奋斗精神。百余幅摄影作品分布于馆内一、二、三层楼的走廊，《白鹿洞书院学规》《曾国藩家训》《师说》等大型诗书、古文、书法、壁画点缀其间，展示着"走南闯北"的地学人聚焦的缤纷世界和严谨治学的科学精神，"文化-艺术长廊"将艺术空间与穿行而过的走廊结合在一起，营造了图书馆的文化氛围，也成为地学图书馆的一张瑰丽的名片。

鼎新图书馆五楼汽车文化长廊共收藏车模总数超过500件，其中精品车模200余件。不同时代、不同国家、不同用途且设计风格迥异的汽车模型齐聚一堂，可谓汽车发展历史的缩影。展出的展品中既有法拉利、宝马等国外名牌汽车，也有代表一汽、吉大的红旗、解放等本土精品，充分展示吉林大学在国内汽车学科的领先优势和厚重的历史底蕴。图书馆充分利用这一资源，以"世界读书日"为契机，开展了独具特色的汽车文化主题阅读活动。在汽车模型文化空间内，除了展出精美模型外，还利用电子阅读设备播放12集大型高清纪录片《汽车百年》，以百年汽车发展史为线索，追寻汽车的足迹，探寻文明的演进。此外，空间内还提供解读知识的名片——"汽车书刊延展阅读"，推荐馆藏经典的汽车相关的图书和期刊，通过数字化阅读的方式拓宽读者的知识面。

第三节网络文化

网络文化有机融合了新兴技术与新时代文化的基本内涵，对当今大学生的思想理念、价值选择、舆论导向都有着重要的影响。随着信息技术的不断发展和互联网的普及应用，"互联网+"环境正在深刻影响着人们的生活方式和学习方式，高校图书馆作为学校信息资源中心和知识传播载体，图书馆网络文化建设更应该打破传统文化建设的局限，适应时代潮流的发展，积极拥抱"互联网+"，以更广泛的方式、更多样的形式吸引、服务和引导师生，进而提升图书馆的服务品质和影响力，为学校知识创新和学科建设提供更加强有力的支撑。

网络信息技术应用于图书馆工作过程中，会形成新的图书馆网络文化，而图书馆网络文化的形成不仅仅体现在技术应用的革新，更是对图书馆文化的科学理论、教育制度和育人方法的革新，影响着图书馆文化的内涵。图书馆网络文化是科学技术与人文文化的整合，是读者与信息资源的有效协调，是传统文化和网络文化的有效融合。随着互联网技术的应用，高校图书馆也更注重网络文化建设，通过网络平台和服务实现馆藏、馆际文献资源的共享。全媒体技术平台的兼容并包，拓宽了内部信息服务体系的边界，服务空间打破地域限制实现边界拓展，服务对象打破校园校区限制实现服务功能拓展。因此，图书馆网络文化的影响力因技术应用的不断革新而不断拓展和深化。

未来，图书馆要紧跟"互联网+"的步伐，持续加强网络文化建设，对图书馆的管理和服务模式重新审视，以网络基础设施建设和技术应用为主，逐步提升图书馆员的信息素养，逐渐提高图书馆的服务能力，不断满足用户日益增长的信息需求。同时，网络信息技术的发展也带来一定的信息安全问题，高校图书馆需要在利用信息技术带来的优势的同时，想办法规避信息安全风险，提高安全防范能力，树立网络信息安全意识，抵制信息污染，继续发挥互联网信息技术的引领作用，使图书馆网络文化健康地发展，引领未来图书馆发展的高级形态。

一、吉林大学图书馆网络文化的构成要素

随着全媒体时代的到来，信息技术高速发展，媒介融合效应使得信息资源共享和内容传播互鉴成为网络环境的常态。在此背景下，高校图书馆网络文化作为网络文化和校园文化的一部分，对高校大学生价值观念的塑造起到不可小觑的作用。从国家社会发展大局和高校育人科研的角度出发，高校图书馆如何积极应对网络文化繁荣带来的机遇和

挑战，运用好网络文化的特质和传播方式构建更完备的资源体系和传播体系、向读者积极传播正能量，如何借助网络传播的"东风"让高校文化辐射更广阔的范围、服务更多的人群，如何借鉴网络文化传播的经验严防意识形态领域风险，构建健康和谐的网络文化环境等问题都成为高校图书馆网络文化建设需要重点研究和解决的问题。

吉林大学图书馆在现代网络信息技术发展的当下，主动接受网络环境转变带来的工作环境和工作任务的变化，利用网络互联互通的属性，明确读者需求和信息获取渠道的变化，对资源建设、读者服务、信息传递等工作进行梳理，打造具有图书馆特色的网络文化，明确网络文化传播的主体、客体和对象在图书馆工作实际中的应用，从转变图书馆服务理念、提升馆员专业素质、优化资源建设等多方面构建图书馆网络文化，推动图书馆服务工作创新发展。

（一）网络文化主体

"数智融合"引领下的融媒体传播改变了传统的传播模式，构建了新的网络文化传播生态，为高校图书馆文化传播带来极大的转变和机遇。受网络传播特点的影响，网络文化传播主体从特定领域的专业从业者转变为人人都是传播主体的样态，主体范围扩大、创作方式和传播途径多样、参与者的交互性不断增强等情况使得网络传播愈加动态化、多元化，这些变化能共同推动网络文化的发展。

就吉林大学图书馆网络文化主体来说，文化传播的主体已经从专业的图书馆员向更广泛的知识接受者，也就是图书馆的读者用户过渡，因此也形成了以馆员为主体，读者群体、信息源头群体为辅助的"三位一体"的图书馆网络文化主体。

吉林大学图书馆馆员在图书馆网络文化主体中依旧占据着重要地位。负责资源建设的馆员需要不断充实和丰富可用于网络传播的文献信息资源，将馆藏资源进行分类整理并向读者推荐分享；负责参考咨询、信息素养的馆员需要为网络平台上的读者解答咨询，提供专业化建议；负责系统建设的馆员则需要在馆藏资源数字化、智慧化建设、图书馆主页等网络平台上提供智力和技术保障。图书馆员作为图书馆网络文化的引领者，按计划进行内容输出，传递正确的价值导向，因此，图书馆馆员在网络文化中起到了至关重要的作用。

吉林大学图书馆的读者用户对图书馆网络文化建设起到了重要的推动作用。因网络文化具有交互性的特点，图书馆网络文化传播主体也随之扩大。高校大学生作为读者对图书馆网络文化传播内容积极反馈、阐述观点，也影响着图书馆的网络文化生态。读者在接收信息的同时也成为信息二次传播的主要来源。读者主客体身份的转变使得图书馆网络文化传播的范围裂变式扩大，图书馆对读者二次传播中的"二度创作"作为一种反馈信息进行收集和分析，从而对传播内容和方法进行进一步优化改进。而读者从被动的知识接受者转变为主动的知识传播者，也意味着知识的有效获取和传播。

除了馆员和读者，知识生产者也是吉林大学图书馆网络文化的重要主体，如发布学术信息的研究机构、开办讲座的名师名家以及出版机构和其他高校图书馆、业内同行等，他们为吉林大学图书馆网络文化建设提供了丰富的知识资源。

（二）网络文化内容

高校图书馆网络文化的内容以知识传播、传播中华文明为主体，包括对校园文化的传播、对学术科研领域信息的分享、对当代大学生价值观的引导。

吉林大学图书馆网络文化作为校园文化的一部分，是图书馆文化和校园文化的融合体，受校园文化建设的引领，同时也具有自身独特的发展规律和趋势。根据文化层次理论，吉林大学图书馆网络文化的内容可以分为知识服务、咨询服务和图书馆形象建设等三个方面。

第一，知识服务方面，是图书馆网络文化传播的主要内容，主要包括图书馆阅读服务、文化传播活动、传统文化传播、数字化资源建设和移动图书馆建设等内容。吉林大学图书馆以无线网络、多媒体技术等为依托，满足图书馆用户的移动阅读需求。不断完善馆藏数字信息资源，完善数据库体系建设，对传统阅读资料进行数字化加工整合，传递给网络读者，读者可通过移动终端下载图书馆或其他机构 App 进行阅读，也可以直接通过在线阅读的方式进行知识获取。

第二，咨询服务方面，主要包含线上读者咨询、"回音壁"意见收集与反馈以及微信公众平台后台的读者评论、建议和其他信息交流等。如利用读者 QQ 群及时解读读者遇到的问题，帮助进行文献检索及传递等服务，打破了传统咨询服务的时空限制。

第三，图书馆形象建设方面，主要包括图书馆主页建设等。吉林大学图书馆主页建设以淡蓝色为主色调，以突出功能性为主要目的，包含图书馆馆情简介、机构设置、馆藏布局等概况，链接图书馆资源入口如馆藏资源、中外文数据库资源等，另外还包含座位预约及科技查新等服务预约的入口。整体风格简洁、实用性强、可视度高，使读者很容易从主页上获取信息。

（三）网络文化环境

图书馆网络文化环境对网络文化传播具有很大的影响，网络文化信息经过不断革新、重组进行传播，又经过客体的接受、吸收、再创作后被主体收集分析，如此循环往复，形成有机整体。吉林大学图书馆的网络环境分为内部环境和外部环境。

内部环境主要是进行图书馆基础服务及相关活动通知的发布。通过移动网络技术发布以图书馆服务信息以及活动通知等为主的移动阅读内容，如读者通知、开馆通知、馆际互借服务新生培训导航、新书通报等服务通知，以及资源推荐、学术讲座会议通知、读者活动等资源服务信息。图书馆以微信公众号为主要发布渠道，以图书馆主页、校园网相关模块通知为辅助，向读者传递相关信息。

外部环境则主要包括图书馆外的校园网络文化环境和校外社会网络文化环境及读者个人自媒体网络行为。其中，校园网络文化环境同图书馆网络文化环境导向一致，但应用了更丰富的传播媒介，可供图书馆参考。读者在网络上进行的个人传播行为或因同好产生的论坛、微博超话、学校贴吧、群等小范围自发性地发布正能量信息等能体现当代大学生喜好和行为习惯的网络信息也值得图书馆进行关注。

二、吉林大学图书馆网络文化的构建

2023 年 5 月，习近平总书记在主持二十届中央政治局第五次集体学习时强调，要"提高网络育人能力，扎实做好互联网时代的学校思想政治工作和意识形态工作"。高校是宣传思想文化工作的前沿阵地，高校图书馆承担着文化育人的重任，要全面贯彻党的教育方针，落实立德树人根本任务，扎实做好网络文化构建，更好担负起新时代新的文化使命。

吉林大学图书馆积极探索网络文化育人功能，从挖掘利用图书馆文化背景、资源价值、馆舍空间出发，围绕文化育人的主体、客体、环境等综合要素，构建图书馆网络文化育人的新格局。

（一）以立德树人为导向，发挥正向文化引领作用

高校图书馆扮演着引领文化前进和社会文化走向的角色，有引导学生树立中国特色社会主义核心价值观的责任。面对新任务和新挑战，吉林大学图书馆坚持以马克思主义和社会主义核心价值观为指导，弘扬社会主义先进文化、革命文化和中华优秀传统文化，坚持高校立德树人的根本任务，充分发挥第二课堂的作用和文化育人、服务育人功能，以资源为介质深化爱国主义、集体主义、社会主义教育，助力高校教学科研和人才培养高质量发展，着力培养担当民族复兴大任的时代新人。图书馆立足本校特色，结合校史资源和东北地区特色资源，弘扬特色文化，充分发挥网络平台的作用，不断壮大网络舆论引导的力量，守护吉大人共同的精神家园。

（二）以网络服务为依托，打造校园网络文化高地

高校图书馆读者的身份、职业相对单一，主要是教师、学生、科研人员及其他相关人员。因此，吉林大学图书馆网络服务的受众多为高端科研人才和知识获取型人才，即承担教学科研任务的高校教师及在校学生。

面向专业化的读者群体，吉林大学图书馆网络文化服务充分利用馆藏资源和现有网络传播渠道，为读者提供个性化服务，主要依托图书馆主页、官方微信公众号和官方读者交流群等平台。其中，图书馆主页具有资源整合和信息检索等功能，读者可通过在校

园网范围内登录图书馆主页获取馆藏资源的分布信息，部分馆藏电子资源传递和中国知网等中外学术数据库的资源信息。读者也可以通过主页的"座位预约"入口进行线上选座，选择自己到馆学习的时间和座位，或通过科技查新、古籍阅读等服务链接进行服务预约，以满足自身学习、科研的需要。吉林大学微信公众号是图书馆目前进行业务信息发布的最重要的出口，主要进行图书馆纸质资源、电子资源推荐，品牌活动、学术讲座等通知预告，新书、新库通知等信息的发布。同时，读者也可以通过微信公众号"我的图书馆"模块进行馆藏资源和个人借阅情况查询，通过"云阅读"模块随时随地阅读吉林大学图书馆合作的数据库中的书刊资源，也可以通过"常用服务"功能查看图书馆开馆时间、信息素养教育讲座时间等常规服务信息。

由此可见，吉林大学图书馆对智能设备数据、物联网数据、移动互联网数据、科学研究共享数据进行整合应用，综合运用多样化的网络传播媒介为广大师生读者提供高质量的服务，用健康文明的图书馆网络文化涵养积极向上的教风学风、师德师风，促进校园文化繁荣发展。

（三）以意识形态为抓手，净化校园网络文化环境

在融媒体环境中，高校网络文化平台的内容质量问题也因同质化等因素的影响日渐凸显，这不仅关系到知识信息的有效传播，更影响到校园文化的建设与当代大学生价值观的塑造。图书馆网络文化作为校园网络文化的重要组成部分，也难以避免当下良莠不齐的外部网络环境对内部环境的不良影响。面对百年未有之大变局，以及西方国家妄图在思想上颠覆中国的国际局势，高校图书馆应以习近平总书记提出的"意识形态工作是党的一项极端重要的工作"为指导，牢牢掌握网络意识形态工作的主导权，抢占网络意识形态斗争的最前沿，构建网络意识形态的话语权，紧跟网络强国建设步伐，坚持文化引领，构建和谐向上的图书馆网络文化环境。

吉林大学图书馆坚持以习近平新时代中国特色社会主义思想为指导，坚持党管宣传、党管意识形态，坚持党委领导，党政部门分工负责，各部门馆员积极参与的机制，构建多主体参与的网络意识形态话语队伍。图书馆坚持以文化引领网络文化建设，充分挖掘馆藏资源，发挥馆员专业优势，积极与校内外各部门联系，运用网络传播的方式加大宣传力度，赓续中华文脉，推动中华优秀传统文化创造性转化和创新性发展，以社会主义先进文化引领网络意识形态话语内容。此外，吉林大学图书馆在构建网络文化中，也更注重与时俱进，采用丰富的网络语言，应用当代大学生更感兴趣的动漫元素，以话语样态拉近与读者的距离，注重与读者的交流互动，增强他们对传播内容的兴趣、理解和认同，从而守好网络文化的主阵地，营造风清气正的校园文化氛围。

第四节　高校图书馆文化建设现存问题

随着 5G、区块链、元宇宙、AIGC 等理念和技术的不断发展创新，高校图书馆文化建设呈现出新的发展图景。高校图书馆应该紧跟时代步伐，服务国家数字化文化建设，推动文化服务数字化、网络化、智能化，更好地满足师生读者的多样化、个性化知识需求和服务需求，明确新时代高校图书馆的使命担当，通过图书馆转型发展为高等教育事业铸魂育人和社会文化繁荣发展做出新的贡献。在此背景下，吉林大学图书馆以文化建设为抓手，在空间文化建设、制度文化建设、精神文化建设和网络文化建设等方面做出创新尝试，但对标国家文化强国建设和高校立德树人根本任务的新要求仍存在较大的不足，还需要在发展理念和创新实践中不断探索提升。

一、智慧化服务水平有待提高

国家"十四五"规划明确提出要建立以人为本的图书馆，全面推进智慧图书馆体系建设，为图书馆智慧化转型指明了方向。对于高校图书馆而言，智慧化建设不仅仅意味着智能化技术设备的投入，更重要的是服务理念的转变和服务方式的集成，要强化数字科研信息和成果的互通，通过构建智慧化的空间来满足读者数字化文献需求、交互式学习方式和协作式交流研讨的需要，打造图书馆未来学习中心新样态。吉林大学图书馆在文化建设中，尤其是在智慧化建设方面仍存在明显不足。

（一）馆员服务理念不新

随着智慧校园、数字校园建设的发展，高校教育教学内容和知识服务体系发生了变化，高校师生和科研人员对高校图书馆的服务提出了更高的要求。

从馆员对自身的定位认知来说，馆员对图书馆功能定位依然存在本位思想，而没有完全以读者变化发展的需求为中心。馆员的服务理念依然是挖掘图书馆所具备的场馆条件和文献资源提供服务，而没有深入师生读者、科研人员、院系学科体察读者对服务形式转变的需求、科研发展对文献支撑的需求。也正因如此，图书馆员向读者提供的服务停留在资源服务、资料服务，而没有达到创新系统的知识服务，图书馆的场所文化功能只体现在知识的聚合，而没有利用新技术、新媒介将所有资源充分整合，适时地、个性化地传播给有需求的读者。

图书馆除了是学习支持中心，也是文化交流中心，图书馆馆员的自身定位也不仅仅是面向学生的老师和知识提供者，更是能和读者有效沟通交流的"朋友"，只有如此才能发挥高校图书馆文化交流中心的社交平台属性，更好地进行物理空间和服务行为的智慧化改进。

（二）制度文化创新不足

目前高校图书馆处于从数字图书馆到智慧图书馆的转型期，制度和组织架构的革新是高校图书馆智慧化建设的实现路径。

传统图书馆的组织架构和部门划分主要以业务分类为依托，机构设置、工作流程和服务内容都相对单一、固定，围绕文献馆藏和单一读者服务工作展开。而数字化、智慧化的图书馆建设面临着服务的升级和重组，读者服务工作需要跨部门合作开展，图书馆的部门设置也应该以满足读者需求为中心，结合部门工作属性，打破原有部门制的壁垒进行交叉融合，形成协调联动的内在机制，有重点、分层次地打造智慧型的读者服务平台，站在学科和行业前沿，把握学科发展趋势，及时、精准、高效地开展智慧型的读者服务。

（三）空间建设不足

目前，吉林大学图书馆的空间功能相对单一，大量空间主要用于读者自习、书刊上架等传统功能，这导致空间利用率下降，无法满足读者多元的需要，也没有形成空间文化的场域效应以达到"隐形"育人的初衷。从图书馆空间文化建设的角度出发，图书馆空间不仅应该具备陈列功能，更应该作为一种重要的文化传播媒介，发挥信息的传播作用。

高校图书馆应该对馆舍空间重新进行科学合理的布局，增加互联网信息技术在空间内的应用。如在读者自习区域增设人工智能设备、资源查询设备，让图书馆各项服务在固定的空间实现流动的、灵活的组合，形成读者与图书馆的良好交互。此外，也要充分发挥物理空间承载的文化意义，利用数字化、信息化技术布置更多的文化传播元素，让物理空间转变为文化育人空间。

二、文化空间功能发挥不足

图书馆空间文化建设应从物理空间着手，在条件环境建设中最大程度体现学校的办学理念、形象和需求，同时兼顾图书馆自身定位，打造文化育人环境，创建内涵丰富的文化环境，实现文化育人功能。

吉林大学图书馆空间文化建设目前欠缺整体规划和长期维护，在空间设置上不能完全满足读者和学校对学习空间、展览空间、传统文化空间、红色文化空间、文化交流空间、美育空间、劳动教育空间等多维度的需求。部分空间在使用过程中，没能按照预期设想实现其文化传播的功能，造成空间文化育人作用发挥不明显。

（一）空间文化功能发挥不完善

在数字化阅读时代，高校图书馆面临着阵地服务与师生需求变化的挑战。图书馆空间文化建设在削弱原有空间布局中的阻隔，创造流动的、共享的、交互式的空间，或是在视觉效果上寻求创新，或是运用数字化、人工智能技术创新空间设计手法，在满足读者使用需求的同时，营造具有特色的文化氛围。

吉林大学图书馆的空间文化建设在设计理念和设计初衷上紧跟图书馆文化建设趋势，但在使用过程中并未完全达到设计的初衷。如鼎新图书馆五楼交互式学习空间，设计了活泼鲜明的色彩主题和可以进行任意组合的可拼接桌椅，配合多种书桌、沙发等家具的布置，营造了一个轻松舒适、互联互通的空间。空间设计初衷是满足读者沟通交流、小范围研讨的需要，让读者在此空间可以自由交谈，应用馆内设备进行研讨，营造智慧碰撞、创意迸发的文化氛围。但在读者使用过程中，大部分读者在空间内依然保持安静的学习状态，长久下来此空间就失去了原本沟通、交流的属性，空间内的特定设施设备也没有得到充分利用，仅起到分隔空间和装饰作用，这说明高校图书馆在构思空间设计时，除了要考虑到理念创新，还要充分考虑读者的使用习惯，保障空间文化建设发挥预期功效。

（二）红色文化空间建设不完善

图书馆作为高校文化中心，是高校红色文化建设的主阵地。从研究和实践来看，高校图书馆应该单独开辟红色文化空间，该空间可以是红色历史文化的物质留存，如纪念馆、故居等，也可以是图书馆单独建设的、将人文空间、数字空间和互动空间融为一体的沉浸式红色文化育人空间。

吉林大学图书馆曾在 2021 年党史学习教育期间开辟了专门的党史数字化阅读空间，但后期并没有保留该空间继续作为红色文化空间。吉林大学具有深厚的红色底蕴，图书馆馆藏红色资源丰富，其中部分特藏文献资源对东北地区红色历史研究具有重要价值。吉林大学图书馆应开辟单独的场所空间，以历史为导向，打造线上线下相融合的红色文化学习空间，并合理规划空间建设方案，在物理空间的基础上规划虚拟空间建设，推动图书馆红色文化内容的整合与创新应用，传承红色基因，弘扬红色文化。

三、活动开展不够多样

高校图书馆具有天然的文化属性和教育属性，文化育人是高校"三全育人"机制提出的育人要求，活动文化育人是图书馆文化育人工作的重要环节。高校图书馆应该通过多样化阅读推广活动、校园文化活动、品牌文化活动等进行文化育人实践，充分发挥高校图书馆的资源优势、专业优势，实现图书馆第二课堂作用，调动师生读者参与活动的积极性，发挥文化引领、示范和宣传的作用，培养具有社会主义核心价值观的接班人。

吉林大学图书馆紧扣时代脉搏，弘扬主旋律，利用丰富的馆藏资源、馆舍资源，协同学校各部门教学科研资源开展特色文化活动，传播知识，传承文化。图书馆精品活动能够激发读者的参与热情，吸引读者了解和感悟图书馆文化，达到启智润心的效果。但图书馆文化推广活动也存在着一定的局限性，如辐射范围不广泛、推广形式单一、过于局限于图书馆业务工作等，限制了图书馆文化活动的多样性的开展。

（一）阅读推广活动

吉林大学图书馆的阅读推广活动通过线上线下相结合的方式开展。线上方式主要是利用微信公众号发布荐书、电子资源推荐、书评等形式，引发读者对推荐资源的兴趣，引发阅读行为，养成阅读习惯。线下方式主要是通过讲座、研讨、读书会、展览、竞赛等知识讲授和互动体验的方式开展。整体来看，图书馆阅读推广的方式和途径比较固定，欠缺创新性和多样性，在推广内容选择上往往以图书馆主体视角考虑，忽视学生的个性化需求，欠缺对特藏资源的整理和利用；在推广主体的选择上缺乏专业的阅读推广人才；在推广方式上，虽然能够组织线上阅读推广，但对于时下更新鲜的短视频和直播平台等途径欠缺规划部署和大胆尝试。综上原因，图书馆阅读推广活动囿于形式和内容，缺乏吸引更多读者参与的趣味性和用户黏性，导致高校图书馆阅读推广活动难以"破圈"。

（二）文化体验活动

为了更好地传承和弘扬中华优秀传统文化，吉林大学图书馆每年都会举办多场邀请中外学生共同参与的文化体验活动。通过活动增进中外学生的沟通交流，让外国留学生更加了解中国传统文化，更好地融入中国学习生活。同时，通过这样的活动，让更多人对中国传统文化和传统技艺有了更深入的了解，如图书馆经常举办的与古籍相关的传拓、装帧等体验活动，让原本的冷门绝学不再冷门，增进了文化自信和认同感。

但在深入挖掘古籍、依托古籍工作举办传统品牌活动的同时，图书馆还应该适当丰富和拓展传统文化体验活动的主题，如挖掘馆藏中关于中华传统节日、传统习俗的资源，在特色节日等时间点开展文化体验活动，也可以进行校内外合作，如跟省市级图书馆联合举办活动，增加文化活动的专业度和影响力，达到更好的文化育人效果。

四、欠缺科学的规划和评价体系

（一）欠缺整体规划

通过吉林大学图书馆文化建设实践可以看出，图书馆在近几年的新建馆舍和老馆修缮工作中，对图书馆文化建设工作越来越重视，也将图书馆文化建设工作纳入年度工作计划。但围绕新建和修缮工作进行的文化建设，主要集中在空间文化的建筑、装饰、家具等布置上，对于更深层次的精神文化的部署有所欠缺。

在图书馆读者使用的过程中，我们发现部分图书馆文化建设工作并未按照预期计划推进或实现，这说明在制定文化建设规划时没能充分考虑各方因素和读者行为习惯，有时候设想过于超前，没能与读者需求完全匹配。

（二）缺乏评价体系

在吉林大学图书馆文化建设实践中，我们发现图书馆对文化建设工作的反馈和评价体系不够健全。在空间文化建设中，制定建设计划时，往往忽略读者作为图书馆使用者的使用感受，没能将设计理念和读者思维相契合。在阅读推广活动中，没能及时对活动效果进行有效评估，对活动产生的读者行为变化欠缺数据化统计和进一步分析，使得图书馆阅读推广活动更像是授课式的知识传递，而没能与读者形成交互式的信息交流。因此，高校图书馆文化建设应该在文化建设计划、组织、实施、反馈、改进方面进行整体规划，重视效果评价，并以此为后续文化建设工作提供必要的依据。

第九章

高校图书馆文化建设的创新策略

　　根据《普通高等学校图书馆规程》的相关规定，高校图书馆的两大主要职能是教育职能和信息服务职能。高校图书馆作为学校的文献资源中心，是辅助学校培育人才和开展教学科研的重要学术性机构。在"三全育人"视域下，高校图书馆为广大师生读者提供安静、舒适的学习空间，发挥空间文化的隐性育人作用，在营造良好阅读氛围中潜移默化地塑造读者的品格修养。同时，高校图书馆也不断拓展和深化各项服务内容，为教学、科研和学科建设提供坚实的文献资源保障，同时也通过举办各类阅读推广活动、文化体验活动、科研交流会、学术讲座和报告会，开展信息素养教育课程等，用先进的文化教育人、引导人和塑造人，推动知识传播和文化传承，助力学校对学生综合素质和学习能力的培养。因此，图书馆文化建设和文化传播是高校对学生专业教育的延伸和补充，高校图书馆应该自觉落实立德树人的根本任务，多主体构建协同育人机制，通过多元协作的方式拓展文化育人的平台。

　　进入新时代，我国社会主义教育要培养德智体美劳全面发展的社会主义建设者和接班人，要坚持把立德树人作为根本任务，着力培养担当民族复兴大任的时代新人。新时代为高校图书馆文化育人赋予新使命、提出新要求。随着信息技术的不断发展，读者的行为习惯和阅读习惯也正发生着巨大转变。这些变革也要求高校图书馆文化育人工作在内涵、目标、策略等方面随着高等教育人才培养工作的开展而不断创新和探索。

第一节　打造具有校园特色的空间文化

　　高校校园文化是通过校园这一特定的精神环境和文化氛围，使每个"校园人"潜移默化地在思想观念、意识潜能、心理素质、行为方式、价值取向等方面与主流文化（社会主义文化）实现认同。新时代高校校园文化育人不再局限于传统的文体活动，而是将学科文化、专业文化、校本文化等多元文化融合起来,形成全方位、多层次的育人体系以促进高校学生全面发展。一所高校的大学精神、办学理念、校训校风、规章制度、行为规范、文化设施等内容都是良好的文化育人题材。高校图书馆文化建设应充分考虑校园文化建设战略规划,以习近平文化思想为根本遵循,牢牢把握学校精神内涵,体现大学精神、办学理念和发展方向,挖掘学校办学的优良传统和师生共同的精神财富,开展具有学校特色的图书馆文化建设。

从空间文化上来看,高校图书馆从学生需求出发,结合传统文化、思想政治育人、校园特色等主题,建设各类阅读空间、学习空间、创客空间等。在空间内部建设上可以将学校统一的标识系统、文化符号广泛应用在图书馆馆舍建设中,可以挖掘校史文化资源和地方史、地方志文化资源,打造特色空间,形成与学校和谐统一的文化氛围,又独具文献资源特色,不断优化图书馆文化建设的物质基础。

一、打造主题文化专区

(一)打造具有校史特色的文化专区

高校校史具有思想政治教育的政治导向、历史认同、榜样示范等育人功能,对新时代高校文化建设和育人工作具有重要的现实意义。高校图书馆文化建设应该挖掘校史中的重要事件、重点人物,结合图书馆资源打造校史文化育人专区,打造校史文化场域,利用好线上线下馆舍资源、文献资源及电子资源,创新校史文化的育人渠道。在高校发展历史中沉淀凝练出的人文精神,也能集中展现各高校独特的文化风貌,集中以大学精神或校风校训的形式呈现,如清华大学的校训"自强不息,厚德载物"激励大学生要不断追求卓越、完善自身;北京大学弘扬的"爱国、进步、民主、科学"精神更是蕴藏着随历史发展而来的家国情怀;南开大学弘扬的"允公允能",教育学子要大公无私、塑造自己的科学才能等。高校图书馆应该充分利用馆舍空间开辟校史文化展示专区,可以是传承学校文脉的文献资源专区,可以利用馆内多媒体资源和现代化技术进行校史文化展示,在空间内还可以定期举办校史主题的文化讲座、校史寻根主题活动等,加深读者对校史文化的理解。

(二)打造具有地方历史特色的文化专区

地方特色文化是传承和弘扬本土文化的重要途径,有助于保持文化的多样性和独特性。高校图书馆应该在尊重和继承地方优秀传统文化的基础上,充分挖掘地方历史文化中蕴含的传统美德、传统技艺等,让地方文化"活起来",挖掘其中的红色文化,抓好革命传统文化教育,涵育在校大学生知史爱国的情怀。如东北地区高校图书馆可以充分挖掘东北抗联历史,传承东北抗联精神,培养不畏强权、艰苦奋斗精神和爱国主义精神;

西安交通大学充分挖掘"西迁精神"，提出了"五位一体""西迁精神"铸魂图书馆文化育人体系架构与实践路径探索，充分利用场馆优势打造文化墙、张贴宣传海报、摆放宣传展板或展架、设置专题阅览空间或阅读专架，还包括图书馆云桌面用机的统一壁纸及屏保设计以及各显示终端有关"西迁精神"的视频展播等，举办"永恒的记忆——西安交通大学图书馆西迁实物展"，助推大学生加深对"西迁精神"的感悟，助力培育社会主义核心价值观。

通过将校史文化和地方特色文化融入高校图书馆空间文化建设，可以为读者打造体验式、沉浸式的参观学习空间，向读者提供更丰富的思政教育资源，增强学生对学校历史和地方文化的认同感、自豪感，进而激发学生爱校荣校、爱国报国的心理动机，激励学生自觉传承优良文化，将其融入日常学习与生活当中，用实际行动诠释大学精神的内涵实质，以此实现校园文化和图书馆文化的全方位育人。

二、打造红色文化专区

习近平指出，红色资源是中国共产党艰辛而辉煌奋斗历程的见证，是最宝贵的精神财富，要打造高质量精品展陈，增强表现力、传播力、影响力，生动传播红色文化。高校图书馆是学校传承红色基因的第二课堂，是传承红色历史文化、开展文化育人工作的理想场所，也是服务师生开展红色文化研究的重要平台。因此，高校图书馆应该积极探索红色文化空间建设的新范围，展现图书馆资源汇集与传播的功能，助推学校传承优秀革命传统，创新红色文化育人的新方法。

高校图书馆打造的红色文化专区应该是在馆舍场所建设的基础上，广泛应用多媒体手段、融入 VR、AR 等现代科技手段的高校思政教育重要场所，要以空间为依托、以活动和展出等为载体，打造学校传承和弘扬红色文化的教育基地。

高校图书馆红色文化专区可以在现有的红色文化空间内进行场所建设的重新规划。专区内应设立红色文化图书专架，集中摆放马克思和恩格斯原著、"四史"类著作、马克思主义中国化的理论成果和社会主义核心价值观著作等图书和期刊。除了理论著作，红色文化专区内还可设置新媒体视听区域，利用电子显示屏、平板电脑等设备播放展现红色文化的音乐、影视作品等，实现视觉、听觉的通感，营造"读、听、看"一体的学习氛围，也可以应用电子设备展示电子文献资源、红色资源专题网站或数据库，打造线上线下融合一体的学习空间。在固定典藏资源展示之外，高校图书馆可以在红色文化专区内举办革命历史文化专题展览，包括历史文献展和革命历史文物展、相关文艺作品展等，塑造能让读者沉浸其中的红色文化学习场景，满足读者对"身临其境"的故事氛围感的需要。同时，高校图书馆红色文化空间还可以应用现代科技手段实现空间的嵌套和扩展，如利用虚拟设备和投影打造不同历史时期的革命场景，既是对珍贵革命历史影像的留存，也可以通过二度创作使读者走进该区域时在全景式的场景重现中切身感悟红色文化。这种红色文化空间的打造，除了能满足图书馆文献揭示工作的要求，能为学校师生读者提供开展党建活动的场所，也为学校其他红色文化展示场所提供借鉴。

三、重视空间文化的整体性注重"角落文化"建设

图书馆空间设计是一门涵盖了建筑学、室内设计学、环境心理学、读者心理学及人类学等多学科知识的科学。高校图书馆的空间设计需要满足功能性、可适应性、易访问性、多样性、交互性、有益性、环境适宜性、安全性、高效性、信息技术适用性及吸引力和惊奇性等要求。从读者需求角度划分，高校图书馆的空间氛围分为实体阅读空间、虚拟阅读空间、精神交流空间和图书馆行政办公和内部业务的空间。

在高校图书馆空间文化建设中，如何在满足读者对空间的功能性需求的前提下，实现各空间独具特色、各个空间的整体统一协调及图书馆空间文化与学校场所文化建设相协调，是图书馆文化建设的重点。巧妙运用学校的统一标识系统，图书馆可以打造出一系列具有学校特色和文化底蕴的文化标识，这些标识既能在图书馆发挥指引方向、引导读者行为规范的作用，又能在无形中传递学校的精神文化内涵，使图书馆空间建设与学校融为一体。

对于图书馆规划好的专用空间，要遵从该空间的功能和主题对其进行文化布置。除此以外，馆内的廊道、楼梯、墙面、顶棚等都属于空间文化综合体中的一部分，按照功能分区，可在借阅空间内张贴名人名言、劝学荐读警句、名师名家画像等，营造浓厚的文化氛围。需要注意的是，这些文化布置需要根据场馆服务读者人群进行细分，如人文社科类藏书空间适合进行古朴、沉稳、偏向传统文化主题的设计，如历史人物和典籍典故介绍、校友题词等，营造浓厚的人文气息；而理工科藏书空间适合进行偏向现代、简约、理性的设计，如科学家画像、科技成果展示等。在馆内明显空间，应设置醒目的温馨提示和读者行为规范提示，如安静标识、禁烟标识和禁止留存个人物品标识等，确保公共区域的良好环境。

除了固定功能的区域外，高校图书馆也可以灵活运用走廊、环廊、天井等空间，布置高雅的书画和摄影作品，或联合学校文学院、艺术学院等进行馆院共建，不定期举办不同主题的艺术作品展、文学作品展等，展示学校师生的艺术特长，打造多样化的图书馆文化呈现方式。在馆舍楼体外部，可以同学校文化氛围统一布置名人雕像、校训石碑等蕴藏着文化底蕴和历史意义的文化景观。在馆舍植被方面，也适合栽种迎客松等充满生机、寓意积极向上的植物。总而言之，高校图书馆空间文化建设应该以"不言之教"凸显大学文化和精神，达到"让每一个墙面都有话说，让每一个角落都能育人"的效果。

第二节　打造主旨鲜明的精神文化

高校图书馆精神文化主要体现在价值观的塑造，价值观在导引人类文化心理机制中起核心作用，其中包括对读者和馆员两方面价值观的塑造。对馆员价值观的塑造是图书馆全体员工共同拥有的指导高校图书馆工作的群体意识，在高校图书馆文化体系中处于核心地位，对于增强高校图书馆的凝聚力和竞争力至关重要，是高校图书馆活动的行动准则和指导思想。对读者价值观的塑造则体现在提升其人文素养、增强社会责任感等方面。

随着数字化时代的不断发展，受部分网络流行文化影响，在校大学生的价值观呈现多元化、开放化、自我意识强烈和社会责任意识淡薄等特点。高校图书馆对读者价值观的影响可以通过营造良好的馆舍育人环境、优化馆藏资源、开展教育活动和提升馆员服务能力等方面进行。

一、塑造品牌精品活动

随着高校图书馆事业不断走向高质量发展阶段，开创具有图书馆特色的品牌活动成为图书馆优化读者服务、推进阅读推广、促进国际交流和开展文化育人的重要方式。随着图书馆品牌价值逐渐被读者认可，高校图书馆越来越重视阅读推广活动的品牌建设和品牌管理。高校图书馆品牌活动定位应该坚持正确的育人导向，充分利用馆藏资源，以激发读者阅读兴趣为目标，以品牌活动展现图书馆文化，助力图书馆文化育人事业，引导大学生树立坚定的文化自信，积极投身于社会主义文化强国建设，打造符合大学校园文化、学科特色，具有影响力的品牌活动。

高校图书馆品牌活动要采用合适的运营方式，加强品牌推广，提升品牌的知名度和认可度，从而深化品牌价值。高校图书馆品牌精品活动是一系列冠以同一主题，但服务形式有所区别的活动，可以包含名师讲座、读书会等阅读推广活动，也可以是各类文化艺术展览和文化体验活动。图书馆文化品牌的建立要经过顶层设计的认真规划，要组织相关专家、馆领导和经验丰富的馆员认真研讨，制定品牌活动的外部形式和内容实质，也要同步制定品牌的宣传推广计划。

高校图书馆在建立品牌后，要按照一定的频次，具有持续性和号召性地定期举办不同类型的活动来保持文化品牌的活跃度，不断加深读者对图书馆文化品牌的印象。高校图书馆在这方面可以广泛借鉴公共图书馆的先进经验，如宁波图书馆的经典服务品牌"天一**"，就是借鉴宁波著名历史文化景点"天一阁"的名称命名的。期初的文化品牌是以文化讲座"天一讲堂"为起点，发展至今近 20 年，已经延展出"天一展览""天一约读""天一朗读""天一音乐""天一童绘""天一助读"等16个文化活动项目，辐射范围既包括成年人，也涵盖了青少年儿童，服务形式涵盖了阅读、展览、讲座等，主题内容包含读书、音乐、绘画等不同的艺术内涵，营造了宁波"时时能阅读，处处可阅读，人人享阅读"的城市阅读氛围。此外，宁波图书馆还依托这一品牌延展出一系列衍生 IP，如"一本书的诞生"原创 IP 展，讲述从纸到书的"制书之旅"，从而拉近读者与书籍的距离。

高校图书馆的文化品牌创建和发展是为弘扬优秀文化、引导阅读习惯、凝聚共同价值观念而搭建的文化交流平台，在经营这一文化品牌时要发挥好品牌的规范性和稀缺性，发挥高校图书馆传播文化的先天优势，发挥好其育人功能和属性，塑造读者的文化观念。同时，还要把握好品牌发展的"源"与"流"，积极与其他校内外机构合作，打造衍生品牌，实现协同发展，进一步扩大影响力，更好地发挥高校图书馆的文化赋能价值。

二、提升综合办展能力

高校图书馆不仅是学校的文献资源中心，也是学校重要的综合文化场所。图书馆发挥空间优势进行实物展览或数字化展览也是高校图书馆服务育人的重要方式。高校大学生是图书馆的重要服务群体，知识面广、知识水平高、信息素养好是大学生的特点，这也反映出大学生对图书馆高层次、多样化服务的需求。开展多主体、多类型、多渠道的文化艺术展览既可以丰富图书馆提供知识服务的形式，满足读者的精神文化需求，也可以起到丰富校园文化内涵、传承中华优秀传统文化和培育时代新人的积极作用。

高校图书馆举办的文化展览应该是面向校园的，是图书馆馆藏资源的深刻揭示成果，是在校师生进行音乐、美术、摄影等文学和艺术交流和展示的平台，是展现学校科研学术成果及其转化的平台。高校图书馆举办的文化艺术展览也是高校师生感悟优秀社会文化、弘扬中华优秀传统文化、增进中外文明互鉴的一扇窗。

从高校图书馆展览内容主体上看，除了社会上展出的书法、绘画、摄影、档案四大类展品，图书馆应坚持挖掘主体、深耕拓展的原则进行展览策划工作。对本馆馆藏，要深入挖掘珍贵馆藏资源，特别是古籍、特藏资源，挖掘文献资源背后的历史背景和文化价值，以馆藏为中心串联讲述一段历史文化，也可以展示相关资源的影印本，展现数字人文推动中华优秀传统文化创造性转化和创新性发展的优秀成果，着力赓续中华文脉。对本校资源，要深入挖掘学校历史，将馆藏文献、学校发展史和国家建设发展的历程相关联，可以通过一本书、一个故事、一段往事讲述一种文化，传递一种情怀；可以通过关注师生校友的文学艺术作品进行集中展示，展现高校师生多样化的生活情趣、艺术造诣和人文素养；可以关注学校重点学科的重大成就，如科技成果转化为服务于国家重大战略的实例，将远在天边的科技进步通过近在眼前的形式展现给读者，助力在校大学生的课程学习。对于校外资源，可以着重考虑具有区域文化特点的文学、艺术作品和历史文化衍生作品，更好地展示当地特色，也增添了图书馆展览的独特性。从高校图书馆展览的展出形式来看，图书馆要广泛开展线上线下相结合的展览。线下展览让读者设身处地地感受展品带来的精神滋养，图书馆也要大胆运用现代科技手段打造专属的虚拟展览空间，对物理空间的展品和展出进行补充和升华。

从展览时间和频次上看，高校图书馆应该把握时事热点和重要时间节点举办临时展，针对学校学术成果、毕业生作品、教职工文化作品等的展览可以考虑年展连办，打造图书馆展览的专属品牌。而展览地点则需要布置在读者流量大、空间宽敞、动线明显的区域内，减小因布展给读者正常使用图书馆其他资源带来的影响，打造图书馆文化展览的专属空间。同时，还要有专门的馆员充分利用馆内、校内的宣传渠道对展览进行宣传，提升展览的传播效果。

此外，高校图书馆还要利用好展览展出资源，开展丰富多样的阅读推广等其他文化活动，形成文化传播的集聚效应，加深读者的体验感，引发其对展览背后文化内涵的深入思考。

三、强化"五育并举"

2019年,《中共中央国务院关于深化教育教学改革全面提高义务教育质量的意见》提出坚持"五育并举"，全面发展素质教育。突出德育实效，提升智育水平，强化体育锻炼，增强美育熏陶，加强劳动教育，促进学生全面发展。高校图书馆在立德树人、"三全育人""五育并举"的教育背景下，应该不断深化和拓展服务，转变图书馆单一的知识供给的服务职能，积极融入学校培根铸魂育人工程，在学校人才培养、教学科研、服务社会和文化传承与创新发展方面发挥更大的作用。

高校图书馆文化建设和文化育人工作应该坚持以德育为根本。高校图书馆文化建设工作要坚持用习近平新时代中国特色社会主义思想铸魂育人，坚持通过图书馆服务助力大学生坚定理想信念、厚植爱国主义情怀、加强品德修养、增长知识见识、培养奋斗精神、增强综合素质。以党建工作为引领，通过打造习近平新时代中国特色社会主义思想专区和红色文化空间、举办红色文化展览、开展"四史"相关的阅读推广活动等形式，将图书馆文化建设工作融入高校思政教育和价值引领工作，提升图书馆德育功能，引导读者树立正确的人生观、价值观、历史观和家国观。

高校图书馆文化建设和文化育人工作应该坚持以智育为核心。助力学校教学科研，为读者学术研究提供必要的资源保障和咨询服务是高校图书馆的基础工作。图书馆应该利用馆藏资源和服务优势，举办名师讲座等活动，提升读者的知识储备和人文素养。同时，图书馆也应该发挥专业优势，对读者开展多样化的信息素养教育，辅导学生准确、快速地检索和使用图书馆资源，提升获取知识的能力和专业技能。通过独具特色的阅读推广活动，引导读者养成"爱读书、会读书、读好书"的习惯，助力学校的智育工作和人才培养。

高校图书馆文化建设和文化育人工作应该坚持以美育为关键。高校图书馆可以挖掘以馆藏资源和馆舍设施为基础的综合性美育资源，开展图书馆美育的全方位实践，发挥美育的价值和基本功能。比如，挖掘古籍中丰富的美学价值，向读者讲解古籍版本，传授古籍装帧技艺，解读古籍中蕴藏的先人智慧等，引导读者深入学习和体验中华传统文化之美，为学校美育工作提供宝贵的资源；也可以通过优化空间布局的美育特征，布置绿植、艺术雕塑等，增添图书馆的艺术氛。在空间设置上，可以打造培养艺术素养的特色空间，包括音乐欣赏区域、公共体验的乐器、影音空间等，让读者可以进行艺术鉴赏与创作，进行小范围的艺术分享，强化美育的浸润作用。

高校图书馆文化建设和文化育人工作应该坚持以劳动教育为动力。高校图书馆文化建设工作应该将劳动育人和服务育人相结合。首先，要整合图书馆资源，引导学生树立马克思主义劳动观，以知识讲授的方式帮助读者理解诚实劳动的重要性，加深读者对劳动价值的理解。其次，高校图书馆可以和学校有关部门沟通，为读者提供勤工助学岗位，组织志愿者服务团队完成图书馆阅览室日常维护和展览展出讲解等工作，推进劳动实践的常态化开展，帮助大学生积累生活技能和职业技能，提高劳动技能，促进大学生在劳动教育中肩负起时代新人的责任与使命。

第三节　加强文化协同育人机制建设

随着图书馆事业的飞速发展和图书馆文化建设逐渐进入文化创新发展的新时代，高校图书馆的文化育人机制也应与时俱进，从转变服务理念、完善服务制度、提高馆员职业素养、发挥读者"主人翁"作用、加强与校内外各部门各组织积极合作等方面，建立更科学、更高效、更贴近读者的协同育人机制，更好地发挥高校图书馆文化育人的作用。

一、制定科学高效的制度机制

平稳顺畅的图书馆运行需要科学合理的制度机制保障，高校图书馆制度建设要严格遵守国家相关法律法规及行业标准与规范，读者借阅规章制度、馆内各部门工作流程、馆员岗位职责、安全保障和其他各专项工作等方方面面都需要全面的规划。

馆风、馆训文化是图书馆文化建设和育人实践的重要组成部分，是高校图书馆工作人员在实际工作中凝练形成的办馆理念、价值取向、服务理念、精神内涵和行为规范等的总和，其内在逻辑完整、育人思路清晰，有助于高校图书馆工作形成合力。高校图书馆的制度机制建设要注重凝练图书馆的馆风、馆训等图书馆人共同的精神内涵，重视馆风、馆训凝练的系统性、认同性、时代性和独特性，鼓励馆员将其内化为工作目标和行为规范，在此基础上进行服务育人理念、馆员行为规范等一系列系统建设，以优良的馆风涵养培养良好的工作作风，重视环境熏陶，激励馆员躬身实践，更好地服务师生读者。

高校图书馆文化建设要以制度建设为保障，制度建设既要明确图书馆各工作岗位的具体职责和工作任务，也要从服务读者的角度系统性、全局性考量，建立整体推进、全面实施图书馆各项规章制度，确保图书馆文化建设取得良好的育人成效。以高校图书馆阅读推广制度为例，阅读推广工作需要图书馆各部门整体规划，要充分考虑到阅读推广的主客体、内容、渠道、效果等多方面因素，进行规范化、专业化的制度建设。从推广主体来看，要成立阅读推广委员会，组织图书馆馆员进行相关培训，使其具备阅读推广人的基本职业素养和专业技能，同时广泛邀请学校专业教师、辅导员和社会知名学者等在图书馆老师的指导和辅助下加入阅读推广的队伍，也鼓励读者、在校师生以读者的身份参与阅读推广，扩充推广队伍；从推广客体，也就是阅读推广内容，要保障推广的专业性、连续性，要坚持传播优秀文化、弘扬正能量，推广内容要能引导读者树立正确的世界观、人生观和价值观；从推广渠道上，要综通过全媒体渠道进行宣传推广，形成宣传的集聚效应，坚持舆论的正向引导，制造阅读文化的舆论热点，助力网络文化建设；从效果评价机制来说，要从简单的推广活动开展次数和参与人数的数据统计向数据分析转变，如利用循证图书馆学的理念，注重从数据分析得出读者行为、兴趣点和参与意愿的关系，从而提升阅读推广、文化育人的成效。

二、加强馆员培训

对高校图书馆馆员的培训主要包含在职培训和职业生涯发展培训，包含馆员应该具备的职业意识、图书情报专业知识、从事某一图书馆具体工作的专业技术和从事信息素养教育部分教学工作的能力。随着高校图书馆资源建设方式和服务方式的变化以及读者需求的日益多样化，图书馆员需要不断跟进学习行业前沿信息、职业技能和适应互联网、大数据时代的先进信息技术等知识，以此来适应新时代高校图书馆的育人实践需求。高校图书馆馆员培训应该从现状和需求出发，在涵养职业精神、强化专业能力和提升业务技能方面构筑培养体系，着力提升高校图书馆馆员的职业素养、研究能力和工作能力。

在涵养馆员职业精神方面，图书馆人一直传承着敬业奉献、服务育人的职业精神，在图书馆平凡的岗位中将其视为奋斗一生的事业而朴实、坚定地耕耘。高校图书馆应该延续这样的职业精神教育，发掘资深馆员的先进事迹和优秀品质，激励一代代图书馆人不懈努力奋斗。在强化专业能力方面，图书馆应注重对馆员自身学术研究与科研能力的培养，鼓励图书馆员以"老带新"的方式开展专业研究，要把工作中的经验和思考转化为服务创新的理论和成果，为馆员提供科研成果展示的平台和激励机制，推动馆员将实践积累转化为研究成果，再以研究成果推动图书馆创新服务，从而推动图书馆事业的可持续发展。在提升业务技能方面，图书馆应从新馆员入职培训开始，培养其信息检索能力、参考咨询能力、阅读推广能力、教育教学能力和学科服务能力等，随着高校图书馆的数字化、智慧化转型，还要注重对馆员人工智能知识技能、数据管理和分析能力、虚拟设备应用及原理的讲授和培养，对从事相关业务的馆员围绕数据统计进行数据分析能力和应用开发能力的培养等。

高校图书馆应该为馆员搭建获取图书馆行业前沿信息的平台，加强馆际同行间的业务交流，依托图书馆联盟和专业技术业务组织等定期开展交流研讨，鼓励馆员积极参加各类培训、研讨等学术和业务交流互动，进行实践案例分享，拓宽馆员的成长空间。图书馆同学院和专业教师开展深度合作，一方面可以深入了解服务对象的需求，另一方面可以学习其他专业的知识，做好学科服务和交叉学科研究。

除了为馆员提供必要的知识技能培训平台，图书馆还要培养馆员树立终身学习的信念，关注自我成长和能力技能的提升。馆员可以根据工作内容和自身需求自行检索国内外各类图书馆、图书馆学会发布的研究报告、开设的前沿课程等，积极拓宽工作和科研的边界，获得知识和技能的增长。

三、健全读者参与机制

高校图书馆文化建设应始终坚持以读者为中心、以人为本的中心思想，应该重视读者在文化建设中的重要作用，读者的意见、建议直接反映了用户需求和图书馆建设发展的需要。高校图书馆在空间建设、资源建设、阅读推广、运行管理等多方面都应该引导读者树立"主人翁"精神，以共建共管的方式共同进行图书馆文化建设工作。

在空间建设和布局上，可以在规划和建设馆内空间前，通过调查问卷和调研走访等形式充分了解读者对图书馆空间布局的功能需求和美化建议，将大学生的活跃思维和创意广泛应用在图书馆的文化建设中。此外，对于空间布局的使用情况也应该及时和读者沟通，对于空间布置是否符合读者动线、馆内设施设备是否满足读者使用需求等都可以通过整理分析读者的反馈来进行调整。

在资源建设上，高校图书馆应该重视读者荐购工作，购买师生读者从事学术研究真正需要的文献和数据库资源。高校图书馆应在充分考虑馆藏科学性、系统性、长久性的前提下，制定明确详尽的荐购规则并向读者告知，鼓励读者向图书馆提出采购的意见和建议。图书馆可以设置线下留言板或在读书会、讲座等活动中设置相应环节，进行读者荐购意见征集，或利用图书馆主页、微信公众平台等渠道开通线上推荐平台，尽量减少读者消耗在荐购中的时间和精力，积极对读者的意见进行反馈，说明是否采纳意见购买或因为某些具体缘由未能购买，对读者所需的同类型馆藏资源进行推荐。通过合理的读者荐购，可以提高读者在使用图书馆中的参与感，使得高校图书馆文献资源建设真正符合读者需求，提升馆藏质量和资源利用率，让读者融入图书馆文化建设，打造自己的"专属书房"。

在阅读推广方面，高校图书馆可以和读者共同组建读者社团，通过定期举办社团讲座、读书会、观影活动等。学生社团来自校内各学院、各专业、各年级，在一定程度上代表了校内读者群，社团团员的意愿在一定程度上能够反映时下大学生关注的热点和知识需求，能够通过对学生代表的阅读兴趣和阅读习惯的分析来掌握广大读者的阅读习惯。学生社团可以通过开展活动，在活动的组织筹备中发挥一定的动员作用，也可以借助学生之间的传播效应，将更多优秀读本和良好的阅读习惯带到广大学子中间。

在馆内运行管理方面，高校图书馆可以为读者提供志愿服务的平台，读者可以在馆内秩序维护、文明行为提醒、图书馆排架等工作中锻炼自己的劳动能力，也可以在一定程度上减轻图书馆人力资源压力，系统、全面地激发读者内生性参与动力，在浓郁的书香氛围中实现图书馆环境育人、文化育人、服务育人和管理育人的有机融合。

四、融入校园文化育人工作

高校图书馆文化是校园文化的有机组成部分，在服务转型的当下，高校图书馆应该秉承开放的理念，主动加入学校校园文化建设，以学校文化建设的主旨方向和建设目标为抓手，立足图书馆工作实际，与学校各部门和各学院积极开展合作共建，共同营造图书馆特色文化，提升学校师生的文化素质和学校的软实力。

高校图书馆融入校园文化建设和育人工作，首先体现在馆院紧密联系、深化学科服务方面。高校图书馆学科服务的对象是高校师生，这类读者具备专业性强、科研压力较大、学习能力强等特点，需要图书馆学科服务馆员在熟练掌握图情专业知识和技能、熟悉馆藏资源的同时，还要具备积极高效的服务意识和沟通能力，与院系建立紧密联系，成为院系日常教学科研的合作伙伴，向院系提供荐购征询、教学科研活动辅助和丰富多样的设备设施、共享知识服务等，通过深层次的学科服务模式，完善文献资源建设和文化建设体系，提高工作效率，提升读者满意度，达到协同育人的工作效果。

高校图书馆融入校园文化建设和育人工作，应该积极同本科生、研究生工作管理部门及学校团委等部门开展合作。高校学生占据图书馆读者的绝大多数，是图书馆的重点服务对象，也是图书馆文化建设思路、创意和实践的重要力量。高校图书馆作为校园文化建设的主要阵地，应该积极参与学生工作、学生活动，为其提供必要的场所支持、知识支持，提高学生活动的专业度和知识性，达到更好的育人功效的同时提升文化活动的内涵和育人效果。

党的二十大报告强调："用社会主义核心价值观铸魂育人，完善思想政治工作体系，推进大中小学思想政治教育一体化建设。"在高校课程思政面临新任务的时代背景下，图书馆作为高校教学辅助部门应该主动参与思政课程的建设与开展，通过图书馆文化建设体现图书馆价值，用社会主义核心价值观、中华优秀传统文化等融入知识服务、信息素养教育和阅读推广等服务育人工作，引导广大学子树立正确的价值观，为高校思政教育工作提供有力支持。高校图书馆融入思政教育可以通过资源建设，结合学校的专业和课程设置，提升馆藏质量，有效防范网络意识形态风险对大学生价值取向带来的误导，利用信息素养教育培养大学生搜集、分析、辨识信息的能力，通过信息获取培养价值观念，构建思政教育空间，以"立德树人"为导向，利用多媒体平台开展宣传推广，将读者吸引到思政教育框架体系中，达到价值引领的目的，积极发挥文化阵地作用，促进系统化思政育人体系的形成，服务于学校人才培养。

第十章

高校图书馆文化建设的未来展望

2019年，习近平总书记在给国家图书馆老专家的回信中提到："图书馆是国家文化发展水平的重要标志，是滋养民族心灵、培育文化自信的重要场所。希望国图坚持正确的政治方向，弘扬优秀传统文化，创新服务方式，推动全民阅读，更好满足人民精神文化需求，为建设社会主义文化强国再立新功。"2023年3月，《教育部高等教育司2023年工作要点》提出："探索推进未来学习中心试点，发挥高校图书馆优势，整合学校各类学习资源，利用新一代信息技术，打造支撑学习方式变革的新型基层学习组织。"高校图书馆是高校文化建设的重要阵地，是展示校园文化的窗口，更是实现文化育人任务、建设一流大学、培养时代新人的重要辅助部门。结合新形势和新任务，高校图书馆依然要结合社会主义文化强国建设的工作目标和要求，发挥文化传承和创新职能，弘扬主旋律、传递正能量，营造更加浓郁的学术氛围和文化氛围，增强学生的创新创造能力，全面提升个人素质素养，树立终身学习的观念，将图书馆服务育人工作融入高校教书育人的工作当中。

未来，高校图书馆文化建设要坚持以社会主义核心价值观为核心，以习近平文化思想为引领，充分认识文化建设的重要性，以文化育人的方式培养高素质人才。高校图书馆应该充分发挥馆藏资源优势，提炼文化育人素材，重视民族精神和爱国主义教育，大力发展社会主义先进文化，弘扬革命文化，传承和创新中华优秀传统文化。图书馆工作人员应该提升文化自觉，发扬图书馆人的坚守奉献精神，以优质服务塑造图书馆文化建设品牌，通过文化育人激发学生的自信心和自豪感，进一步坚定文化自信。同时，高校图书馆文化建设也要面向文化国际化传播，面向国家文化数字化战略，面向高校数字化、智慧化建设，面向带动相关行业协同发展的需要，推进文化自信自强，铸就社会主义文化新辉煌。

第一节　助力高等教育数字化转型

随着信息技术的发展和产业数字化转型的加速，技术创新带来的对复合型人才的需求，认知和学习方式的转变带来高等教育在教学理念和模式上的变革，以人工智能为代表的新兴数字技术在高等教育领域的广泛应用使得高等教育数字化转型成为当前教育领域的重要趋势。当前，高等教育的数字化转型面临着人才短缺、资源分配不均、信息化基础建设相对落后和信息安全等挑战，要求高等教育在数字化转型过程中加强对教育工作者数字化、信息化技能的培养，完善基础设施建设，探索线上线下结合的课程设置和教学模式，加强产学研合作，实现教育、科研成果与技术创新的深度融合，还应该建立健全评价与防控机制，确保数字化转型的顺利开展。

2024 年全国教育工作会议强调，要不断开辟教育数字化新赛道。坚持应用为王，走集成化道路，以智能化赋能教育治理，拓展国际化新空间，引领教育变革创新。高校图书馆应该面向读者需求，从空间再造、信息资源建设、知识服务场景设定、服务观念转变和人才队伍等方面打造学校的知识共享、学习科研、数字教学等中心，以空间重构和服务创新为主要突破口和实践路径，优化服务理念，成为助力高校数字化转型的新力量，发挥社会服务和文化引领功能，助力文化强国建设取得新突破。

一、虚拟现实图书馆的构建

虚拟现实（Virtual Reality，简称 VR）图书馆的核心技术体系是指基于三维动画技术系统和虚拟现实技术系统的集成体系，这一技术能够实现用户与环境直接进行自然交互，表现出临场感、交互性、创新性等特征。虚拟现实技术在图书馆的应用主要包括运用三维影视动画特效软件 3DMAX 等三维模型制图技术和虚拟现实软件 VR 的模拟仿真技术，在网络化的计算机平台创造出数字化图书馆的馆舍环境模型及实时交互场景与漫游场景，以实现读者对图书文献信息的检索、查询、浏览、阅读。

2008 年，国家图书馆上线了我国第一套虚拟现实图书馆系统。随后，部分公共图书馆逐渐开发上线了运用虚拟现实技术打造的阅读体验平台。随着智慧图书馆建设的不断深入，虚拟现实图书馆的形式也不断拓展，总体来说图书馆应用 VR 技术主要还是用于打造虚拟空间和阅读体验，虚拟现实技术和图书馆服务的结合并不紧密。物联网、区块链、云计算和大数据等前沿科技的使用使得高校图书馆提供的资源服务从平面化的纸质资源向多维化的整合资源过渡。图书馆用户需求也随着信息化的发展而更多样化、更个性化。虚拟现实技术的应用可以帮助高校图书馆运用计算机尖端算法和图形渲染技术将单一数据转化成更为直观、易得、易懂的图像，用图像和声光效果营造身临其境的拟态环境，利用虚拟现实技术沉浸式、多感知性、交互式等特点，提升读者主动参与的积极性，让学生读者在更加现代化的文化氛围中，锻炼想象力、创造力和协作能力等，为学术研究奠定坚实的基础。

虚拟现实技术的应用让高校图书馆空间文化更为多元化。通过计算机和虚拟现实技术，高校图书馆可以搭建几个或多个多媒体场景，这些场景是网络共享平台，读者可以在该场景内自由学习、交流，对所学知识进行标注和反馈。虚拟现实技术也可以应用到图书馆导览系统当中，应用 VR 技术展现图书馆的资源分布情况，读者可以通过检索服务精准查找某一本图书是否在馆、具体所在的架位等。这一技术也可以广泛应用于新生入馆教育，通过虚拟现实小游戏等形式帮助新生第一时间了解图书馆的整体架构和服务情况。

虚拟现实技术的应用让高校图书馆阅读文化更具个性化。虚拟现实技术在图书馆的应用可以打造不同主题的文化阅读空间，读者可以通过网络账号登录进入自己感兴趣的空间学习浏览，以此打破图书馆服务读者的时间、空间限制，图书馆通过不断开发、整合和深化内容建设，引导读者在新的阅读模式下养成新的阅读习惯，通过数字孪生技术，高校图书馆可以分析读者的阅读喜好，根据读者感兴趣的主题为其定制个性化的阅读内容，打造读者的专属定制图书馆。

虚拟现实技术的应用让高校图书馆服务更加精准化。虚拟图书馆建设可以应用大数据收集读者检索信息，利用算法明确读者所需的资源。将读者数据库、馆藏资源库、馆外专家学者知识库和馆际交换信息资源融合，形成虚拟馆员形象。读者在虚拟场景中同虚拟图书馆员形象进行对话和咨询，可以增强读者的互动体验感和趣味性，激发他们的探索精神。虚拟馆员的知识融合性也打破了馆员的专业知识壁垒，加之虚拟空间的演示效果，给予读者更直观、更便捷的问题解答。

虚拟图书馆建设虽然能够为读者提供更加智慧化、专业化和体验式的服务，但知识产权问题、读者个人信息安全等问题仍然存在风险，值得高校图书馆在未来建设中更加重视和解决。

二、图书馆数字文化建设

为了贯彻落实党中央关于推动公共文化数字化建设、实施文化产业数字化战略的决策部署，积极应对互联网快速发展给文化建设带来的机遇和挑战，满足人民日益增长的精神文化需要，建设社会主义文化强国，国家发布了《关于推进实施国家文化数字化战略的意见》，其中重点任务要求关联形成中华文化数据库，夯实文化数字化基础设施，搭建文化数据服务平台，促进文化机构数字化转型升级，发展数字化文化消费新场景，提升公共文化服务数字化水平，加快文化产业数字化布局，构建文化数字化治理体系等。高校图书馆作为文献信息中心，其数字化建设与当下数字高校建设和国家文化数字化建设都息息相关。

数字化图书馆概念，即美国提出的信息高速公路计划中，将数字化图书馆规划作为试点建设的重要项目。数字化图书馆不仅仅是数字馆藏及管理工具的集合，而应包括信息、数据和知识在整个创建、发布、利用、存储等生命周期内的所有活动。文献资源建设是图书馆事业发展的重要基石，数字化图书馆的本质特点，是以电子文档形式为主体构成的可在网络等虚拟环境里运行的馆藏信息资源，把纸质印刷载体信息转化为计算机可以储存和识别处理的信息。

图书馆承担着收集、保护和合理开发利用人类文化遗产的重要职能。数字时代给高校图书馆文化建设带来了新的变化，对应国家文化数字化建设的目标要求，高校图书馆可以在数字资源建设、馆藏资源数字化、特藏资源数据库建设和移动阅读服务等方面采取相应举措。图书馆应该加强数字化设备的引入和使用，如数字检索设备、交互体验设备、设置官网和微信公众号的交互渠道等，加强对数字化设备的宣传，提升读者对数字化图书馆的全面认识。高校图书馆应该利用数字化建设整合、优化文献资源结构，在数字阅读和移动阅读盛行的当下，图书馆应该加大对数字图书馆、资源共享平台、馆藏特色资源的数字化建设，通过网络开展数字化服务，或同其他图书馆联盟、省市级图书馆开展资源共享合作，提升馆藏资源的利用率，更好地服务师生读者。图书馆数字化建设还体现在馆藏古籍的数字化方面，高校图书馆馆藏古籍珍贵且易损毁，要在合理保护的前提下，加大对古籍数字化的工作投入，一方面将纸质资源影像化，可以抢救古籍资源延长文化遗产的保存时间；另一方面可以在古籍数字化之后，依托数字化资源进行古籍数据库建设，对古籍资源进行后续的加工、检索、传递、保护或影印出版，做好供给端创新性发展和创造性转化，让中华优秀传统文化中蕴藏的智慧和哲理被更好地传承和弘扬。

三、融媒体图书馆文化传播

随着媒介融合进展的加速，作为校园文化重要阵地的高校图书馆应该有效增强媒介融合意识，充分利用全媒体资源构建融媒体传播矩阵，打造多元、立体的文化传播体系，运用好图书馆官方网站、微博、微信公众号等现有技术和工作流程较为成熟的传播渠道，创新延展短视频、直播平台及 bilibili 等长短视频和 AIGC 平台。根据当代大学生的阅读特点和需求，选择合适的渠道加强文化宣传、进行文化推广工作，优化内容生产，各传播渠道形成传播合力，将更高质量、更有吸引力的文化内容传播给师生读者和社会公众。

随着互联网信息技术的不断发展，公众的阅读方式逐渐从纸质阅读走向读屏时代。高校图书馆要重视互联网技术迭代对文化发展和知识更新的影响，可以充分利用网络流行文化和现代化的信息技术，进一步提升网络文化环境和网络育人生态，采用更贴近读者阅读习惯的方式，通过更广泛的平台开展满足读者需求和喜好的图书推荐和活动宣传，提高读者对图书馆资源的关注度和利用率，充分利用网络资源加大对优秀价值观的宣传，正向引导读者的阅读行为。

对于图书馆官方网站建设而言，网站应该是高校图书馆发布权威信息最基本的端口，是图书馆官方发布信息的集散地。官方网站的建设应该在满足资源介绍、服务推介、功能链接的基础上，在增强与浏览者的互动性上有所改进。在文化传播上，一是要保证文献资源的内容质量；二是要提升文献资源的共享性，确保传播优秀文化、传递正能量，让馆藏资源服务辐射范围最大化。

高校图书馆目前对微信公众号的应用比较广泛，主要用于推荐馆藏资源、发布图书馆新闻、活动通知、链接图书借阅和电子资源阅读等。图书馆还应该进一步开发和利用微信公众号的其他应用，如座位预约系统的嵌入、图书馆其他资源利用情况的统计等。此外，高校图书馆还应该利用微信公众号积极发布、传播优秀文化的内容，如党建引领的活动、红色文化阵地建设、廉洁文化建设等内容，引导读者树立正确的价值导向。

为了适应当代大学生的阅读习惯变化和移动终端使用情况，高校图书馆还应该紧跟信息科技变化，在抖音、快手等短视频平台和 B 站学习模块等渠道布局传播内容。bilibili（以下简称"B 站"）独特的圈层文化、弹幕文化以及浓厚的学习氛围吸引了众多"Z 世代"年轻人，其中 24 岁以下使用人群占比 74.7%。高校图书馆应该紧紧把握大学生的兴趣点，应用弹幕收集读者反馈意见，与读者互动，在向读者传播知识的同时，也能以高质量的知识服务内容引领网络文化传播，减少网络上良莠不齐的信息资源对大学生造成的不良影响。

第二节　助力行业融合发展

图书馆行业的交流发展早期主要为文献资源共享和业务交流等方面，随着信息化的不断发展，图书馆与上下游产业的协同合作在深度和广度上都发生了一系列变革，在文献资源共享、技术科技支撑、服务空间扩展和服务半径延伸等方面都有所突破。进入新时代，随着信息技术的发展，图书馆馆际、行业之间的合作逐步走向网络化、数字化、虚拟化。面对信息环境的改变，互联网时代的高校图书馆应该积极改变管理模式和服务策略，加强与其他行业、其他机构的融合发展，不断谋划以促进行业融合的方式在提供新服务、创新新渠道上寻求发展机遇，不仅能够满足高校图书馆信息资源共建共享、服务育人、服务社会的需求，也能够促进高校图书馆创新服务引领行业发展、传播优秀文化，同时也可以满足社会其他文化产业合作共赢的需求，促进文化强国建设。

一、空间文化的融合：与档案馆、博物馆的融合

图书馆、档案馆和博物馆是现代社会重要的公共文化服务机构，承载了世界文明发展的记忆，在人类社会发展历史中一直发挥着不可替代的作用。知识服务型机构的属性和保存人类文明的社会功能让图书馆、档案馆和博物馆的工作各具特色又紧密相连。高校图书馆应该紧密联系学校校史馆、博物馆和档案馆等单位，积极与省市级相关单位合作，在实现资源共享的基础上，探索服务上的交叉融合，形成文化机构的资源集聚和融合，为传播优秀文化探索新思路。

高校图书馆与校史馆、博物馆和档案馆等单位的合作可以以整合中华传统文化资源为出发点，打造集图书、文物、档案和信息情报于一体的综合文化平台。首先，图书馆、校史馆、档案馆等应该做到馆藏资源、信息资源的整合共享，突破单一空间、单一资源的形式，另外三馆可以共同合作研发资源数字化的技术，实现馆藏资源数字化建设，方便知识服务。其次，图书馆、档案馆可以依据各自专业的语义揭示对彼此的馆藏资源建立链接关系，形成共同的知识体系，方便用户检索和获取信息。最后，可以将不同领域的专家学者进行整合，形成学者库，凝聚不同学科的智慧，为读者个性化需求提供更多元的解题思路。

图书馆与其他行业的协同发展是信息、人才和技术的全面协同发展。图书馆与博物馆、文化馆的合作能够在传播中华优秀传统文化上获得更直观的收效，将图书、档案、文物乃至遗址遗迹有效整合，配合5G技术以AI、VR、AR等虚拟技术打造虚实结合的文化空间，挖掘和打造更多的文化传播场景。

二、阅读文化的融合：阅读推广

从2014年开始，"全民阅读"已经连续11次写入国务院政府工作报告。从开展到深入推进，"全民阅读"已经成为建设社会主义文化强国的一项重要举措。在此背景下，图书馆作为文化地标，肩负着推进全民阅读的新使命。高校图书馆是学校文献信息资源的重要集散地，具备良好的学习环境、人文氛围和浓厚的文化底蕴，图书馆阅读推广馆员具备专业知识，可以熟练地应用互联网技术向师生读者推荐阅读内容、倡导阅读理念、传播文化内涵。因此，高校图书馆应该发挥行业带动作用，解决用户的需求多元化与图书馆文献资源馆藏有限的对立矛盾，解决馆藏资源丰富但宣传推广效果不尽如人意的问题等。通过行业间的合作与共享，实现高校阅读推广工作在丰富推广内容、拓展推广途径、延展影响范围方面的新突破，让高校图书馆文化传播带动地区、区域阅读习惯的建立，实现文化传播的可持续发展。

高校图书馆阅读推广方面的行业融合，可以以聚焦多场景化的读者需求为出发点，发掘更多场景中能够融入阅读文化的机会，积极同政府、文化旅游机构和各公共空间的

管理机构等合作，在整合知识、知识增值、传承文化、涵养精神、传递科技和人文思想等方面进行深入思考。例如，在公共交通、景区景点、医院商场等人流聚集的公共场所打造文化阅读场景，进行阅读推广活动或充分利用展板、电子屏等大众传播媒介进行文化传播，在提高阅读推广专业程度的同时，延展高校图书馆的服务半径。在铺展线下场景的同时，也要重视读者阅读移动化、平台化的特点，重视网络文化传播的重要性，通过网络社交媒体、网络公开课等形式扩展读者在社交媒体使用中获取知识的渠道，提升高校图书馆阅读推广的传播力和影响力，让文化传播融入大众生活，共同构建健康、和谐、互助、互信、共享的文化环境。

三、文化创意的融合：营销

《中华人民共和国国民经济和社会发展第十四个五年规划和 2035 年远景目标纲要》指出，要繁荣发展文化事业和文化产业。国家鼓励和支持文化事业的发展，包括公共图书馆、博物馆、文化馆等公共文化设施的建设和完善。同时，积极发展文化产业，推动文化创意和设计服务与相关产业融合发展。近年来，为了推动文化服务的发展，开发和利用文创产品弘扬中华传统文化价值的方式被广泛应用。图书馆发展文化创意、设计开发文创产品，能够发挥馆藏资源价值、延伸图书馆文化职能，推动文化产品的创新，也为人民的精神文化需求提供了新的物质载体，取得了良好的社会效益，不仅实现了图书馆资源的创造性转化，更深度挖掘和传播了图书馆的精神文化，满足了读者的个性化精神文化需求，增强了读者对图书馆的认同感和归属感，促进了图书馆与读者之间的情感交流。

高校图书馆开发、设计文创产品能够更好地延伸图书馆的文化育人职能，将图书馆珍贵馆藏中的文化内涵赋予多样化的文创产品，通过技术创新和创意加工，起到传承中华优秀传统文化的作用，也丰富了校园文创产品的精神内涵。高校图书馆设计开发文创产品要从文化理念出发，突出文化内涵，不能因产品的物质载体形式而忽略文化育人意义，要做到以文化为核、以产品为体。高校图书馆的文创产品是图书馆品牌和形象的代表，应充分考虑师生读者的教育需求，以学习用品为主，结合学校精神、地域文化设计具有留存和纪念意义的物质载体形式，除了学习用具外，还可以考虑馆藏珍品的复制品、衍生品，以及具有特色的冰箱贴、版画、明信片等艺术表现形式的文创产品。此外，也可以从增强读者体验感的角度出发设计文创产品，如结合古籍工作的传统技艺、传统文化体验，依托传统节日、馆藏特色开展的游戏活动等，都可以为读者在图书馆的学习生活留存一份独特的记忆。在数字化和信息技术的环境里，高校图书馆还可以以科技为出发点，充分利用网络媒介研发互动 App 和主题小游戏等，丰富产品的多样性，以此带给读者与图书馆相关的文化感知。

高校图书馆文创产品的设计与应用，很大程度上需要与产品生产企业等进行深入合作，这也是图书馆带动相关行业协同发展的一种重要途径。同时，要想设计出符合高校图书馆独特风格的文创产品，需要对馆员进行重点培养，使其能深入理解学校和图书馆的文化内涵，自身具备较高的文化水准和审美水平，这一服务内容的拓展也对图书馆人才培养模式提出了新的要求。另外，在进行文创产品开发的过程中，还要时刻注意防控知识产权侵权的风险。

第三节 助力公共文化服务体系建设

我国著名教育家蔡元培先生说："教育不专在学校，学校之外还有许多教育机构，首推图书馆。"可以看出图书馆的教育职能在公共文化服务体系建设中发挥着至关重要的作用。高校图书馆参与公共文化服务体系的建设，有助于满足人民日益增长的精神文化需求，维护和保障人民基本文化权益，充分发挥高校图书馆的社会服务职能，推动和促进社会文化和谐构建，实现公共文化服务城乡全覆盖，构建民族精神文化家园，传承和弘扬中华民族文化，提高人民文化素质和幸福指数，提升图书馆文化服务的质效。

高校图书馆在服务于高校教学科研和校内师生读者的基础上，还承担着提供社会教育、提供参考咨询和信息服务、保存人类文化遗产及其他文化展示、交流和休闲等社会职能，可以通过多种途径服务广大社会公众，特别是在助力公共文化建设方面发挥着知识引领和信息咨询的重要作用。高校图书馆可以从开放馆藏资源、举办文化活动、提供信息咨询服务、促进资源共享与合作以及加强宣传与推广等方面入手，通过文化资源的输送与共享，推动社会经济、文化的全面发展。

一、助力乡村文化振兴

乡村文化振兴是实现乡村振兴的重要组成部分，旨在通过深化中国特色社会主义与中国梦宣传教育，弘扬民族精神与时代精神。要加强爱国主义、集体主义、社会主义教育，以及深化民族团结进步教育，来改善农民精神风貌，提高乡村社会文明程度，焕发乡村文明新气象。乡村文化建设包括推进乡村优秀传统文化的传承与创新，以社会主义核心价值观为引领，挖掘乡村优秀文化，创新文化表达方式，延续乡土文化根脉，使乡村文化建设焕发生机。同时，也要大力发展有地方特色的乡村文化产业，提升文化内涵，促进乡村文化的繁荣发展。

高校图书馆应积极响应国家乡村振兴战略号召，充分发挥自身优势和作用，为乡村居民提供便捷的知识获取途径，为乡村振兴贡献智慧和力量。高校图书馆可以利用丰富的书刊，通过送书下乡、建设乡村书屋等形式，将涵盖"四史"、中华优秀传统文化、农业应用技术以及人文与科普等多个领域的书刊捐赠给乡村，解决农民看书难的问题。高校图书馆还应该通过举办讲座、读书会等文化活动，推广传统文化经典等阅读推广的方式，培养村民的阅读习惯，激活乡村的文化氛围，提升农民的文化自信。同时，高校图书馆还可以向乡村提供信息咨询服务，搭建学校与乡村之间的产学研合作平台，开展农业技术技能培训等，帮助农民学习和了解国家政策法规、农业新技术和新农村发展动态等，为农民的创业和发展现代农业提供智力支持，引导农民探索科学致富的道路，促进高校科研成果转化，助力乡村产业发展。

此外，高校图书馆还可以参与乡村文化的挖掘与保护工作，记录乡村历史和独特的传统习俗等，引导和支持农民进行乡村文化创新，运用多媒体平台传播乡村文化，增强乡村居民的文化认同，推动乡村文化的创造性转化和创新性发展。

二、助力社区文化建设

教育部颁布的《普通高等学校图书馆规程（修订）》明确规定："有条件的高等学校图书馆应尽可能向社会读者和社区读者开放。"高校图书馆同社区协作开展社区教育服务是高校图书馆社会教育的基本职能和社会责任。高校图书馆在开展馆内流通阅览的同时，还可以积极融入社会、服务社区，到社区、街道开办图书流动站、社区图书馆等，把服务送到基层，并协助和指导社区、街道图书馆（室）建立城市基层图书馆网，提高大众的文化水平。同时，高校图书馆助力社区文化建设，意味着其教育职能和服务对象的外延和扩展，对充分实现高校图书馆自身价值具有一定的助益。

目前，高校图书馆开展社区服务的情况并不普遍。首先，高校图书馆馆藏资源学术性和专业性较强，畅销书、科普类书籍的藏书量不占优势，馆藏资源和社区居民的阅读需求不匹配。其次，图书馆馆员的服务主动性和社区居民参与的主动性均不足，馆员缺乏意识和机会主动走出高校，为高校师生之外的公众服务。因此，高校图书馆如果想同社区建立联系，是一项需要系统谋划的工作，图书馆需要对大众读者的阅读需求、频率、主题等进行详细的调查分析，在综合分析每个地区公众年龄、性别、职业、受教育程度等信息的基础上，分别制定适用于不同社区图书馆（室）的文献资源建设方案。在此基础上，在保障校内读者正常使用的前提下，将一部分馆藏图书和下架期刊等纸质资源流向社区，实现资源再利用，满足社区居民的阅读需求。高校图书馆还可以将一部分免费使用、不涉及版权的电子资源进行分专题整合，如国家开放的远程教育网络平台上的精品课程，推荐给社区有需求的公众，帮助社区普及移动阅读和数字化文化建设，方便社区居民对专业知识的学习。

除了与社区共建图书馆（室）外，高校图书馆还能发挥专业优势与社区联合举办讲座、展览、文化沙龙等文化传播和体验活动，丰富社区居民的精神文化生活。这些活动可以围绕特定主题展开，如弘扬中华优秀传统文化、红色革命文化，传统文化习俗讲解和传统技艺学习、体验等，以增强社区居民的文化认同感和归属感。高校图书馆馆员可以利用自身的专业优势，为社区居民提供教育培训服务，开设信息素养课程、举办职业技能培训班等，如讲解办公软件的使用、健康知识、新型互联网技术和移动终端使用等，帮助社区居民提升个人素质和就业能力等，使居民在大数据的环境里获得更多信息，从而进一步提高生活水平。

三、助力文化交流互鉴

文明交流互鉴是推动人类文明进步和世界和平发展的重要动力，对于维护世界和平与发展、推动人类文明进步、实现文明和谐，具有重要意义。我国积极推动与各国的文化交流与合作，通过举办各类文化节庆活动、展览、研讨会等，增进各国人民之间的相互了解和友谊，共同推动人类文明的繁荣与发展。高校图书馆典藏着历史上的人类文明，作为知识与文化中心，还承载着传承文明、促进中外文化交流互鉴的重要使命，要在坚守文化主体性的前提下，研究当前互联网条件下社会思想观念和文化产品的生成方式、传播形态、演进趋势，推动文明交流互鉴。

高校图书馆可以在日常服务和教育中融入跨文化元素，培养师生的全球视野和跨文化交际能力。促进文化交流互鉴可以从丰富多元化的文献资源入手，通过入藏不同国家、民族的书刊、作品、翻译作品以及电子资源等，定期举办专门的活动进行作品共读、交流思想。同时，图书馆也可以利用学校国际文化节等活动，通过举办推介不同主题的文化作品的活动，增强国际学生与中国学生间的文化交流，增进师生对不同文明的了解和尊重。另外，图书馆还可以积极举办讲座、座谈等活动，邀请国内外专家学者分享对不同文化的研究成果，同国内外高校图书馆或学术机构建立合作关系，或依托线上媒介，组建学术研究论坛、社区，交流学术研究动态，增进师生间的跨文化交流和讨论等。

参考文献

[1]　彭拓夫，王红艳，王笑梅．高校图书馆文化建设研究 [M]．长春：吉林人民出版社，2021.10

[2]　张敏勤．图书馆文化研究 [M]．广州：世界图书出版社，2012.7

[3]　朱蕊．图书馆文化建设与信息技术研究 [M]．长春：吉林科学技术出版社，2023.5

[4]　焦青．高校图书馆文化建设研究 [M]．北京：中国商务出版社，2019.3

[5]　王博，吴飞．现代图书馆文化建设与创新 [M]．北京：中国原子能出版社，2020.5

[6]　冀颖，陈秀英．地方高校图书馆文化建设 [M]．北京：中国经济出版社，2020.9

[7]　程传超，周卫．图书馆文化创意产品开发研究 [M]．长春：吉林人民出版社，2020.7

[8]　马莎．高校图书馆文化建设与创新 [M]．成都：西南交通大学出版社，2008.8

[9]　陶奎．公共图书馆阅读推广与文化传承创新 [M]．长春：吉林人民出版社，2023.2

[10]　吴海峰．大学图书馆阅读文化的多视角研究 [M]．郑州：大象出版社，2014.9

[11]　曹廷华．高校图书馆与校园文化 [M]．北京：北京人教教材中心，2002.9

[12]　王志华．跨文化背景下中美高校图书馆比较 [M]．北京：中国广播影视出版社，2017.10

[13]　李明．高校图书馆阅读推广研究 [M]．北京：朝华出版社，2019.3

[14]　王广泽．当前我国高校图书馆服务与管理微探 [M]．成都：电子科技大学出版社，2020.6

[15]　张路．大数据时代高校图书馆信息服务创新研究 [M]．长春：吉林人民出版社，2019.9